民法1 総則

潮見佳男・滝沢昌彦・沖野眞已 [著]

ARMA
有斐閣アルマ
Specialized

　本書は，アルマシリーズ民法の第1巻として，民法の総則（民法の第1編，1条から169条まで）を扱っています。これでシリーズ全7巻が完成し，民法全体を網羅したことになります。

　総則とはなじみのない言葉かもしれませんが，要するに「一般的な規則」という意味で，民法全体に共通するルールです。もっとも，一般的な規則といえば聞こえは良いのですが，内容は——目次を見てもわかるように——話題がアチコチに飛び，まとまりがない（はっきりとしたテーマがない）ように見えるかもしれません。少しでも読者になじみやすいように，あえてストーリーを作ってみましょう。財産取引を例に見てみると，人（第1章）と法人（第2章）は，「誰が」財産取引をするのかという（文法でいうなら）主語に相当する部分に関するルールです。物（第3章）は「何を」に相当する目的語ですし，法律行為（第4章から第7章まで）や代理（第8章）は「どうした」に相当する動詞ですね。文法とはよく出来ていると感心させられますが，人間の行動は，結局は「誰が」「何を」「どうした」という観点から整理できるのです。これに，時効制度（第9章から第13章まで）が加わったものが民法総則です。

　民法総則は学習者がまず取り組む領域ですが，一般的な規則であるが故に抽象的でわかりにくい面もあります。皆さんは，常に，典型例を頭に浮かべて具体的なイメージをつかむように心がけてください。例えば，民法5条1項本文は「未成年者が法律行為をするには，その法定代理人の同意を得なければならない」と規定していますが，（本文でも説明されるように）法律行為の典型は契約ですし，

法定代理人は（普通は）親権者です。したがって，この５条１項本文は「未成年者が契約をするときには（例えば自転車を買いたいときには）親の同意が必要である」という意味であり，このように具体的なイメージを思い浮かべながら条文を読むとわかりやすいでしょう。なお，契約については 521 条以下に規定があり，親権は 818 条以下です。民法の条文は全体として関連し合っているのですから，皆さんは「まず総則の勉強が終わらない限り先に進んではいけないのだ」などと固く考えずに，後の方の条文を見たり（大抵の六法では条文の後に参照条文がついていますので，これが役に立つでしょう）アルマシリーズ民法の他の巻を読んだりしながら総則の勉強を進めてください。

　アルマシリーズ全体の方針でもありますが，本巻でも，（知識をつめこむのではなく）基本的な事項に絞ってわかりやすく解説することに努めました。原稿を持ち寄り——互いの個性を尊重しながらも——（オンラインで）意見を交換して執筆したのですが，最終的な校正の段階になって，本巻の執筆陣の中心であった潮見佳男教授の急逝（2022 年 8 月）という痛恨事に見舞われました。学問には厳しく人間的には暖かなお人柄を思い出すにつれ，やっと完成した本巻を見ていただくことができないのは心残りです。また，有斐閣の藤原達彦さん，小野美由紀さん，藤本依子さんには，このような困難な状況にもかかわらず，はげましていただき，出版まで力強く引っ張っていただきました。ここに記して感謝します。

　2024 年 1 月

滝沢昌彦

沖野眞已

PART 1　民 法 総 論

PART 2 人

PART 3 法律行為

第13章　時効の援用・時効利益の放棄・時効障害　　399

Column 目次 ❖❖❖❖❖❖❖❖❖❖❖❖❖❖❖❖❖❖❖❖❖❖❖❖❖❖❖❖❖❖❖❖❖❖

Web目次　✳✿✳✿✳✿✳✿✳✿✳✿✳✿✳✿✳✿✳✿✳✿✳✿✳✿✳✿✳✿✳✿✳✿✳✿✳✿

著者紹介

潮 見 佳 男（しおみ よしお）

Part 1，**第 1 章**，**第 3 章**，**第 9 章〜第 13 章執筆**

＊初校（著者校）まで。脱稿および初校の時期を担当章の末尾に記載している。再校（著者校）は，共著者が形式的な点について，著者校正を行った。

元京都大学教授

主要著作　『民法（全）〔第 3 版〕』（有斐閣，2022），『民法総則講義』（有斐閣，2005），『基本講義　債権各論 I　契約法・事務管理・不当利得〔第 4 版〕』（新世社，2022），『基本講義　債権各論 II　不法行為法〔第 4 版〕』（新世社，2021），『詳解　相続法〔第 2 版〕』（弘文堂，2022）

滝 沢 昌 彦（たきざわ まさひこ）

第 2 章，**第 8 章執筆**

法政大学教授

主要著作　『民法がわかる民法総則〔第 5 版〕』（弘文堂，2023），『プロセス講義民法 I ──総則』（共著，信山社，2020），『新ハイブリッド民法 4 ──債権各論〔新版〕』（共著，法律文化社，2018），「意思表示の解釈方法再論」中田裕康先生古稀記念『民法学の継承と展開』（有斐閣，2021）

沖 野 眞 已（おきの まさみ）

第 4 章〜第 7 章執筆

東京大学教授

主要著作　「約款の採用要件について──『定型約款』に関する規律の検討」星野英一先生追悼『日本民法学の新たな時代』（有斐閣，2015），「消費者契約法の育成──3 度の実体法部分の改正を受けて」

河上正二先生古稀記念『これからの民法・消費者法Ⅱ』（信山社，2023），「先取特権制度の意義と機能——民法上の一般先取特権，動産先取特権に限定して」角紀代恵ほか編『現代の担保法』（有斐閣，2022），『講義　債権法改正』（共著，商事法務，2017）

1　法令名について

　＊（　）内での条文の引用にあたって，民法は原則として，条数の
みを引用した。関係法令については（　）内でも原則として正式名称
を使用し，略する場合には正式名称の後に略称を示した。

2　判例の略記について

＊最判令 3・5・17 民集 75 巻 5 号 1359 頁

＝最高裁判所令和 3 年 5 月 17 日判決，最高裁判所民事判例集 75 巻
　5 号 1359 頁

　　　大判（決）　　大審院判決（決定）
　　　大連判　　　　大審院連合部判決
　　　最判　　　　　最高裁判所判決
　　　最大判　　　　最高裁判所大法廷判決
　　　高判　　　　　高等裁判所判決
　　　地判　　　　　地方裁判所判決
＊判例集
　　　民録　　　　　大審院民事判決録
　　　民集　　　　　大審院民事判例集，最高裁判所民事判例集
　　　下民集　　　　下級裁判所民事裁判例集
　　　家月　　　　　家裁月報
　　　新聞　　　　　法律新聞
　　　判決全集　　　大審院判決全集
　　　判時　　　　　判例時報
　　　判タ　　　　　判例タイムズ

法学　　　　法学（東北大学法学会誌）

3　コラムについて

　本書は，学習上の便宜を考慮し，コラムにいくつかの種類を設けた。

　　Column　学習内容に関連して，現在議論されている問題，
　　新しい制度などを説明する。

　　Web　民法上の類似の制度との比較や特別法について解説。
　　民法の立体的な理解を目指す。

　◆　学習内容に関連して，制度の沿革や高度な論点などを取り
　　上げる。応用力を養成する。

4　リファーについて

　図表・別項目などへのリファーは⇒で示した。表記については，
以下の通り。

　　⇒民法7　　有斐閣アルマ『民法7　親族・相続』を参照

　　⇒第4章*1*②　　第4章*1*②全体を参照

　　⇒第8章5②　使者　　第8章5②の窓見出し　使者　を参照

■ *PART 1* 　民法総論

　最初に，民法とは何か，日本民法典の構造と今日に至るまでの歴史，民法の基礎にある考え方（基本原理）や民法で保護しようとしている権利などについて，一般的な基礎知識に触れる。民法総論・私法総論ともいうことのできるものである。

1 日本の法体系のもとでの民法

① 私法としての民法

市民の生活関係は，国家・公共団体と市民との間の支配・管理関係（公的生活関係）と，市民間の生活関係（私的生活関係）から成り立っている。行政組織，租税の徴収，公職選挙，刑事罰，行政処分，指定感染症への感染を理由とする入院勧告が問題となる場面は前者の例であり，契約，所有権，抵当権，不法行為，夫婦，親子，相続が問題となる場面は後者の例である。

この生活関係の区分を前提として，伝統的な考え方は，国家・公共団体の内部関係および国家・公共団体と市民との関係を規律する規範が公法であり，市民間の私的生活関係を規律する規範が私法であるとの説明を加えて，今日に至っている。

◆公法と私法の協働　このような公法・私法の二分論に対しては，見直しの動きがある。

民法学の領域では，競争・環境・金融・消費者・労働・福祉・情報など様々な分野において，国家が私的生活関係における私人による自主的・自律的な規範形成を承認・保護するにとどまらず，時々の社会政策・経済政策的関心から，私的生活関係に妥当する規範形成に積極的に介入することがあることを肯定的に評価し，私人間における私的生活関係をつかさどる規範の形成における公法と私法の協働を説く考え方が有力に主張されている（もっとも，その主張する内容は多種多様である。この問題は公序良俗規範のとらえ方にもつながる。⇒**第6章 1 Column ⑰**）。

公法，とりわけ，行政法学の領域では，その取り扱う法関係を〔行政主体—名宛人〕という二面関係でとらえる従来の理解とは異なり，〔行政主体—名宛人—利害関係ある第三者〕という三面関係でとらえ，

第三者を取り込むことにより，市民間の利益の調整・分配も行政法の任務とする考え方が現れている。

② 私法の一般法としての民法

一般法としての民法

民法は，私法に属する。私的生活関係には様々なものがあり，私的生活関係を対象とした法律はたくさんあるが，その中でも民法は，市民相互の生活関係一般に妥当する基本的なルールを定めたものであり，私法の基本法である。このことをとらえて，民法は私法の一般法であるという。

私法における一般法と特別法

私的生活関係を対象とした法律は，民法のほかにもたくさん存在する。その一部を抽出しただけでも，次のようなものがある（巻末の資料も参照）。

① 当事者の人的特性に注目した法律がある。商法（「商人」という人的特性），消費者契約法（「事業者」と「消費者」という人的特性），労働契約法（「使用者」と「労働者」という人的特性）などが，その例である。

② 取引内容や取引形態の特殊性に着目した法律がある。商法，借地借家法，工場抵当法，信託法，利息制限法，割賦販売法，特定商取引に関する法律，住宅の品質確保の促進等に関する法律，金融サービスの提供に関する法律などが，その例である。

③ 事件・事故の特殊性に注目した法律がある。製造物責任法，自動車損害賠償保障法，失火ノ責任ニ関スル法律などが，その例である。

これらの法律は，特別の私的生活関係を規律対象とする点で，民法の特別法として位置づけられる。

特別法の一般法に対する優先同一の事実関係に適用することができる規律として一般法の規律と特別法の規律が存在している場合に，両者が抵触するときは，特別法の規律が優先的に適用される。このことをとらえて，特別法は一般法に優先するという。特別法の規律は一般法の規律を補充・修正する目的で制定されたものだからである。

たとえば，賃貸借の存続期間は，民法では50年を超えることができないとされているが（604条1項本文），建物の所有を目的とする土地の賃貸借については，借地借家法で，借地権の存続期間が30年以上とされている（借地借家法3条）。それゆえ，建物の所有を目的とする土地の賃貸借の存続期間については，借地借家法3条の規定によって処理される。

2 日本民法典の構造

① 成文法典としての民法

地球規模でみれば，すべての国・地域が私法の基本法典としての「民法典」をもっているわけではない。アメリカ合衆国やイングランドのように，私法に関する一般準則を成文法で固定するのではなく判例（case law）を積み重ねる中で共有していくという主義（判例法主義）を基礎とし，これを個別の問題領域を扱う制定法で補充する諸国もある。

日本は，私的生活関係を包括的・一般的に規律する一般法としての民法を，法典（Code）の形態で制定した。これは，フランス市民革命に端を発するヨーロッパ大陸の近代民法典（フランス民法，イタリア民法，オーストリア一般民法，ドイツ民法など）の手法を採用

したものである。

　◆**形式的意義における民法と実質的意義における民法**　　「民法」と
いうとき，一方では，①「民法」という名をもつ法典を指すことがあ
る。**3**①で述べる「明治29年4月27日法律第89号」という法令番
号を持つ「民法」がこれである。他方で，②私法の一般法を指すもの
として，「民法」という語が用いられることがある。この場合は，①
の意味での民法典のみならず，次の◆で述べる民法の法源とされる慣
習（慣習民法）や，判例までもが，「民法」の中に含まれる。さらには，
②の文脈では，民事特別法も包含するものとして，「民法」という語
が用いられることもある。①の意味での民法は，**形式的意義における
民法**，②の意味での民法は，**実質的意義における民法**と称されること
もある。

　◆**民法の法源**　　これとの関連で，民法の法源ということが問題とさ
れる場合がある。**法源**とは，法の存在形態とか，法が生成される源で
あるといわれるが，狭義では，裁判の基準となる規範（法）の存在形
態のことをいう。狭義の意味での法源としては，**成文法**（文書の形で
制定された法の存在形態）と**不文法**（文書の形をとらない法の存在形態）
がある。制定法である民法は，成文法の例である。**慣習法**は，不文法
の例である。法の適用に関する通則法3条は，「公の秩序又は善良の
風俗に反しない慣習は，法令の規定により認められたもの又は法令に
規定されていない事項に関するものに限り，法律と同一の効力を有す
る」としている（慣習法の補充的効力）。

　　不文法をめぐっては，判例が法源となるか否かが議論されている。
判例とは，最高裁判所（最上級審裁判所）の個々の裁判例を通じて形
成された規範であって，その後の事件の判断を拘束するものをいう
（それゆえに，下級審裁判所の判決・決定は「判例」ではない）。この意味
で，判例は事例規範（ratio decidendi）であり，不文法源の1つとみて
よいようにみえる。しかし，わが国の多数説は，裁判所に立法権限が
ないことから判例を法源とみることには否定的であり，裁判所法4条，
10条3号を通じて判例が「事実上」法として機能しているとするに
とどまるものと理解している。もとより，最上級審裁判所が，成文法
の解釈・適用・類推適用を通じて，成文法に定められていない規範を

実質的に生成するということが起こりうる（判例による法創造。最近の例では，不法行為が累積的〔重合的〕に競合する場合の共同行為者の損害賠償責任について判断した最判令3・5・17民集75巻5号1359頁〔建設アスベスト訴訟〕）。

② 民法典全体の構造

日本民法典は，総則編・物権編・債権編・親族編・相続編の5編から成っている。

前3編は，1896（明治29）年に民法が公布された当時のものが個別の修正・補充を受けながら，今日に至っている。2004（平成16）年には，カタカナ表記・文語調からひらがな表記・口語調に変更する現代語化がされている。

後2編は，第二次世界大戦後の1947（昭和22）年に，全面的な改正を受けた。その後も個別の修正・補充を受けながら，今日に至っている。

③ 「総則」の存在

日本民法典には，法典全体としてみたときに「民法総則」が存在しているばかりか，各編・各章・各節・各款においても「総則」を設けて，各ブロックの共通準則をまとめている箇所が多い。物権・債権・親族・相続のすべての編には冒頭に「総則」が置かれているほか，第3編「債権」を例にとれば，第1章「総則」とあって次章以下が続き，その第2章「契約」には第1節「総則」があり，その後に出てくる第3節「売買」中の第1款にも「総則」があるといった具合である。

4 パンデクテン体系──規範の系統的階層構造

　日本民法典は，私的生活関係に適用される各種の準則について，共通の準則としてまとめることができるものについてはできるだけ1つにまとめあげる作業を法典内部で繰り返すことによって，抽象度の低い準則から抽象度の高い準則へと順次に段階づけ，系統的に積み上げたピラミッドを構築している。このような体系のことをパンデクテン体系という。

Column ①　パンデクテンとパンデクテン体系 ◆━◆━◆━◆━◆━◆━◆━◆━◆━◆━◆

　パンデクテンとは，6世紀半ばのビザンチン帝国（東ローマ帝国）においてユスティニアヌス帝のもとで策定された「ローマ法大全（corpus iuris civilis）」の主要部分を構成するものの1つであり，具体的事件にかかわる法律問題を扱ったローマ帝国古典期の学説を網羅的に収録した『学説彙纂』（ディゲスタ〔digesta〕）のギリシャ語の別名であるpandectaeをドイツ語表記したもの（Pandekten）である。もっとも，『学説彙纂』そのものでは，もろもろの学説が人・物・権利に即して分類されていた反面，学説を理論的に分析して体系的に加工するという姿勢は示されていなかった（パンデクテンとパンデクテン体系とは違う）。その後，17世紀以降のドイツで，ローマ法を「書かれた理性」としてとらえ，小国分裂状態にあったドイツの全領域に共通する法として適用する運動が生じた。その中で『学説彙纂』（パンデクテン）を中心的な法素材としてとりあげて解釈を施す学問的作業が進行し，ローマ法を体系的に再編成する動きへとつながった。やがて，19世紀ドイツ私法学において，自然科学の手法からの影響を受けて法の概念と命題の体系化が進み，高度に抽象化され，論理的に洗練された私法の体系が完成した。この成果物が，パンデクテン体系といわれるものである。現在のドイツ民法も，パンデクテン体系を採用している。

　パンデクテン体系は，明治民法立案の際に導入された。もっとも，日本民法とドイツ民法では，物権と債権の順序が逆である（この配列は，ドイツ民法に先行するザクセン民法にならっている）。なお，日本民

法が体系的にドイツ型のものを採用したというだけであって，採用された制度・準則が基本的にドイツ由来であるというわけではない（⇒ *3*）。

❖◆

3 日本民法の歴史

① 明治民法制定まで

旧民法

日本民法の歴史をひも解くと，わが国では，明治政府が樹立された後，江戸幕府が諸外国と締結した不平等条約（治外法権を定めていた）の改正交渉をする際に，近代的法典の不存在が障害の 1 つとなったことから，欧米の先進国にならって法典を編纂する動きが生じた。民法については，1870（明治 3）年に作業が開始された。当初は，（誤訳も厭わずとの立場のもとで）フランス民法を直訳し，若干の修正を加えたうえで日本民法典として施行しようとする動きもあった。しかし，その後，「お雇い外国人」の一人としてフランスから招かれていたボワソナード（Boissonade 1825-1910）を中心に作業が進められた結果，1890（明治 23）年に民法が公布された。この民法は，旧民法といわれる。

旧民法は，フランス民法にならい，人事編・財産編・財産取得編・債権担保編・証拠編の 5 編から構成されていた。このうち，財産法に関する部分がフランス民法の影響を強く受ける一方で（ボワソナード自身の発案によるものも少なくない），家族法に関する部分は，立法作業に協力した日本人委員の主導で作成された。

法典論争

旧民法は，1893（明治 26）年 1 月 1 日から施行される予定であった。ところが，1889

8

（明治22）年 5 月に，帝国大学（のちの東京帝国大学）の卒業生団体である法学士会が「法典編纂ニ関スル意見書」を提出して民法施行延期論を主張したことに端を発し，延期派と断行派との対立が生じた。これが法典論争である。

延期派は，①旧民法は夫婦中心の個人主義が強く，大家族制度・祖先崇拝・儒教的な忠孝という視点が欠落しており，その結果，伝統的な家族道徳を破壊し，日本の「国体」に悪影響を及ぼすこと，②相続を独立の編とせず，財産法の領域（財産取得編）に吸収しているが，これだと日本の家督相続の中核をなす戸主権・祖先祭祀の相続が無視されてしまうこと，③法典中に定義規定や原則の説明があまりに多すぎて煩雑であることなどを指摘した。帝国大学憲法講座の教授であった穂積八束が1891（明治24）年に発表した「民法出デテ忠孝亡ブ」という題名の論文が有名である。

現行民法の施行と旧民法の廃止　帝国議会は，1892（明治25）年 5 月から 6 月にかけて「民法商法施行延期法律案」を可決し，同法律案は，同年 11 月 24 日に，天皇の裁可を受けて公布された。旧民法は「廃止」されたのではなく，その「修正」をするために施行を延期された。これを受けて，翌年，勅令により，内閣総理大臣を総裁とする法典調査会が設置され，法典修正の作業が開始された。その際に，民法修正案の起草委員として主導的役割を果たしたのが，穂積陳重（帝国大学教授で，イギリス・ドイツに留学），富井政章（帝国大学教授で，フランスに留学），梅謙次郎（フランス法系の司法省法学校で学んだ後，フランス・ドイツに留学。帝国大学教授）の 3 博士であった。

旧民法の修正に当たっては，①法典の編成として，「総則」を冒頭に据え，「物権」・「債権」・「親族」・「相続」編をそれに続けるという主義を採用した点（法典論争との関係では，「相続」を独立の編に

した点），②ヨーロッパを中心に 20 を超える諸国の法典・判例等を参照した点，③しかしながら，財産法に関しては，旧民法に影響を与えたフランス民法の考え方を多くの規定において維持した点，④家族法においては，「家」中心主義が採用された点が重要である。

このように，旧民法の修正としてあらわれた民法典は，根強い不満が残る中で，不平等条約の改正を急ぐ機運に支えられ，帝国議会で可決・成立し，総則編・物権編・債権編については 1896（明治 29）年 4 月 27 日に法律第 89 号として，親族編・相続編については 1898（明治 31）年 6 月 21 日に法律第 9 号として公布され，いずれも同年 7 月 16 日から施行された（これを受けて，旧民法が「廃止」された）。本書では，これを明治民法と呼ぶことにする。

◆民法の法令番号　　民法の法令公布日と法令番号は，もともと，前 3 編は「明治 29 年 4 月 27 日法律第 89 号」であり，後 2 編は「明治 31 年 6 月 21 日法律第 9 号」であった。そのため，両者は別の法律であるとの見解もあった。このような中で，2004（平成 16）年の「民法の一部を改正する法律」（平成 16 年法律第 147 号）による民法の現代語化の際に，全編を「明治 29 年 4 月 27 日法律第 89 号」と表記することにした。これは，「明治 31 年法律第 9 号」は「明治 29 年法律第 89 号」の一部改正法として後者に第 4 編・第 5 編を追加したものであり，後者と一体を成しているとの理解によるものである。

② 明治民法の制定から現在まで

ドイツ民法理論の学説
継受

明治民法は，フランス民法を基礎とした旧民法を，わが国の実状を踏まえ，かつ，比較法の成果を用いて修正したものであった。

ところが，わが国では，明治民法施行後まもなく，明治時代末期から大正時代初期にかけて，ドイツ民法学が積極的にとり入れられた。日本民法が採用する制度・概念に対し，（ドイツ民法に由来する

ものではなかったものについても）ドイツ民法学に依拠した説明を加え，明治民法起草時とは異なる意味を与える動き（学説継受）が本格化したのである。その後，こうして形成された民法学説は，わが国において通説としての位置を確保していった。

このように，いったん成立した民法典に重ねる形で学説継受が行われることにより，日本民法の構造は複雑さをきわめたものとなった。この流れに大きな変化が生じるには，明治民法の制定過程に関する研究が進んだ 1960 年代半ば（昭和 40 年代）を待たなければならなかった。

Column② 学説継受の背景 ◆━●━◆━●━◆━●━◆━●━◆━●━◆━●━◆━●━◆━●━◆

　この時期にドイツ民法理論の学説継受が生じた背景には，①富国強兵をめざした明治政府が日本の近代化のモデルとしてプロイセン（プロシア）の諸制度の導入に積極的であったという政治的要因のもとで，法の解釈が官僚（裁判官・行政官）の実用に供されるべきものであることから，法解釈学もおのずからドイツにモデルを求めることになった点（当時のドイツ法学もまた，官僚法学としての性質を備えていた），②高度の抽象化を経た概念を形成し，論理的に整然とした広大な理論体系を築き上げたドイツの諸科学，とりわけ，整然とした法体系を基礎とし，その内部で種々に段階づけられた抽象的な概念を経由することによって法的解決が導かれるとするドイツ民法学の理論的水準の高さが，当時の日本民法学にとっての導きの星となった点がある。

◆━●━◆━●━◆━●━◆━●━◆━●━◆━●━◆━●━◆━●━◆━●━◆━●━◆━●━◆

| 戦後の民法改正 |

　第二次世界大戦後，個人の尊厳と男女の本質的平等を基礎とする日本国憲法のもと，民法の規定も改正を迫られた。「日本国憲法の施行に伴う民法の応急的措置に関する法律」（昭和 22 年法律第 74 号）により憲法に抵触する規定が失効させられたうえで，1947（昭和 22）年の「民法の一部を改正する法律」（昭和 22 年法律第 222 号）により第 4 編と第 5 編が抜本的に改正され，1948（昭和 23）年 1 月 1 日から施行された。

そこでは，「家」制度を前提とする規定が削除されるとともに，憲法24条のもとで家族関係を規律するという視点からの改正がされた（それまでの規定は，民法旧規定といわれる）。とりわけ，①家督相続・戸主制度の廃止，②妻の行為無能力規定の廃止，③婚姻の自由と夫婦の平等，④家族生活における個人の尊厳が重要である。

民法に関しては，その後も，家族法分野・財産法分野を問わず，重要な改正がされている。主だった改正については，巻末の資料を参照されたい。

4 民法を支える基本原理

① 近代民法の基本原理

日本民法は，近代ヨーロッパ大陸民法典の流れを汲む。近代ヨーロッパ大陸民法典は，1789年の市民革命の後，1804年にナポレオンのもとで編纂・公布されたフランス民法（Code civil）に代表されるものであって，封建的な身分・階層秩序から解放された個人人格の自由・平等と，封建的拘束から解放された所有権の絶対不可侵（自由な所有権）の精神に支えられたものである。日本民法も，こうした基本原理を基礎に編纂されたものである。

近代民法の基本原理が具体的に現われたものとしては，①権利能力平等の原則，②私的自治の原則，③所有権絶対の原則がある。

② 権利能力平等の原則

権利能力平等の原則とは，すべての自然人は等しく権利義務の主体になる資格（権利能力）を有するとの原則である（奴隷制の否定）。「私権の享有は，出生に始まる」とする3条1項は，このことを述

べている。また，2条が「この法律は，個人の尊厳と両性の本質的平等を旨として，解釈しなければならない」としているのは，権利能力平等の原則が基礎に据える**個人の尊厳**（憲法13条）と**両性の本質的平等**（憲法14条1項）の理念を反映したものである。

③ 私的自治の原則

私的自治の原則とその内容

私的自治の原則とは，①人は他者からの干渉（命令・禁止）を受けることなく，自由な意思（「意志」ではない）に基づき自らの生活関係を形成することができ，②国家はこうして形成された生活関係を尊重し，承認し，保護しなければならないという原則である。

私的自治の原則は，国家を含む他者からの干渉を受けないという意味での人格の自由・意思の自律を宣言する（上記①）と同時に，国家による個人の意思の尊重および自己決定権の保障を宣言するもの（上記②）である。

私的自治の原則は，人格の自由・意思の自律に基礎を置く個人主義・自由主義の考え方に出たものである（意思自治の原則とも表現される）。それとともに，市場における選択・決定の自由と競争の自由に基礎を置く**自由主義経済**の思想とも親和性を有する。

私的自治の原則は，それがあらわれる局面ごとに，**契約自由の原則**（⇒第4章1②），**団体（社団）設立自由の原則**（法人法定主義との違いに注意。⇒第2章2），**遺言自由の原則**として具体化する。

自己責任の原則

私的自治の原則は，個人の自己決定権の保障を内容とするが，それとともに，自らの生活関係を自らの意思により形成することを保障された個人は，自らが下した決定（自己決定）に責任を負わなければならないという考え方と結びついている。**自己責任の原則**といわれる。

④ 所有権絶対の原則

所有権絶対の原則（財産権絶対の原則）は，土地所有に対する前近代的な封建的拘束からの解放をうたいあげたものであり，所有権はなんらの人為的拘束を受けない（他者からの干渉を受けない）との原則である（憲法29条1項参照）。

所有権絶対の原則は，2つの内容から成り立っている。

①　所有者は，その所有する客体（所有物）を自由に使用収益・処分することができる（206条参照。自由な所有権）。

②　所有者は，自らの所有権を侵害されたときに，その侵害を排除することができる（所有権の不可侵）。

5 民法が保護している権利

●私権

① 私権とは何か

公権力の主体に対する国民の権利である公権と対比して，私法上の権利のことを私権という。私権は，私的生活関係において人が享有する権利として，国家により承認され，保障される。

② 私権の分類

分類の視点

　私権は，それがどのような利益の確保に向けられたものかにより，財産権，人格権，身分権などと区分することができる。また，私権は，それがどのように作用するのかにより，支配権，請求権，抗弁権，形成権などと区分することができる。

財産権・人格権・身分権

（1）　財産権とは，財産的価値の保持・実現に結びつけられた権利のことをいう。債権，物権，知的財産権（特許権，商標権，著作権など）がこれに当たる。

◆債権と物権　債権とは，特定の人（債権者）が特定の人（債務者）に対して一定の行為（給付行為）を請求できること，そして債務者の行為を通じて一定の利益（給付結果）を保持できることを内容とする権利である（売買代金債権，特定物債権，貸金債権，預金債権，損害賠償債権など）。

　　物権とは，物（有体物。85条参照）に対する支配を内容とする権利である。物権は，①物の使用・収益価値と交換価値の双方を支配する所有権，②使用・収益価値のみを支配する用益物権（地上権など），③物の交換価値のみを支配する担保物権（抵当権など）に分けられる（用益物権と担保物権を合わせて「制限物権」という）。

（2）　人格権とは，人間の尊厳に由来し，人格の自由な展開（行動の自由，表現の自由など）および個人の私的生活領域の保護を目的とする権利のことをいう。氏名権，肖像権，名誉権，プライバシー権などがその例である。さらに，個別の人格権の基礎には，人格的価値を包括的に保護する根源的権利としての一般的人格権がある。

（3）　身分権とは，家族関係上の地位に結びつけられた権利のことをいう。親権，扶養請求権，認知請求権，夫婦の同居請求権，相続の承認・放棄をする権利などがその例である。身分権には，財産権とは異なる規律が妥当することがある。

支配権・請求権・抗弁権・形成権

（1）　支配権とは，他人の行為または外界を支配することができる権利のことをいう。所有権ほかの物権や知的財産権の本質をなすものであるし，債権においても，債務者の行為とそれにより得られる利益を債権者が支配するという面がある。

(2)　請求権とは，相手方に対して一定の行為（作為のみならず，不作為・忍容を含む）を請求することができる権利のことをいう。債権に由来するもの（履行請求権，損害賠償請求権，代償請求権など）もあれば，物権に由来するもの（所有権に基づく返還請求権，妨害排除請求権，妨害予防請求権など。「物権的請求権」といわれる），人格権に由来するもの（差止請求権，名誉回復のための措置請求権など），身分権に由来するもの（扶養請求権，財産分与請求権など）もある。

　(3)　抗弁権とは，相手方が請求権を行使してきたときに，その請求権の存在を前提として――したがって，請求権を消滅させることなく――，請求権の作用を阻止することができる権利のことをいう。絵画の売買において，買主からの絵画の引渡請求に対し，売主が代金との引換えでなければ絵画を引き渡さないと主張する同時履行の抗弁権（533条），債権者から保証債務の履行請求を受けたときの保証人の催告の抗弁権（452条），検索の抗弁権（453条）が，その例である。

　◆抗弁権と抗弁　「抗弁権」と「抗弁」とは違う。「抗弁」とは，民事訴訟での口頭弁論において，請求を排斥するための判断資料を提出する行為にかかわる概念である。すなわち，原告からの「請求原因」（権利または法律関係を発生させるために必要な事実）の主張に対して，被告がその権利または法律関係の発生を妨げるために主張するのが「抗弁」である（抗弁の内容となる事実については，被告の側が主張・立証責任を負担する。さらに，「抗弁」に対するものとして「再抗弁」，さらにこれに対するものとして「再々抗弁」…と続くことがある）。この「抗弁」には，⑦「抗弁権」に基づくもの，たとえば，同時履行の抗弁権に基礎づけられた引換給付の抗弁のみならず，②消滅時効の抗弁，弁済の抗弁，履行不能の抗弁，公序良俗違反を理由とする契約無効の抗弁といったように，相手方の権利（請求権など）がそもそも発生していないとの主張や，一定の事由により消滅したとの主張，したがって，実体法上は「抗弁権」として把握されない事由に基づく主張も含まれ

16

る。

　（4）　形成権とは，一方的な意思表示によって法律関係を形成することができる権利のことをいう。未成年者がした契約の取消権（5条2項），錯誤・詐欺を理由とする意思表示の取消権（95条，96条），時効の援用権（145条），債務不履行（契約違反）を理由とする契約の解除権（541条以下），売買予約がされた場合の予約完結権（556条），売買目的物の契約不適合を理由とする買主の代金減額請求権（563条），借地権者の建物買取請求権（借地借家法13条，14条），建物賃借人の造作買取請求権（同法33条），地代・建物賃料等の増減額請求権（同法11条，32条），相続における遺留分侵害額請求権（民法1046条）などが，その例である。ここでは，法文上で「請求権」と表現されているものの中にも「形成権」としての性質を有するものがある点に注意が必要である。

　◆形成権と形成の訴え（形成訴訟）　　形成権は，一方的な意思表示によって法律関係を形成することができる権利である（実体法上の権利としての形成権）。これに対して，形成の訴え（形成訴訟）は，当事者が裁判所による法律関係の形成（裁判所の形成行為）を求めて訴えを提起するものである。たとえば，(a) 錯誤を理由とする意思表示（95条）が問題となる場面では，相手方を被告として訴えを提起する表意者は，「意思表示を取り消す」という裁判所の形成行為を求めているのではない。意思表示を取り消すのは表意者であって，裁判所ではない（「意思表示を取り消す」という判決が出るのではない）。表意者は，錯誤を理由に意思表示を取り消したこと（＝形成権の行使）を根拠にして，訴訟では，相手方に対して既払代金の返還を求めたり（給付の訴え），代金債務の不存在の確認を求めたりするのである（確認の訴え）。他方，(b) 裁判離婚（770条）が問題となる場面では，離婚を求める当事者は，「婚姻を解消する」という裁判所の形成行為を求め，配偶者を被告として訴えを提起する（形成の訴え）。そして，裁判所が離婚を認めるときは，「原告と被告とを離婚する」という判決（形成

判決）をする。

6 私権に対する制約

① 公共の福祉による制約

民法は，*4*で述べた3つの基本原則のもと，個人の権利・自由を保障している。

他方で，1条1項は「私権は，公共の福祉に適合しなければならない」として，個人の権利・自由が公共の福祉との関係で制約されることを述べている。もっとも，同項は，個人を離れた国家や共同体固有の利益が個人の権利・自由に優先することを説くものではない。自由で平等な市民が共同して生活する社会では，個人の人格と権利・自由を互いに尊重し，支え合う社会を実現するために，いいかえれば，共同体社会の中で他者の権利・自由を保護するために，個人の権利・自由が制約される場合があることを示したものである。

Web 土地の所有権と公共の福祉の優先 ❖❖❖❖❖❖❖❖❖❖❖❖

1989（平成元）年に成立した土地基本法は，「<u>土地所有者等</u>，国，地方公共団体，事業者及び<u>国民の土地</u>についての<u>基本理念に係る責務を明らかにする</u>」（同法1条。下線は引用者による。以下同じ）ことを目的の1つとして定め，「土地は，現在及び将来における国民のための限られた貴重な資源であること，国民の諸活動にとって不可欠の基盤であること，その利用及び管理が他の土地の利用及び管理と密接な関係を有するものであること，その価値が主として人口及び産業の動向，土地の利用及び管理の動向，社会資本の整備状況その他の社会的経済的条件により変動するものであること等公共の利害に関係する特性を有していることに鑑み，<u>土地については，公共の福祉を優先させるものとする</u>」（同法2条）としている。

❖❖❖❖❖❖❖❖❖❖❖❖❖❖❖❖❖❖❖❖❖❖❖❖❖❖❖❖❖❖❖❖❖❖❖❖❖

②　信義誠実の原則による制約

　1条2項は，「権利の行使及び義務の履行は，信義に従い誠実に行わなければならない」とする。これは，人は社会生活をおくる中で，他者の信頼を裏切ったり，不誠実なふるまいをしたりすることのないように行動しなければならないとの基本原則の一端を表明したものである。この基本原則は，**信義誠実の原則**（信義則）と呼ばれる。信義誠実の原則は，次のような場面で具体化される。

　①　**権利行使・義務履行の際の行動準則としての信義則**　　1条2項に書かれた準則である。たとえば，貸主に対して利息を含め300万120円の借入金債務を負担している借主が返済期日に300万円を提供したときに，貸主が120円の不足を理由に受取りを拒むことは信義に反して許されない。

　②　**矛盾行為禁止の原則**　　何人も自己の先行する言動に矛盾する言動をとることは許されないとの準則である。**禁反言**（エストッペル〔estoppel〕）といわれることもある。契約交渉が最終段階にまで至っていて，微細な点での交渉のみが残っている状況のもとで，交渉当事者の一方が合理的な理由もないのに交渉を一方的に破棄するような場合が，この例である（建築中のマンションの売買契約が不成立に終わった事例として，最判昭59・9・18判時1137号51頁，商品開発・製造に関する契約が不成立に終わった事例として，最判平19・2・27判時1964号45頁）。このような場合に，相手方に契約成立への合理的な期待を抱かせながら，交渉を不当に破棄した者は，信義則に基づき，相手方が投下した費用相当額の損害賠償をする義務を相手方に対して負うことがある。

　③　**クリーン・ハンズの原則**　　自ら法を尊重する者だけが「法を尊重せよ」ということができるとの準則である。たとえば，契約

の効力が発生するための条件が設定されていた場合に，条件が成就することによって不利益を受ける当事者が故意に条件の成就を妨害したときに条件が成就したものとみなす130条1項（⇒第5章②）や，不法の原因に基づく給付の給付者への返還を否定する708条で問題となる。

④　信義誠実の原則は，契約を解釈する際にも意味をもつことがある。すなわち，契約の当事者が契約内容の一部について合意していない場合に，信義則からその内容が導き出されることがある。

⑤　契約条項が不当であるとして，信義則により否定または修正されることもある。定型約款中の不当条項を扱う548条の2第2項や，消費者契約中の不当条項を扱う消費者契約法10条は，不当性の判断を支えるものとして「第1条第2項に規定する基本原則」，すなわち，信義則をあげる（⇒第6章1⑤）。

③　権利濫用の禁止

権利濫用の例

権利それ自体は否定されないものの，その行使が濫用（「乱用」ではない）であると評価されることがある（1条3項。なお，解雇権の濫用については，労働契約法16条に特別の定めがある）。

権利の濫用は，たとえば，次のような場合に問題となる。

Case P-1
　Aが自らの所有する甲土地の上に違法建築物である乙建物を建てたため，Bが居住している隣家の日照と通風が極度の制限を受ける事態になっている。

Case P-2
　Aが自己所有の農地である甲土地に貯水池から水を引くため，300 m

の導管を設置した。設置後に、Ｂが所有しているものの管理を放置している乙土地の隅を、この導管が１ｍかすめていることが判明した。導管の設置変更には多大なコストがかかる。ＢはＡに対し、乙土地の所有権を理由として導管の設置変更を求めている。

権利濫用の有無の判断基準

権利の行使が濫用であるか否かを、どのような観点から判断すればよいか。

この問題は、(a) 権利行使の際の加害目的・害意など権利者の主観を基準に判断するか（主観説）、それとも、(b) 濫用とされることにより権利者が受ける不利益と権利行使が阻止されることにより保護される利益との衡量から権利行使の許否を判断するか（客観説）という図式で扱われてきた。しかし、今日では、主観・客観の一方のみによるのではなく、主観的要素・客観的要素をともに考慮に入れて判断すべきであるとの見解が支配的である（大判昭10・10・5民集14巻1965頁〔宇奈月温泉事件。自らが所有する土地のごく一部をかすめて設置されていた引湯管の収去請求を権利濫用とした〕）。

また、客観的観点からの利益・不利益の衡量に当たっては、保護される側の利益として、(a) 他の市民の個人的権利のみを想定するか、それとも、(b) 個人的権利に還元されない公共の利益をも組み込むかについても、議論がある。支配的な見解は、(b) の意味での公共の利益も衡量の要素とする（最判昭40・3・9民集19巻2号233頁〔板付基地事件。土地の賃貸人からの飛行場敷地返還請求を権利濫用とした〕、最判昭41・9・22判タ198号131頁〔土地所有者からの私道地下に無断で埋設された排水用土管の撤去請求を権利濫用とした〕、最判昭43・11・26判タ229号150頁〔土地所有者からの所有地上にある水道用配水管設備等の撤去請求を権利濫用とした〕）。公共の利益の意味につ

いては，*6*①で公共の福祉に関して触れた点も踏まえて考えてみられたい。

権利濫用とされた後の
処理

（1）　権利濫用とされる場合には，権利の行使が阻止されるほか，その行為が故意・過失その他の不法行為の要件（709条以下）を充たせば，損害賠償責任が生じる（大判大8・3・3民録25輯356頁〔信玄公旗掛松事件〕，自己所有地上での建物の建築が隣地住民の日照を妨害するものとして権利濫用とされたときに，日照妨害を理由とする隣地住民からの損害賠償請求を認めた最判昭47・6・27民集26巻5号1067頁）。

（2）　権利濫用とされることによって否定されるのは，権利者による権利の「行使」であって，権利者にその権利が「帰属」することではない。したがって，Case P-1では，Aは，依然として甲土地の所有者である。また，Case P-2では，Bは，Aに対して導管の除去を求めることはできないものの，乙土地の所有者であることに変わりがない。それゆえ，Case P-2のBは，Aに対し，他人の土地の無権限の使用による不当利得（703条）または不法行為（709条）を理由として，賃料相当額の支払を求めることができる。

〔2021年9月脱稿，2022年4月初校著者校正了〕

PART 2　人

　　　権利（私権）の主体には自然人と法人があるが，本章
では，このうち，自然人を扱う。人がいつ権利の主体に
なり，また，いつ権利の主体でなくなるのか，自然人が
契約をしたり，遺言を書いたりするときに必要とされる
能力とは何か，契約や遺言をするための能力に不足があ
る場合に，それを補うためにどのような制度が設けられ
ているのかを中心に解説をする。

1 権利能力

●権利・義務の帰属点となる資格

　私権について権利・義務の帰属点となる資格のことを権利能力と
いい，権利能力を有する者のことを権利主体という。権利主体であ
るとされれば，権利・義務の種類・性質が何であるかにかかわらず，
あらゆる権利・義務の帰属する資格が与えられる。権利主体である
（＝権利能力がある）ということは，私的生活関係から発生する権
利・義務が何であれ，抽象的・一般的に権利・義務の帰属点として
の資格を与えられていることを意味するのである。

　権利能力を有する者には，「人」（自然人）と法人がいる。本章で
は，自然人を扱う（民法第1編第2章の「人」は自然人を指すが，他
方で，法人を含めた権利主体を指すものとして「人」の概念が使われる
ことがある）。

2 自然人の権利能力

① 権利能力平等の原則

どのような者が権利能力を有し，権利主体とされるかは，その時々の国家がどのような者に権利・義務の帰属点となる資格を与えるかについて下した決定に左右される。そのため，歴史的には，奴隷制度を採用していた政体のように，自然人でありながら権利主体ではないとされる者がいる体制も存在していた。

しかし，人間一人ひとりの個性や能力等に注目して権利主体となる資格を認めるか否かを個別に判断するならば，人の個性や能力等による差別を助長し，その結果として個人の尊厳・人間の平等の理念に反することとなる。それゆえに，近代民法は，個人の尊厳・人間の平等の理念に裏づけられた権利能力平等の原則を基礎に据え，すべての自然人に権利能力を認める立場を基礎においている（3条1項参照。乳児，心神喪失者，破産者も権利能力がある）。

② 外国人の権利能力

内外人平等主義

3条2項は，外国人（日本の国籍をもたない自然人。日本の国籍を有する自然人〔日本国民〕の要件については，憲法10条に基づき，国籍法で定められている）の権利能力につき，「外国人は，法令又は条約の規定により禁止される場合を除き，私権を享有する」と定めている。これも，法令・条約に制限のない限り外国人も日本人と同じく権利主体となることができるとすることで，個人の尊厳を保障することをねらったものである（内外人平等主義）。

法令や条約による禁止・制限は，①外国人
も権利能力を有する者，したがって権利主
体であるとしたうえで，②権利主体として
の外国人に対して，どの範囲で権利能力を与えるかについて一定の
制約を課したものである。

外国人の権利能力の制限の例としては，日本船舶の所有権（船舶
法1条），特許権（特許法25条），外国人が被害者である場合の国家
賠償法に基づく損害賠償請求権（国家賠償法6条で一定の制限があ
る）など一定の財産権についてのものと，公証人（公証人法12条）
など一定の事業・職業についてのものがある。

3 権利能力の始期

① 出　生

私権の享有は出生に始まる（3条1項）。これは，①自然人であれ
ば誰でも出生の事実のみによって権利能力を取得することを定める
とともに，②自然人の権利能力の開始時期が出生の時点であること
を定めたものである。

私法上の概念としてみたとき，出生とは，胎児の身体の全部が母
体から出たことを意味する（全部露出説）。刑法理論が殺人罪（刑法
199条以下）と堕胎罪（同法212条以下）の構成要件を区別する際に，
出生につき一部露出説を採用しているのと異なる。

② 胎児の権利能力

法令・条約による私権
取得の禁止・制限

胎児に権利能力なし

3条1項の規定からは，その反対解釈とし
て，出生前の胎児は権利主体にならないと

の結論が導かれる。ところが，このことを厳密に貫くと，胎児にとって予期せぬ不利益が生じる場合がある。

Case 1-1────────────────────────
　夫Ａ・妻Ｂを夫婦，Ｘを胎児とする。Ａが死亡し，その財産の相続が問題となった。Ａの両親ＰとＱは健在である。

────────────────────────

Case 1-2────────────────────────
　夫Ａ・妻Ｂを夫婦，Ｘを胎児とする。Ａの両親ＰとＱは健在である。ＡがＹ運転の自動車にひかれて死亡した。

────────────────────────

　Case 1-1で，ＸがＡの死亡前に出生していたならば，相続人は，ＢとＸである（887条1項，890条）。ところが，ＸがＡの死亡時に胎児であったならば，法律上でなんらの手当てもしなければ，ＸはＡの相続人ではない。Ａの死亡つまり相続開始時にＸには権利能力がないから，Ａの財産につき承継人（＝権利・義務の帰属点）となる資格をもたないのである。その結果，Ａを相続するのは，ＢとＰ・Ｑになる（889条1項1号，890条）。

　Case 1-2では，誰がＹに対して損害賠償請求権を取得するかを考えると，Ｂが損害賠償請求権を取得するのは問題がないとして，711条は，被害者の「子」にも固有の慰謝料請求権を認めている。しかし，ここでいう「子」とは，あくまでも権利主体としての「子」，すなわち，出生した子を意味する。このとき，法律上でなんらの手当てもしなければ，Ｘは事故当時には胎児であり権利能力がなかったから，Ｘは，711条を根拠として固有の慰謝料請求権を得ることがない。

　このような例を前にすると，仮にＸが相続開始の1日前に出生していたり（Case 1-1），交通事故の1日前に出生したりしたなら

ば（Case 1-2），Ｘは，権利主体として相応の権利（Case 1-1 では相続権，Case 1-2 では相続権と固有の慰謝料請求権）を取得することができたはずである。それにもかかわらず，問題の時点でＸが胎児であったことを理由にこうした救済が認められないとするのは，バランスを失する。

胎児の出生擬制——個別主義

そこで，民法は，胎児は権利主体ではない（胎児に権利能力なし）との原則を維持しつつも，例外的に，法律の定める一定の場合に胎児を生まれたものとみなすこと（出生擬制）によって，不都合を回避した。法律が認めた一定の法律関係に限って，胎児が自然人と同じ扱いを受けられるようにしたのである（なお，胎児とは何かも問題となるが，以下では，受精卵が胎盤へと着床した時点以降を胎児とする立場を前提とする。この立場からは，着床前の受精卵〔胚〕は胎児ではない）。

法律の定める一定の場合とは，次の場合である。

①　相続の場合（886 条）

②　胎児自身の損害賠償請求権が問題となる場合（721 条）

③　胎児への遺贈がされた場合（965 条による 886 条の準用。遺贈とは，遺言による遺産の処分であり，遺言者の一方的意思表示ですることができる）

もっとも，いずれの場合においても，死産のときは，出生擬制が働かない（886 条 2 項参照）。

そのほかにも，④第三者のためにする契約の場合には，受益者が契約の成立した時に現に存在していなくても，契約の成立が認められるから（537 条 2 項），たとえば，胎児Ｘを受益者とする AB 間の贈与契約も有効である。

◆胎児の損害賠償請求権　　不法行為により父・母が死亡した場合

（Case 1-2）に胎児が取得する損害賠償請求権には，以下の2種のものがある。

① 死亡した父・母が有していた損害賠償請求権を相続したもの（886条の出生擬制による）

② 胎児固有の損害賠償請求権（721条の出生擬制による）

胎児の法定代理人

（1） 胎児は，胎児の間に自己の権利を行使することができるか。胎児の父母やその他の者が胎児の代理人として，胎児の権利を行使することができるか。

（2） 一方で，胎児は胎児である間に相続権や損害賠償請求権を取得して行使することができるとし，そのための胎児の代理人を認めるべきであるとする見解が存在する。この見解によれば，死産の場合には，胎児ははじめから権利を取得しなかったものとして扱われる。制限人格説（法定解除条件説）と呼ばれる見解である。この見解では，誰が胎児の代理人になるのかが問題となる。胎児の母を法定代理人ととらえたうえで，胎児と母との間に利益相反関係があるときは特別代理人を選任する（826条1項参照）ことで対応するということになろう。

（3） 他方で，胎児である間の代理権を否定する見解がある。この見解によれば，胎児は，出生してはじめて，胎児の時点で取得した相続権や損害賠償請求権を行使できることになる。また，出生してはじめて，代理人をつけることが可能となる。その反面，出生前の胎児の段階では，胎児の母その他の者が胎児の代理人として胎児の権利を行使することができない。人格遡及説（法定停止条件説）と呼ばれる見解である。判例もこの立場である（大判昭7・10・6民集11巻2023頁〔阪神電鉄事件〕。内縁の夫が電車にひかれて死亡し，この者の実父が当時胎児であった者の母に依頼され，胎児の代理人として電

鉄会社と交渉し，和解〔示談〕をして賠償金を受領した。この和解〔示談〕が無効とされた）。

Web 人格遡及説と制限人格説の優れた点 ❖❖❖❖❖❖❖❖❖❖❖❖❖❖❖

　実体法レベルでとらえたときには，損害賠償・相続の場面で，胎児でいる間に実体的な法律関係を急いで決定してしまわなくても，胎児が出生してからこの者の法定代理人のもとで決定したほうが，胎児である間のその法定代理人は誰かをめぐる争いや，法定代理人が代理権を濫用したのではないかという争い，さらには死産の場合における法律関係の覆滅による法的不安定さを回避できる点で，人格遡及説に立って問題を処理するほうが優れている。

　他方で，民事裁判を視野に入れたときには，民事訴訟法では「権利能力」が認められれば「当事者能力」ありとされることから，この問題は，「胎児の当事者能力」という観点からとらえられる（民事訴訟における当事者能力とは，民法における権利能力に相当する概念であって，訴訟において当事者として登場することのできる一般的資格のことである）。このとき，胎児が出生する前に証拠保全を申し立てる必要のある場合（民事訴訟法 234 条）や，出生前の保全処分（仮差押え・仮処分）を申し立てる必要のある場合（民事保全法 20 条，23 条）があることを考慮すると，胎児の出生を待っていたのでは，胎児の権利保護が図れなくなるおそれがある。それゆえ，制限人格説に立って問題を処理するほうが優れている（民事訴訟法学説では，制限人格説を支持するものが多い）。

　不動産登記実務でも，制限人格説に立った処理をしている。遺産中に不動産があった場合は，胎児を既に生まれたものとみなして，胎児のために，「法定の相続分」による相続登記をすることができるとの扱いがされている。この場合は，母親が胎児に代わって申請人となり，相続人の欄には，「亡 A 妻 B 胎児」というように記載される。そして，胎児が出生したときは，氏名変更の登記をすることにより，戸籍上の氏名に変更がされる（なお，死産の場合は，死産を原因として相続登記を抹消したうえで，真正な相続人のために相続登記を申請することになる）。

　さらに，「法務局における遺言書の保管等に関する法律」（遺言書保管法）では，遺言書情報証明書の交付請求権について，胎児のためにその母に申請権限を認めている（同法 9 条 1 項 2 号柱書および同号ロの

括弧書)。

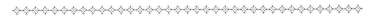

4 権利能力の終期

① 死 亡

　自然人の権利能力の終期は，死亡時である。かつてのように心停止をもって一元的に死亡と評価していた時代には大きな問題は生じなかったが，今日では，臓器移植との関連で，脳死も人の死かという問題が登場している。

　Column ③　脳死と人の死 ●━━●━━●━━●━━●━━●━━●━━●━━●━━

　1997（平成9）年に施行され，その後の2009（平成21）年に大きく改正された「臓器の移植に関する法律」（臓器移植法）では，6条1項で，所定の要件を充たす場合に，医師が，「移植術に使用されるための臓器」を，「死体（脳死した者の身体を含む。以下同じ。）から摘出することができる」としている。そのうえで，同条2項は，「前項に規定する『脳死した者の身体』とは，脳幹を含む全脳の機能が不可逆的に停止するに至ったと判定された者の身体をいう」としている（判定方法・判定手続については，「臓器の移植に関する法律施行規則」2条以下が定めている）。

　同法にいう脳死に当たり，かつ，臓器移植のために臓器の摘出がされた場合に限り，脳死と判定された時点をもって，私法上の権利関係についても人の死（＝権利能力の終期）とみるのが適切である。これを超えて，脳死が人の死であるとする立場が一般的に採用されるべきであると短絡することはできない。

●━●━●━●━●━●━●━●━●━●━●━●━●━●━●～～～～～～～～

② 認定死亡

認定死亡とは，水難，火災その他の事変によって死亡したことが確実視される場合に，死体の確認に至らなくても，その取調べをした官公署，具体的には事件を処理した公務員（警察官，自衛官等）が死亡地の市町村長に死亡の報告をし，それに基づいて戸籍に死亡の記載をする制度である（戸籍法 89 条）。

◆認定死亡と失踪宣告　　認定死亡は，あくまでも行政手続上の便宜的な取扱いであるため，生存の証拠があがると当然に効力を失う。失踪宣告の場合に，失踪宣告取消しの審判がされなければ死亡擬制が覆らない（32 条 1 項前段⇒ 5 ④）のとは異なる。そもそも，戸籍行政法上の措置としての認定死亡の制度と，民法の失踪宣告の制度とは，相互に関連性がない。

③ 同時死亡の推定

Case 1-3————————————————————————————————

A 運転の自動車が崖から転落しているのが通行人により発見されたが，その場で，A と，同乗していた A の唯一の子 X（2 歳）が死亡したことが確認された。A には，妻 B がいて，また A の母 P も健在である。

——

同時死亡の推定

　数人が死亡したものの，誰が先に死亡したのかがわからないときは，どのように処理すればよいか。

Case 1-3 の場合に，(a) 仮に A が先に死亡していたならば，A の相続人は X と B であり（相続分は X が 2 分の 1，B が 2 分の 1。900 条 1 号），次に X の死亡により B が X の相続人となる（結果的に，A の遺産は B に帰することになる）。これに対し，(b) 仮に X が先に死亡していたならば，X の相続人は A と B であり，次に A 死

亡によりＢとＰがＡの相続人となる（Ａの遺産については，Ｂが3分の2，Ｐが3分の1の割合で相続する。900条2号）。

このように，どちらが先に死亡したのかがきわめて重要な問題となることがある。そこで，民法は，数人が死亡したが，そのうちの一人が他の者の死亡後もなお生存していたことが明らかでないときに，この数人は同時に死亡したものと推定している（32条の2）。もとより，推定規定であるから，これに不満のある者には，反対の証拠を挙げて異時死亡を証明する余地が残されている。

◆同時死亡の推定が問題となる局面　　同時死亡の推定が働く場合には，Case 1-3のような同時危難の場合のみならず，複数の者が別々の場所で危難に遭遇したものの，この者たちの死亡の先後が不明である場合（一人が登山中に滑落して死亡し，一人が病院で死亡したところ，二人の死亡時期の先後が不明であるような場合）も広く含まれる。また，事件・事故により死亡した者について警察官が作成した文書に記載された死亡推定時刻に幅があるために，複数の者の死亡の先後関係が不明な場合にも，同時死亡の推定が働く。

| 同時死亡の効果 |

同時死亡者の間では，互いの相続は起こらない。Case 1-3では，ＡはＸの相続人とならないし，ＸもＡの相続人とならない。一方の死亡した時点（＝相続開始時）で他方も死亡しており，相続開始時に権利主体でなくなっている以上，相続資格がないからである。その結果，Ａの相続人は，ＢとＰになる（Ａの遺産は，Ｂが3分の2，Ｐが3分の1の割合で相続する）。ただし，次のCase 1-4のような場合は，注意が必要である。

Case 1-4―――――――――――――――――――――――――――――

Ａ運転の自動車が崖から転落しているのが通行人により発見されたが，その場で，Ａと，同乗していたＡの唯一の子Ｘ（30歳）が死亡したことが確認された。Ａには，妻Ｂがいて，またＡの母Ｐも健在である。Ｘに

は10歳の子Yがいた。

Case 1-4のように，同時死亡時にXに子がいた場合は，代襲相続の問題が出てくる。というのは，887条で，被相続人Aの子Xが相続の開始「以」前（したがって，「同時」も含まれる）に死亡したときは，Aの子Xの子YがXを代襲してAの相続人となることを認めているからである。したがって，Case 1-4では，Aの相続人は，Bと，Xを代襲したYになる（Aの遺産は，Bが2分の1，Yが2分の1の割合で相続する）。

5 失踪宣告による死亡擬制

① 失踪宣告の制度とは

従来の住所または居所を去った者が生死不明となった場合に，民法は，一定の手続を経たうえでこの者が死亡したものとみなす制度を設けた。それが，失踪宣告の制度である。

生死不明となった不在者も，生死不明や不在の事実だけでは，権利能力を失っていない。民法が，自然人の権利能力の終期を「死亡」に限っているからである。したがって，これらの者をめぐる私法上の法律関係は，これまでどおり存続している。

しかし，不在者が生死不明となった状況で私法上の法律関係をそのまま維持することが，その法律関係について利害関係を有する者にとって酷になる場合がある。

そこで，民法は，不在者が一定の期間生死不明となっている場合に，その者を死亡したものとして扱うため，利害関係人の申立てを受けて家庭裁判所が失踪宣告をする制度を設けた（30条）。失踪宣

告があると，その不在者は死亡したものとみなされる（31条）。

② 死亡擬制の要件

> 3つの要件

　　　　　　　　　　　　失踪宣告による死亡擬制がされるための要件は，①一定期間生死不明の事実，②利害関係人の申立て（検察官は含まれていない。25条〔不在者の財産管理人の選任〕の場合と異なる），③家庭裁判所の宣告である（不在者の従来の住所地または居所地の家庭裁判所に申し立てることになる。家事事件手続法148条）。

　上記①の要件が充たされるからといって，当然に死亡したものとみなされるのではない。家庭裁判所に対する利害関係人の申立て

（②）と，家庭裁判所による失踪宣告の審判（③）がされてはじめて，この審判の効果として死亡擬制という効果が生じる。

生死不明の期間——
一般失踪と特別失踪

利害関係人が家庭裁判所に失踪宣告を申し立てるためには，次のいずれかに該当することが必要である。

①　不在者の生死が7年間明らかでないこと（30条1項）。**一般失踪**（**普通失踪**）といわれる。

②　戦争，船舶の沈没，自然災害など危難に遭遇した者の生死が，その危難の去った後1年間明らかでないこと（30条2項）。**特別失踪**（**危難失踪**）といわれる。

利害関係人の申立て

30条にいう利害関係人とは，失踪宣告によって直接に権利を取得し，または義務を免れる者のことをいう。たとえば，推定相続人，受遺者（遺贈を受ける者のこと），生命保険金の受取人，失踪者に対する終身年金の支払義務者が，これに当たる。死亡擬制という重大な効果を生むだけに，事実上の利害関係があるだけでは足りない。

③　失踪宣告による死亡擬制

死亡擬制

利害関係人の申立てを受けて家庭裁判所により失踪宣告がされると，その者（被宣告者）の死亡が擬制される（家庭裁判所における手続に関しては，家事事件手続法148条）。

その結果，夫婦の一方につき失踪宣告がされると，被宣告者との婚姻関係は死亡により終了する。また，被宣告者について相続が開始される。未成年子の父母の一方につき失踪宣告がされると，未成年子は他方の単独親権に服することになる。

被宣告者の戸籍には，死亡したものとみなされる日と失踪宣告の

裁判が確定した日が記載される（戸籍法94条）。もっとも，失踪宣告の届出は報告の意味をもつにすぎず（報告的届出），死亡擬制の効力の発生要件ではない。

死亡擬制の時期 　　　失踪宣告がされたときに被宣告者がいつの時点で死亡したものとして扱われるのかについては，一般失踪（普通失踪）と特別失踪（危難失踪）で，違った処理がされている（31条）。

①　一般失踪（普通失踪）では，7年の期間が満了した時点が死亡時として扱われる。

②　特別失踪（危難失踪）では，危難の去った時点が死亡時として扱われる。

なお，31条は，同条により死亡したものとして扱われる時点よりも前の時点では被宣告者が生存していたものとして扱われることも意味する。

死亡擬制の及ぶ範囲──
従来の住所を中心とする
私法上の法律関係 　　　失踪宣告の制度は，失踪者の生死が不明であるにもかかわらず，この者の生存を前提とした私法上の法律関係が存続すると利害関係人にとって酷な場合があるとの考慮から，特別にその失踪者が死亡したものとみなすものである。

裏返せば，失踪宣告の制度によりもたらされる死亡擬制の効果は，あくまでも，被宣告者の不在前の住所において形成された被宣告者をめぐる私法上の法律関係に決着をつける目的で認められたものである。したがって，死亡擬制の効果が及ぶのは，その目的に必要な限度，すなわち，従来の住所における被宣告者の私法上の法律関係に限られる。

たとえば，被宣告者が実際には生存し，他の土地で生活を続けていて，失踪宣告がされた時期以後に現地において住居を賃借したり，

就職したりしていたとしても，失踪宣告は，こうした行為の効力に影響しない。これらは，従来の住所を中心とする私法上の法律関係と評価されないからである。

④ 失踪宣告の取消し——失踪宣告取消しの審判

失踪宣告を受けた者が別の国・地域で生存していた場合のように，失踪宣告がされた後に被宣告者の生存が明らかになったとしても，これによって直ちに死亡擬制の効力が失われることにはならない。本人または利害関係人の申立てにより，家庭裁判所が失踪宣告の取消しの審判をしてはじめて，この審判の効力として死亡擬制の効力が失われる（32条1項前段。失踪者の従前の戸籍の身分事項欄には「失踪宣告取消しの裁判確定」と記載され〔報告的届出〕，戸籍が回復される）。

失踪宣告の取消しは，失踪者が死亡していたのには違いないが，死亡時期が宣告による死亡擬制時と違っていた場合にもすることができる（32条1項前段）。死亡した時期が変わってくるために，相続人・相続分に影響することがあるので，こうした失踪宣告の取消しを認めたのである。

明文の規定はないものの，本人が失踪期間の起算点以降のある時点で生存していたことが明らかになった場合も，死亡したものとみなされる時期が違ってくるため，失踪宣告の取消しが認められるべきである。

◆30条と32条1項前段の「利害関係人」　　30条の失踪宣告は人を死亡したものとするとの重大な効果をもたらすゆえに，利害関係人の範囲は厳格に解すべきであるが，32条の失踪宣告の取消しは，誤った死亡擬制を是正するものだから，利害関係人の範囲は広く解してよい。

⑤ 失踪宣告の取消しと関係者の保護

失踪宣告の取消しの効
果——死亡擬制の失効

失踪宣告取消しの審判がされると，失踪者
は，従来の住所を中心とする法律関係との
関係でも生存し続けており，権利主体であ
り続けたとの扱いを受ける。死亡扱いされた者が，失踪宣告取消し
の審判の時点から生き返るのではない。

しかし，これだと，失踪者が死亡したとの前提で新たな法律関係
に入った者の利益が害される場合がある。そこで，民法は，次の2
つの場合について，こうした者の利益を保護する措置を講じている。

Case 1-5
　Xにつき失踪宣告がされ，Xの所有する甲土地を相続したAが，甲土
地をBに売却した。この後にXの生存が明らかになり，失踪宣告取消し
の審判がされた。Xは，Bに対し，所有権に基づき甲土地の返還を請求し
た。

失踪宣告が取り消され
る前に善意でした行為
の有効性

失踪宣告の取消しは，失踪宣告がされた後，
この宣告が取り消される前に「善意でした
行為」の効力に影響を及ぼさない（32条1
項後段）。Case 1-5では，AB間での甲土地の売買契約が「善意で
した行為」に当たるかどうかが吟味されることになる。

Web 善意・悪意　✧※✧※✧※✧※✧※✧※✧※✧※✧※✧※✧※✧※✧※✧
　私法においては，一部の特殊な場面を除き，善意とは，ある事実を
知らなかったことをいい，悪意とは，ある事実を知っていたことをい
う。

✧※✧

◆誰の「善意」が求められるか　32条1項後段にいう「善意でした行為」に当たるためには，誰が「善意」であることが必要であるか。

　判例は，Case 1-5 のように，当該行為が契約である場合に，32条1項後段の規定により契約の効力が維持されるためには，両当事者（A・B）とも善意でなければならないとする（大判昭13・2・7民集17巻59頁）。この考え方の基礎にあるのは，家庭裁判所による失踪宣告取消しの制度は失踪者の権利状態を回復するものであり，失踪者を強く保護すべきだから，失踪者がなるべく財産を失わないようにするため，A・B両者の善意を要求すべきであるとの理解である。したがって，Case 1-5 では，X から甲土地の返還を求められた B は，自らの善意のみならず，A の善意も主張・立証してはじめて，甲土地の返還を免れる。

　他方，学説では，32条1項後段は失踪宣告を前提として新たな取引関係に入った者の信頼を保護することで取引の安全を図ったものであるとして，取引相手方の信頼保護の観点から B が善意であれば足りるとする見解が有力である。

◆受益者善意・転得者悪意の場合　Case 1-5 で，失踪宣告の取消し前に，B が X の生存を知ることなく甲土地を C に売却したが，C は B との契約時に X の生存を知っていたとする。このような場合に，X から甲土地の返還を求められた C は，これに応じなければならないか。(a) B が善意であれば，AB 間での売買契約の効力は万人との関係で――したがって，その後に登場した C が悪意であっても――有効なものとして維持されるのか（絶対的構成），それとも，(b) C が悪意であれば，X は C を相手にして，AB 間での売買契約の効力を否定することができるのか（相対的構成）という問題である。この問題に関しては，①法律関係の早期の安定を確保し，また，②AB 間での売買の効力があとから C のもとで否定されることによるトラブルを恐れて，善意者（B）が，その取得した財産の処分を躊躇することが起こらないようにする――善意者の財産権を制約しないようにする――ために，絶対的構成を支持すべきである（通説）。悪意の C が何も知らない善意の B を道具として用いたという極端な場合は，X の保護は，権利濫用の法理（1条3項⇒ *PART 1 6* ③）によって図れば

足りる。

Case 1-6————————————————————————————————

　Ｘにつき失踪宣告がされたことにより，妻Ａ・子Ｂがｘ所有の土地・建物，預金等を相続により取得した。また，Ｘが加入していた生命保険で，その死亡保険金の受取人に指定されていたＡが，保険会社から保険金3000万円を受け取った。Ａは，この保険金の一部である300万円を使って株式を購入した。その後，Ｘの生存が明らかになり，失踪宣告取消しの審判がされた。購入した株式の価額は100万円に下落している。

——

失踪宣告によって直接に財産を受けた者の返還義務の範囲——現存利益の返還
　失踪宣告によって直接に財産を得た者は，失踪宣告が取り消されたときには，その財産を法律上の原因なく利得したこととなり，受け取った利益を不当利得として返還しなければならない。Case 1-6では，ＡやＢが「失踪宣告によって直接に財産を得た者」に当たる。

　このとき，「失踪宣告によって直接に財産を得た者」がその取得した財産を消費していたときに，受け取った利益の全部を——しかも，利息までつけて——返還しなければならないとなると，失踪者が死亡した事実を基礎に財産を取得した者の利益を害し，失踪宣告制度そのものへの信頼を揺るがす結果となりかねない。そこで，民法は，これらの者は「現に利益を受けている限度」（＝受けた利益が現存している限度）で財産を返還すればよいとした（32条2項）。現存利益，すなわち，利得消滅の主張・立証責任は，受益者が負う（利得消滅の抗弁）。

　なお，32条の文言上では財産を得た者の善意・悪意での区別がされていないが，通説は，失踪者の生存を知っていたにもかかわら

ず失踪宣告により利益を得た者は保護する必要がないから，利得消滅の主張（現存利益の返還）が認められるのは善意の受益者のみであるとする（このとき，通説によれば，受益者の悪意について，失踪者が主張・立証責任を負う）。

◆出費の節約　　受益者の手元に利益が現存しないようにみえても，受益者に出費の節約が認められる場合，つまり，本来であれば自己の財産から支出することでその財産が減少したはずのところ，獲得した利益をこの出費に充てることにより自己の財産からの支出をせずに済んだという場合は，利得消滅の抗弁は認められない。たとえば，Case 1-6 で，Ａが保険金の一部である 600 万円を自分の日常生活費に充てたような場合は，減るはずの財産が減らずに残っているのであって，利得が現存しているから，「失踪宣告によって直接に財産を得た者」は，出費節約分に相当する額を失踪者に返還しなければならない。

> 失踪宣告後に再婚をした配偶者

失踪宣告の後に失踪者の配偶者であった者が再婚をした場合，たとえ，その後に失踪宣告が取り消されたとしても，前婚は，当事者の善意・悪意に関係なく復活しない（したがって，重婚状態にはならない）。これは，後婚の絶対的保護による身分関係の維持という観点から，32 条とは関係なしに導かれる帰結である（そのうえで，後婚については，770 条 1 項 5 号の「婚姻を継続し難い重大な事由」に当たるとみて，残存配偶者からの離婚請求を認める余地を与えるべきである）。

6 住所と不在者

1 住　所

生活の本拠としての住所

人の生活の本拠，すなわち，人の生活の中心である場所のことを，住所という（22条）。生活の中心である場所とはいえ，そこにいう「生活」とは，あくまでも法規範の適用される場面における生活のことである。それゆえに，住所は，自然科学的な概念ではなく，規範的評価が結びつけられた概念である。

　住所は，問題となる法規範が想定している生活事実ごとに確定される（法律関係基準説。最大判昭 29・10・20 民集 8 巻 10 号 1907 頁〔選挙権の要件としての学生の住所を寮の所在地とした〕）。その結果，たとえば，個人営業者の営業店舗とこの者の起居する住宅とが別の場所にあるような場合には，一人の人について複数の住所を観念できるということも起こりうる。規範の評価視点が異なるために，個々の法律関係ごとに異なった生活の本拠の確定が問題となり，その結果として複数の住所を観念することができるのである。

法人の住所

法人の住所は，その「主たる事務所」の所在地にある（一般社団法人及び一般財団法人に関する法律 4 条）。会社法 4 条は，会社の住所を「本店の所在地」とする。

居　所

人が多少継続的に居住するが，その生活関係の度合いが住所ほど密接でない場所のことを，居所という。自然科学的概念でなく，規範的概念であることは，住所と同じである。居所は，住所の補充機能を果たす。具体的

には，次の2つである。

①　住所の知れない者については，居所をもって住所とみなす（23条1項）。

②　日本に住所を有しない者については，その者が日本人であるか外国人であるかを問わず，日本における居所をもって住所とみなす。ただし，準拠法を定める法律（法の適用に関する通則法，遺言の方式の準拠法に関する法律）に従いその者の住所地法によるべきであるとされている場合は，この限りでない（民法23条2項）。

仮 住 所 ）法律行為の当事者がある行為について一定の場所を仮住所に選定したとき，その行為については，生活の本拠か否かに関係なく，これを住所とみなす（24条）。仮住所とは，ある場所を合意によって住所と扱うことを意味する（合意による住所）。

②　不在者の財産管理

不在者の財産管理制度
の必要性
）従来の住所または居所を去って容易に帰ってくる見込みのない者のことを，不在者という。不在者には，①不在であるが所在が明らかな者と，②所在不明の者とがいる。

いずれの場合でも，不在者は，その住所または居所（以下では，住所に代表させる）における財産管理権の行使が困難であるため，不在者に代わって財産管理をする者（不在者財産管理人）を設ける必要がある。不在者財産管理人は，不在者のためにする法律行為との関係では，不在者の代理人である。

Web 所在等不明所有者 ＊＊＊＊＊＊＊＊＊＊＊＊＊＊＊＊＊＊＊＊＊＊＊＊
　所有者不明土地問題を解決するために行われた2021（令和3）年の民法・不動産登記法改正では，新たに所在等不明所有者（さらには，

所在等不明共有者, 所在等不明相続人も) という概念を基礎に据え, これに当たる者がいる場合の土地・建物の管理・処分等に関する多くの制度が民法に設けられた。

　所在等不明所有者とは, 知ることができず, またはその所在を知ることができない所有者のことである。たとえば, 数次の相続が続く中で誰が所有者か特定できなくなっている場合や, 所有者は判明しているものの, その所在が不明になっている場合である。

❖❖❖

| 不在者財産管理人 |

　(1)　不在者が自らの意思で財産管理人を置いている場合は, この管理人は委任契約における受任者であり, また, 任意代理人である。財産管理権および代理権の範囲は, 不在者・管理人間の契約で定まる。対外的な代理権について契約で権限の内容を定めていない場合は, 103条が適用される。管理人が権限を超える行為をしようとするときは, 家庭裁判所の許可を得て, これをすることができる (28条後段)。

　なお, 民法は, 本人が管理人を置いていたものの, その後に本人が生死不明になった場合, したがって, 本人の監督が及ばなくなった場合について, 財産管理に介入する権限を家庭裁判所に与えている (26条〔改任〕, 27条2項・3項〔財産目録作成の命令, 財産の保存に必要な処分の命令〕)。

　(2)　不在者に法定代理人が存在する場合は, 法定代理に関する規律に従い, 財産管理が行われる。

　(3)　不在者に財産管理人がいない場合は, 家庭裁判所は, 利害関係人または検察官の請求により, 不在者の財産管理について必要な処分を命じることができる (25条1項前段)。その必要な処分の一例が, 財産管理人の選任である (選任管理人)。

　不在者の財産管理について必要な処分をすることを家庭裁判所に申し立てることのできる利害関係人とは, 不在者の財産を管理する

者がないことについて法律上の利害関係がある者のことである。また，検察官が申立権者に入っているのは，公益の代表者としてである。

　管理人選任後に，①本人が管理人を置いたり，②本人自らが財産管理をすることができるようになったり，本人の死亡が分明となるか，または失踪宣告があったりしたときは，家庭裁判所は，管理人，利害関係人または検察官の請求により，25条1項の処分の命令を取り消さなければならない（①につき，25条2項）。

　（4）　選任管理人は，103条に規定する権限，すなわち，不在者の財産の保存行為と，財産の性質を変えない範囲における利用・改良行為をする権限を有する。これを超える行為を必要とするときは，家庭裁判所の許可が必要である（28条前段。もとより，財産管理・処分権限は財産管理人に専属するものではない。本人の財産管理・処分権限は従前どおりである）。許可なくされた行為は無権代理となる。

　家庭裁判所は，「不在者の財産の保存に必要と認める処分」を管理人に命じることができる（27条3項）。

　（5）　不在者本人と選任管理人との内部関係については，家事事件手続法146条6項により，委任契約に関する規定（644条〔善良な管理者の注意を用いた事務処理義務〕，646条〔受領物引渡義務ほか〕，647条〔金銭消費責任〕，650条〔費用償還請求，代弁済請求ほか〕）が基本的に準用される。さらに，27条1項・2項（財産目録作成義務）と29条1項・2項（担保提供義務および報酬の支払）などの規定が用意されている。

Web 所有者不明土地管理命令・所有者不明建物管理命令 ✦✧✦✧✦✧✦
　2021（令和3）年の民法・不動産登記法改正で，所有者不明土地管理命令・所有者不明建物管理命令の制度が新たに設けられた。不在者の財産全般を対象とする不在者財産管理制度や，相続財産全般を対象

とする相続財産管理制度とは異なり，特定の財産である所有者不明土地・所有者不明建物の円滑かつ適正な管理を実現するための制度である（264条の2，264条の8）。詳細については，民法2を参照。

❖❖❖

7 意 思 能 力

① 既に述べたことの確認——私的自治の原則

近代民法は，私的自治の原則を基本原理の1つに据えている。①個人は，他者からの干渉を受けることなく，自由な意思に基づき，自らの私的生活関係について決定することができるのであって，②国家は個人が下した決定を尊重し，その実現を保障しなければならない（自己決定権の尊重⇒ *PART 1 4*）。

ところが，世の中には，契約や遺言などをするために必要な判断能力を欠いている者がいる。このような者のした契約や遺言などの効力がどのようになるのかが問題となる。Case 1-7 や Case 1-8 で，イメージを描いてほしい。

Case 1-7
　若年性認知症が進行中の 60 歳の A は，B 証券会社で，500 万円を投資して，ハイリスクの「仕組み債」を購入した。

Case 1-8
　重度の認知症になっている 85 歳の A が遺言を書き，その中で，「わたしの財産は全部 B にゆずる」と記した（自筆証書遺言）。A には，子 B・C・D がいる。その後に A が死亡した。

② 意思能力を欠く者がした法律行為（契約・遺言など）の効力──無効

契約や遺言などの法律行為の当事者が意思表示をした時に意思能力を有しなかったときは，その法律行為は無効である（3条の2。法律行為の意味⇒**第4章1①**）。無効が何を意味するのかは，**第7章1**で扱われる。

Web「時」と「とき」✦✦✦✦✦✦✦✦✦✦✦✦✦✦✦✦✦✦✦✦✦✦✦✦✦✦✦✦
公用文や，きちんとした法律文書では，「時」と「とき」の表記は使い分けられている。時間・時刻・時点を意味するときは「時」，場合を意味するとき（したがって，「場合」で置換え可能）は「とき」と表記する。3条の2を使えば，「当事者が意思表示をした時」は時点を意味するので「時」，「意思能力を有しなかったとき」は場合を意味するので「とき」である。区別して表記することを学習の初期段階で疎かにしていると，「異なる慣習がある時は，その慣習に従う」などといった，とうてい法律を学んだ者とは思われない表現を，いつまでたっても繰り返すことになってしまう。

✦✦✦✦✦✦✦✦✦✦✦✦✦✦✦✦✦✦✦✦✦✦✦✦✦✦✦✦✦✦✦✦✦✦✦✦✦✦

③ 意思能力とは何か

意思能力とは何かをめぐっては，異なる2つの見方がある。

1つは，意思能力を，私的自治・自己決定のために必要な能力，すなわち，自らのする法律行為（契約・遺言など）に基づく権利変動の意味を理解する能力（私的自治・自己決定能力）であるとする見方である（法律行為の意味について，⇒**第4章1①**）。「法律行為の当事者が意思表示をした時に意思能力を有しなかったときは，その法律行為は，無効とする」との3条の2は，「意思表示」・「法律行為」（契約・遺言など）の概念に「意思能力」を結びつけているところか

ら，このような理解を基礎に据えているように思われる。

　もう1つは，意思能力とは，自己の行為の利害得失を判断することのできる能力（行為一般についての判断能力としての**事理弁識能力**）であるとする見方である。明治民法以降の裁判実務は，このような理解を基礎に据えているようにもみえる。

④　意思能力の判断基準

　意思能力を上記のどちらの見方でとらえても，意思能力として要求される能力は，個々の行為者ごとに個別的に判断される。

　このとき，意思能力が私的自治・自己決定のために必要な能力であるとするならば，そこで要求される能力は，問題となる私的自治・自己決定との関連で相対的に決定されるべきものであるということになる。いいかえれば，個々の法律行為（とりわけ，契約）の内容・性質により，必要とされる意思能力の程度も相対的に決まってくる。また，このように理解するならば，意思能力とはどの程度の知的成熟度であるかと問われても，一律にこの年齢ということができるものではない。

　これに対して，自己の行為の利害得失を判断することのできる能力（事理弁識能力）とするならば，意思能力として要求される能力は個々の行為者ごとに個別的に判断されるとしたうえで，その一応の目安として，小学校入学ないしは小学校低学年の知能程度（6歳程度の知的成熟度）があげられ，この程度の知能が備わっていれば意思能力があるとするものが多い。

8 行為能力の制限制度

1 行為能力の制限制度が必要な理由

　判断能力の十分でない者がした法律行為（契約・遺言など）について，意思能力の考え方によるだけでは合理的な処理を図ることのできない場合がある。意思能力の考え方による処理には，次のような異なる理由から出た限界がある。

　①　法律行為（契約・遺言など）の時点で意思能力がなかったことについての立証責任は，意思能力がなかった者の側にある。しかし，意思能力は個別・具体的状況ごとに判断されるものであることから，この立証には困難を伴うことが多い。そして，立証に失敗した場合には，判断能力が十分でない者の保護が図られないことになる。

　②　意思能力の有無を外観から判断することに困難を伴う場合があるところ，意思能力がなかったことを主張する側が法律行為（契約・遺言など）の時点で意思能力がなかったことについての立証に成功したときには，今度は，契約相手方は予期せぬ不利益を被ることになりかねない。

　③　世の中には，意思能力を備えた者にとっても適切な判断を下すのが困難な取引や財産管理が数多く存在している。意思能力があるからといって自己の財産について適切な管理ができるとは限らない。意思能力を備えている者であっても，その者が単独で結んだ契約の効力を否定したり，財産の管理・処分について下した決定を否定したりするのが望ましい場合がある。

　④　意思能力のない者にも残存している判断能力があれば，これ

をできるだけ尊重すべきである。これは，高齢者や障害のある者も可能な限り通常の生活を送ることができるような環境を整備しようというノーマライゼーション（normalization）の考え方に基礎を置くものである。

② 行為能力の制限制度の導入——制限行為能力者

民法は，意思能力の考え方による処理の限界を踏まえ，行為能力の制限という制度を導入している。そこでは，次のような考え方から制度を立てている。

制限行為能力者の定型化と取消可能性の承認

① 意思能力の有無に関係なく——意思能力がある場合も含めて——，行為一般についての判断能力としての事理弁識能力が十分でない者（制限行為能力者）を，事理弁識能力の程度・状況に応じて段階的に定型化している（事理弁識能力の常時欠如＞著しく不十分＞不十分）。

② それぞれの類型における能力制限の程度に応じて，各類型に属する者が単独でした取引を，一定の場合に取り消すことができるものとしている（取消可能性の承認⇒第7章3）。

このように，民法は，行為一般についての判断能力が不十分な者を行為能力の制限を受けたものとして定型化することにより，これらの者からの立証の困難を回避するとともに，相手方にとっての取引の安全にも配慮をしている。

制限行為能力者としては，未成年者，成年被後見人，被保佐人，被補助人の4種が定型化されている（後3者をまとめて，法定後見制度と括ることがある。また，これとは別に任意後見制度もある。⇒ *15*）。

民法は，「行為能力」の定義はせずに，4条以下で，行為能力の制限を受ける者の類型を列挙している。これらの規定から帰納的に

とらえれば，行為能力とは，自らが行う法律行為の効果を自らに確定的に帰属させることのできる能力ということになろう。

Web 遺言能力✤✤✤✤✤✤✤✤✤✤✤✤✤✤✤✤✤✤✤✤✤✤✤✤✤✤✤✤✤✤✤✤
　961 条は，遺言能力に関して，「15 歳に達した者は，遺言をすることができる」と定める。伝統的な相続法学説の中には，この遺言能力を身分行為における意思能力であるとするものが多いが，適切ではない。むしろ，961 条は，遺言能力を意思能力ではなく，遺言を有効に行うための能力，すなわち，遺言の効果が遺言者に帰属するために必要な能力（遺言行為能力）としてとらえ，この意味での能力を備えたものといえるために遺言者が到達すべき年齢を類型的に 15 歳としたものというべきである。このように理解することは，これに続く 962 条が，制限行為能力に関する「第 5 条，第 9 条，第 13 条及び第 17 条の規定は，遺言については，適用しない」としていることとも整合性を有する。もとより，これとは別に，遺言が 3 条の 2 に基づき，意思能力の欠如を理由に無効となる余地はある。

✤✤✤✤✤✤✤✤✤✤✤✤✤✤✤✤✤✤✤✤✤✤✤✤✤✤✤✤✤✤✤✤✤✤✤✤

保護者に対する事務処理権限の段階的付与

民法は，制限行為能力者の財産管理その他の事務処理を補完する者として保護者を設け，保護者に対し，制限行為能力者の判断能力の程度・状況ならびに取引の態様に応じて，財産管理その他の事務処理権限（身上監護に関係する契約を締結する権限など）を与えている。

制限行為能力者が自己決定できる範囲の段階的保障

民法は，判断能力が十分でない者について，残存している判断能力をできるだけ尊重するべきであるとのノーマライゼーションの観点から，この者が保護者の関与なしに単独で有効に行動できる範囲を，判断能力の程度・状況に応じて段階的に保障する措置を講じている。

9 未 成 年 者

1　未成年者とは

　未成年者とは，成年に達しない者をいう。民法は，年齢18歳を
もって成年としている（4条）。

　◆成年年齢の引下げ　　明治民法以来，わが国では成年年齢を20歳
としてきたが，2018（平成30）年の民法改正により，18歳に引き下
げた（施行日は，2022〔令和4〕年4月1日）。これに伴い，①「未成年
者」であることを欠格事由や禁止の対象としていた法律や，②「20
歳」という年齢を基準として採用していた法律において，成年年齢の
引下げへの対応が迫られた。①については，喫煙・飲酒・勝馬投票券
の購入などでは，禁止の対象が「未成年者」から「20歳未満」の者
に変更された（「二十歳未満ノ者ノ喫煙ノ禁止ニ関スル法律」1条，「二十
歳未満ノ者ノ飲酒ノ禁止ニ関スル法律」1条など）。他方で，司法書士
法・医師法などでは，「未成年者」という欠格事由を維持することに
より，対象年齢が18歳に引き下げられた（司法書士法5条など）。②
については，国籍選択に関する基準年齢や旅券の申請可能年齢などで，
「20歳」が「18歳」に変更された（国籍法3条，5条，14条，17条な
ど）。

2　未成年者の保護者──親権者・未成年後見人

　未成年者の保護者は，親権者がいる場合は，**親権者**である（818
条）。父母の婚姻中は，親権は父母が共同で行使する（同条3項本
文）。

　親権者がいない場合や，親権を行う者が管理権を有しない場合は，
未成年後見人が保護者となる（838条1号。選任については，839条〜
841条）。未成年後見人は1人である必要がなく，複数の者を選任す

ることもできる（857条の2参照。未成年後見人が複数ある場合は，権限の共同行使が原則である。857条の2第1項）。また，法人（たとえば，児童養護施設を運営する社会福祉法人）も，未成年後見人になることができる（840条3項参照）。

③ 親権者・未成年後見人の代理権

Case 1-9

17歳のAは，Bの店に展示されているカメラがほしくてたまらない。Aは，家庭教師のアルバイトをし，カメラの購入に必要な資金を既に貯金している。Aには，両親P・Qがいる。Aから相談されたP・Qは，Aがカメラを購入してもよいと考えている。

　親権者・未成年後見人は，未成年者の法律行為を未成年者に代わって行う権限（代理権）を有する。824条は，親権者につき，子の「財産に関する法律行為についてその子を代表する」と定める。また，未成年後見人も，「財産に関する法律行為について」被後見人，すなわち，子を代表する（859条。ここにいう代表とは，代理の意味である）。

　代理権とは，本人に代わって自らが法律行為をして，その効果を本人に帰属させることのできる権限である（99条）。そして，親権者・未成年後見人の代理権は，未成年者の意思に関係なく法律に基づいて与えられた代理権である（したがって，親権者・未成年後見人は，法定代理人である）。

　Case 1-9では，Aの親権者であるP・Qは，Aの代理人として，Aの名を示して，Bとの間でカメラの購入契約を締結することができる。ここでは，売買契約を締結するのは，P・QとBである。そして，この売買契約の効果は，AとBとの間に帰属する（99条参

照⇒第 8 章 *1* ①）。

④　親権者・未成年後見人の同意権

　親権者・未成年後見人は，未成年者自身が法律行為をすることについて，事前に同意を与える権限（同意権）を有する（5 条 1 項本文）。

　Case 1-9 では，P・Q が，あらかじめ A に対し，B からカメラを購入することへの同意を与え，A が B との間でカメラの売買契約を締結することができる。ここでは，売買契約を締結するのは，A と B である。この場合も，売買契約の効果は，A と B との間に帰属する。

⑤　同意なしにされた法律行為の取消し

Case 1-10

　17 歳の A は，B の店に展示されているカメラがほしくてたまらない。A は，家庭教師のアルバイトをし，カメラの購入に必要な資金を既に貯金している。A には，両親 P・Q がいる。A は，P・Q に無断でカメラを B から購入し，10 万円を支払った。

親権者・未成年後見人
および未成年者の取消
権

　　　　　未成年者が親権者・未成年後見人の同意を
　　　　　得ずにした法律行為は，取消しの対象とな
　　　　　る（5 条 2 項）。

　誰が取消権を有するかは，5 条 2 項ではなく，120 条によって定まる。120 条 1 項によれば，この場合は，未成年者の親権者・未成年後見人（P・Q）だけでなく，未成年者（A）も成年に達しない未成年のままで取り消すことができる。

　取消しがされると，両当事者は既に受け取った給付を返す義務を

負うが（121 条の 2 第 1 項の原状回復義務），未成年者は，その行為に
よって「現に利益を受けている限度において」返還をすれば足りる
（同条 3 項）。

「取り消すことができる」
ということの意味——取
り消されるまでは有効

「取り消すことができる」というのは，そ
の法律行為は取り消されるまでは有効である
という意味を含んでいる。

取消しの意思表示——
形成権としての取消権

取り消すことができる法律行為は，取消し
の意思表示がされてはじめて，効力を失う。
取消権は，形成権の一種である。

取消しの効果の遡及効

取消しの意思表示がされると，取り消され
た法律行為は，法律行為がされた当初にさ

かのぼって，すなわち，法律行為の時点から無効であったものとみ
なされる（121 条。遡及効〔効果が過去にさかのぼること〕という）。
取消しの意思表示の時点から将来に向かって効力を失うのではない。

　Case 1-10 で，カメラの売買契約が 2022 年 1 月 3 日に締結され，
この契約が P・Q により同年 2 月 2 日に取り消されたとすると，こ
の契約は同年 1 月 3 日の契約締結時点で既に効力を生じなかったも
のとして扱われる。同年 2 月 2 日の時点から将来に向かって効力を
失うのではない。

⑥　同意なしにされた法律行為の追認

Case 1-11————————————————————————

　17 歳の A は，B の店に展示されているカメラがほしくてたまらない。
A は，家庭教師のアルバイトをし，カメラの購入に必要な資金を既に貯金
している。A には，両親 P・Q がいる。A は，P・Q に無断でカメラを B
から購入し，10 万円を支払った。このことを知った P・Q は，A がした

カメラの購入を認めてやってよいと考えている。

親権者・未成年後見人
の追認権

親権者・未成年後見人は，未成年者が保護者の同意を得ずにした法律行為を，追認（事後承諾）することができる（122条）。追認は，親権者・未成年後見人が，当該法律行為について取消権を行使することができることを知った後にする必要がある（124条1項・2項1号）。追認の意思表示は，取消権を放棄する意思表示でもあるからである。

追認がされると，それまで有効であった法律行為が確定的に有効となる（122条）。

本人の追認権

未成年者が親権者・未成年後見人の同意を得ずにした法律行為については，本人も追認することができる（122条）。

とはいえ，本人が追認をするためには，以下の要件を充たさなければならない。すなわち，①取消しの原因である状況が消滅した後であり，かつ，②当該行為を取り消すことができることを追認時に自らが知っていたことが必要である（124条1項）。したがって，本人が追認をするのは，①本人が成年になり，完全な行為能力を得た後であり，かつ，②自らのした行為が取消可能なことを知った後でなければならない。

もっとも，未成年者が親権者・未成年後見人の同意を得たうえで自ら追認をしたときは，追認の意思表示に関して親権者・未成年後見人による能力の補完があったとみることができる。したがって，この追認は有効である（124条2項2号）。

⑦ 相手方の催告権

　未成年者や親権者・未成年後見人の側が取り消すのか追認するのかについて態度をはっきりさせないと，法律行為の相手方は不安定な状況に置かれつづける（もとより，126条による取消権の期間制限がある）。

　そこで，民法は，相手方に，この不安定さを早期に除去する権限を与えた。未成年者や親権者・未成年後見人に対する**催告権**がこれである（20条）。

　①　相手方は，成年となった本人に対し，1か月以上の猶予期間を与えて，追認するかどうかを確答するようにと催告することができる。この期間内に確答が発信されなければ，本人はこの行為を追認したものとみなされる（20条1項）。

　②　相手方は，親権者・未成年後見人に対し，1か月以上の猶予期間を与えて，追認するかどうかを確答するようにと催告することができる。この期間内に確答が発信されなければ，親権者・未成年後見人はこの行為を追認したものとみなされる（20条2項）。

⑧ 親権者・未成年後見人の同意を必要としない法律行為

権利を得たり，義務を免れたりするだけの行為

　未成年者が権利を得たり，義務を免れたりするだけの行為は，未成年者にとって不利益とならないから，未成年者自らが親権者・未成年後見人の同意なしにすることができる（5条1項ただし書）。未成年者が負担を伴うことなく他人から贈与を受ける場合が，その例である。

Case 1-12————————————————

　17歳の高校生Aは，両親P・Qからクラブ活動で使う楽器の購入費に
充てるようにといわれて，30万円を受け取った。Aは，両親に告げずに，
この30万円を使い，Bからバイクを購入した。

————————————————

<table>
<tr><td>親権者・未成年後見人
が処分を許した財産</td></tr>
</table>

　　　　　　　親権者が未成年者に与えた小遣い銭のよう
　　　　　　　に，親権者・未成年後見人が処分を許した
　　　　　　　財産は，未成年者が，同意なしにその財産
を処分することができる（5条3項）。

　もっとも，親権者・未成年後見人により処分の目的が定められた
場合は，未成年者はその目的どおりに処分することができるだけで
ある（5条3項前段）。Case 1-12のように，未成年者が親権者・未
成年後見人の同意なく当該財産を目的外で利用・処分したときは，
その法律行為は取消しの対象となる。

<table>
<tr><td>親権者・未成年後見人
が営業を許した場合</td></tr>
</table>

　　　　　　　親権者・未成年後見人が未成年者に営業を
　　　　　　　許した場合は，未成年者は，その営業に関
　　　　　　　しては，成年者と同一の行為能力を有する。
したがって，親権者・未成年後見人の同意なしに法律行為をするこ
とができる（6条1項。いったん与えた許可の取消しについては，同条
2項，823条，857条。この関連では，年少者の労働契約に関する労働基
準法56条から59条までの規定も参照せよ）。

　◆日用品の購入その他日常生活に関する行為　　後述するように
（⇒ 10 ⑤），成年被後見人については，「日用品の購入その他日常生活
に関する行為」につき保護者の同意なしに単独で行うことができるも
のとされている（9条ただし書）。明文の定めこそないものの，小学生
以上については，成年被後見人程度の精神的成熟度を有していると考
えられるゆえに，同様の行為を単独ですることができるものと解すべ
きである。

10 成　年　後　見

① 成年後見の制度

> 3 つの構成要素

　①精神上の障害があるために事理弁識能力を常に欠いた状況（「常況」）にある者がいる。このとき，②一定の者の申立てを受けて，③家庭裁判所が後見開始の審判をした場合は，この者に対する後見が開始する（7条，838条2号。年齢要件は課されていない）。契約に基づく任意後見（⇒ *15*）と区別する意味で，法定後見ともいわれる。

　その際，家庭裁判所は，職権で，成年後見人を選任する（843条1項）。

　最高裁判所の司法統計によれば，2012（平成24）年度から2021（令和3）年度までの成年後見の申立てとその取消しの数は，年間26000件から28000件前後で推移している。

> 成年後見の申立権者

　成年後見の申立権者は，本人，配偶者，4親等内の親族，未成年後見人，未成年後見監督人，保佐人，保佐監督人，補助人，補助監督人，検察官（7条。検察官が加えられているのは，公益の代表者としての地位においてである）および市町村長（老人福祉法32条，知的障害者福祉法28条，精

神保健及び精神障害者福祉に関する法律51条の11の2）である。

　これらの者は，申立てに当たって，本人の同意を得る必要はない。

成年被後見人

　後見開始の審判の結果として後見に服することとなった者のことを，成年被後見人という（8条）。

　成年被後見人とされるためには，そもそも，その者が事理弁識能力を欠く常況にあるのでなければならない。

　しかし，その者がいかに事理弁識能力を欠く常況にあるからといって，その者に対して後見開始の審判がされていなければ，その者は，（既に保佐・補助に服しているのでなければ）制限行為能力者ではない。次の Case 1-13, Case 1-14 は，その例である（いずれの場合も，A は，成年被後見人ではない。意思無能力の問題は，別にある）。

Case 1-13

　95歳になり，高齢者介護施設に入居している資産家の A は，診察を受けている医師から認知症の症状があるとの診断を受けている。A は，施設を経営している B 法人との間で，2億円の財産を B に贈与するとの契約を締結した。

Case 1-14

　60歳の A は，運動中に突然倒れ，一命はとりとめたものの，意識を回復しないまま，寝たきり状態になっている。A には，妻 B と子 C がいる。B・C は，A が預けている定期預金を，生活のために解約（＝預金契約解除の合意〔契約〕）したいと考えている。

Column④　成年後見の登記 •••••••••••••••••••••••

　後見開始の審判がされると，法務局が保管する磁気ディスク上にその旨が記録される（後見登記制度。後見登記等に関する法律4条）。ここでは，かつての禁治産制度の場合のように官報や戸籍に記載して公示

する（戸籍法旧81条，85条）という方法は採用されていない。後見に服しているということは個人のプライバシーに関する事柄であり，官報や戸籍上で公示するのは不適当だからである。

　取引安全保護の要請との間での調整は，登記記録に記載されている者その他一定の者に登記事項証明書を交付することを通して行われる（後見登記等に関する法律10条1項。後見登記ファイルに「記録がない」こと，したがって，後見開始の審判を受けていないことの証明も，登記事項証明書の交付を通して行われる）。取引相手方の保護にとってはこれで十分であると考えられるからである。なお，取引相手方が直接に登記事項証明書の交付を法務局に申請することは，プライバシー保護の観点からできない。取引相手方は，本人，配偶者，4親等内の親族などを通じて登記事項証明書を入手するしかない。

② 成年被後見人の保護者——成年後見人

成年被後見人の保護者のことを，成年後見人という（8条）。

成年後見人は配偶者や親族である必要はなく，法律の専門家でなくてもよい。社会福祉法人のような法人も成年後見人となることができる（843条4項）。複数の者の選任も可能である（859条の2）。

◆成年後見人の権限——概要　　成年後見人は，成年被後見人の生活，療養看護にかかわる身上監護に関する事務を行う（858条）。身上監護の事務とは，介護や生活の維持，住居の確保，施設への入退所，医療，教育等に関する契約の締結（法律行為をすること）を意味する。他方，この法律行為に伴う事実行為は別として，成年後見人は，身上監護の事務として，成年被後見人に対する現実の介護・看護，成年被後見人の監視といった事実行為をする義務を負うものではない（最判平28・3・1民集70巻3号681頁）。また，成年後見人は，成年被後見人の一身に専属する事項に関する法律行為（婚姻，離婚，養子縁組，認知，遺言など）もすることができない。

　また，成年後見人は，成年被後見人の財産の管理に関する事務を行う（859条。853条は，後見人の財産調査・財産目録作成義務を定める）。

財産の管理に関する事務には，一切の法律行為と事実行為が含まれる。成年後見人は，成年被後見人の財産の管理に当たり，善良な管理者の注意を用いてその事務を遂行しなければならない（869 条による 644 条の準用）。

　さらに，成年後見人は，成年被後見人の財産の管理について，以下に述べる代理権を有する。

③　成年後見人の代理権

Case 1-15
　長女 A は，父 B の成年後見人として選任されている。A は，B の定期預金を解約して，B の生活費・治療費に充てたい。

成年後見人の代理権
──包括的代理権

成年後見人は，成年被後見人の財産の管理について，代理権を有する（859 条。「財産に関する法律行為について」被後見人を代表するとされている）。したがって，成年後見人は，代理権に基づき，成年被後見人本人の名において，自ら法律行為をすることができる（99 条参照）。

Case 1-16
　A は，B の成年後見人として選任されている。B の生活に充てる費用が底をつきはじめたため，A は，B が居住している建物とその敷地に抵当権を設定して銀行から金を借り，資金を確保しようと考えている。

Case 1-17
　A は，B の成年後見人として選任されている。B の生活に充てる費用が底をつきはじめたため，A は，B が所有している空き地の甲土地を売却し

て，資金を確保しようと考えている。

代理権に対する制約
──家庭裁判所の許可
が必要とされる場合　成年後見人が成年被後見人に代わってその
居住の用に供する建物またはその敷地（居
住用不動産）について，売却，賃貸，賃貸
借の解除または抵当権の設定その他これらに準ずる処分をするとき
は，家庭裁判所の許可を得なければならない（859条の3）。居住用不
動産は成年被後見人が生活を継続するうえで重要な基盤であること
を考慮に入れ，家庭裁判所の後見的観点からの積極的介入権限を認
めたものである。

　したがって，Case 1-16 では，家庭裁判所の許可が必要である。
これに対して，Case 1-17 では，売却の対象が居住の用に供されて
いない土地であるから，家庭裁判所の許可は不要である。

④　成年後見人に同意権なし

　成年後見人は，成年被後見人の法律行為に対して同意する権利
（同意権）をもたない。事理弁識能力を欠く常況にある成年被後見人
に対して事前に同意を与えたとしても，同意してもらったとおりに
行動することを期待することができないからである。

⑤　成年被後見人が単独でした法律行為の効力

成年後見人・成年被後
見人の取消権　成年被後見人が単独でした法律行為は，そ
れが「日常生活に関する行為」（9条ただし
書参照。後述）である場合を除き，取消し
の対象となる（9条本文）。成年後見人または成年被後見人が，当該
法律行為を取り消すことができる（120条1項）。成年被後見人も，
成年被後見人のままで取り消すことができる。

なお，取消しがされると，両当事者は既に受け取った給付を返す義務を負うが（121条の2第1項の原状回復義務），成年被後見人は，その行為によって現に利益を受けている限度において返還をすれば足りる（同条3項）。

成年後見人・成年被後見人の追認権

成年後見人は，成年被後見人が単独でした取り消すことのできる法律行為を追認することができる（122条）。この追認は，成年後見人が，当該法律行為について取消権を行使することができることを知った後にする必要がある（124条1項・2項1号）。

　他方，成年被後見人本人が追認をするためには，以下の要件を充たさなければならない。すなわち，①取消しの原因である状況が消滅した後であり，かつ，②当該行為を取り消すことができることを追認時に自らが知っていたことが必要である（124条1項）。したがって，本人が追認をするのは，①成年後見開始の審判を取り消す審判がされ，かつ，②本人が自らのした行為が取消可能なことを知った後でなければならない。

「日常生活に関する行為」の有効

「日用品の購入その他日常生活に関する行為」については，成年後見人の同意を得るまでもなく，成年被後見人が単独で完全に有効にすることができる。成年後見人（成年被後見人も）は，当該行為を取り消すことができない（9条ただし書）。成年後見開始の審判を受けるような者にも「日用品の購入その他日常生活に関する行為」のための自己決定能力が残っているとの理解から，ノーマライゼーションの考え方（⇒8①④）に依拠して，この種の行為の有効性を承認したものである。また，このような規定を設けることで，日用品の販売業者等が成年被後見人との取引を避けることを防ぐ意味もある。

「日常生活に関する行為」が何かは，その成年被後見人の生活状況や生活水準に照らしてみたときに，日常生活を送るために必要不可欠の行為といえるか，その行為をいちいち成年後見人の判断にゆだねていたのでは成年被後見人が日常生活を送るのに支障をきたすかどうかという観点から決定していくほかない。概していうならば，成年後見において基準とされる事理弁識能力として小学校入学程度の知能が目安とされていることを考慮すると，「日常生活に関する行為」は，小学校入学頃の学童が一人でできるレベルの行為に限るべきであろう（保護者である成年後見人がいるのだから，このように狭く解しても差支えはない）。

⑥　相手方の催告権

民法は，相手方に，成年後見人・成年被後見人に対する催告権を与えている（20条）。

①　相手方は，後見開始の審判を取り消す審判を受けて行為能力者となった本人に対して，1か月以上の猶予期間を与えて，追認するかどうかを確答するようにと催告することができる。この期間内に確答が発信されなければ，本人はこの行為を追認したものとみなされる（20条1項）。

②　相手方は，成年後見人に対して，1か月以上の猶予期間を与えて，追認するかどうかを確答するようにと催告することができる。この期間内に確答が発信されなければ，成年後見人はこの行為を追認したものとみなされる（20条2項）。

⑦　行為能力の回復——後見開始審判の取消し

成年被後見人について事理弁識能力を欠く常況がなくなったときは，一定の者（本人・配偶者・4親等内の親族・後見人・後見監督人・

検察官）の申立てを経て，家庭裁判所により，後見開始の審判を取り消す審判がされる（10条）。これにより，その成年被後見人は，行為能力者になる。逆にいうと，いくら上記の状況が消滅したからといって，後見開始の審判の取消しなしに，この者が当然に行為能力者に戻るわけではない。

11 保 佐

① 保佐の制度

3つの構成要素

①精神上の障害があるために事理を弁識する能力（事理弁識能力）が著しく不十分な者がいる。このとき，②一定の者の申立てを受けて，③家庭裁判所が保佐開始の審判をした場合は，この者に対する保佐が開始する（11条，876条）。

その際，家庭裁判所は，職権で，保佐人を選任する（843条1項）。

なお，以下の点については，成年後見の場合と基本的に同様の処理がされる（⇒ 10 ①・②）。

① 保佐についての登記事項証明書（後見登記等に関する法律10条）

② 保佐人は法人であってもよく，複数でもよいこと（876条の2第2項による843条3項・4項の準用）

最高裁判所の司法統計によれば，2012（平成24）年度から2021（令和3）年度までの保佐の申立てとその取消し等の数は，年間10000件から18000件前後で推移している（増加傾向にある）。

保佐の申立権者

保佐の申立権者は，本人，配偶者，4親等内の親族，後見人，後見監督人，補助人，

補助監督人，検察官（11条），そして市町村長（老人福祉法32条，知的障害者福祉法28条，精神保健及び精神障害者福祉に関する法律51条の11の2）である。

これらの者は，申立てに当たって，本人の同意を得る必要はない。

② 被保佐人の保護者——保佐人

保佐開始の審判の結果として保佐に服することとなった者のことを被保佐人といい，保護者として家庭裁判所の職権で選任された者のことを保佐人という（12条，876条の2参照。法人も可。複数も可。保佐人の選任については，876条の2第2項が後見の規定を準用している）。

保佐人は，被保佐人の身上を監護する（876条の5第1項）。保佐人の財産管理権については，以下で扱う。

③ 保佐人の同意権

Case 1-18───────────────────────

Aは保佐開始の審判を受けていて，Bが保佐人として選任されている。Aが現在居住している建物が老朽化したため，Aは，C工務店に依頼して建て替えることを希望している。

───────────────────────────

重要な法律行為への限定

保佐人の権限は，被保佐人がする法律行為への同意権を中心に組み立てられている。しかも，保佐人が同意を与えることのできる事項も，重要な法律行為に限定されている（13条。次述）。それ以外の法律行為については，原則として，被保佐人が単独で完全に有効にすることができる。この場合，保佐人の同意は必要でない。

| 保佐人の同意が必要な行為 | (1) 13条1項各号に該当する行為　13条1項には，保佐人の同意が必要な行為が次のように列挙されている。 |

① 元本を領収し，または利用すること。元本とは，利息，賃料その他の法定果実（88条2項参照⇒**第3章5**）を生み出す財産のことをいう。

② 借財または保証をすること

③ 不動産その他重要な財産に関する権利の得喪を目的とする行為をすること

④ 訴訟行為をすること

⑤ 贈与，和解または仲裁合意（仲裁法2条1項）をすること

⑥ 相続の承認もしくは放棄または遺産の分割をすること

⑦ 贈与の申込みを拒絶し，遺贈を放棄し，負担付贈与の申込みを承諾し，または負担付遺贈を承認すること

⑧ 新築，改築，増築または大修繕（を目的とした契約の締結）をすること

⑨ 602条に定める期間を超える賃貸借をすること

⑩ 被保佐人が，13条1項に掲げる行為を，制限行為能力者の法定代理人としてすること

　ただし，上記列挙事項に形式的に該当する行為であっても，日用品の購入その他日常生活に関するものについては，保佐人の同意を得る必要がなく，被保佐人が単独ですることができる（同条1項柱書のただし書）。この種の法律行為は被保佐人よりも重篤な障害をもつ成年被後見人ですら同意なしにできる点を考慮して，矛盾が生じることを回避したのである。

　Web 13条1項10号の意味 ✣✣✣✣✣✣✣✣✣✣✣✣✣✣✣✣✣✣✣✣✣✣✣✣✣✣
　13条1項10号は，どのような場合を想定しているのであろうか。

この規定は，代理人の行為能力の問題を定めた102条の規定と合わせて読む必要があるが，初学者には少々わかりにくい。次のような例を用いて考えてみる。

Case 1-19────────────

　　①　Ａ（15歳）の母Ｂが成年後見開始の審判を受け，成年後見人として叔父Ｃが選任された。Ｂは，Ａの法定代理人として，Ｄ銀行との間で，亡父からＡが相続した定期預金100万円を解約し，預金全額の払戻しを受けた。

　　②　Ａ（15歳）の母Ｂが保佐開始の審判を受け，保佐人として叔父Ｃが選任された。Ｂは，Ａの法定代理人として，Ｄ銀行との間で，亡父からＡが相続した定期預金100万円を解約し，預金全額の払戻しを受けた。

────────────

　まず，102条の説明から入る。同条は，代理人が行為能力者であることは必要でないとしつつ，ただし書で，「制限行為能力者〔Ｂ〕が他の制限行為能力者〔Ａ〕の法定代理人としてした行為については，この限りでない」としている。このただし書の意味は，法定代理人（Ｂ）が仮に自分のための行為としてその行為（上記の例では，預金の解約と払戻し受領）をしたならば取り消すことのできるものであったであろう行為については，行為能力の制限を理由として取り消すことができるということである（⇒第8章2③）。そして，取り消すことができる者は，次の者たちである。

　(i)　その行為をした法定代理人（Ｂ。120条1項にいう「制限行為能力者」）

　(ii)　当該行為をした法定代理人の法定代理人・同意権者（Ｃ。120条1項にいう「代理人」・「同意をすることができる者」）

　(iii)　本人（Ａ。120条1項括弧書にいう「当該他の制限行為能力者」）またはその承継人

　さて，親権者・未成年後見人と成年後見人（Ｃ）は，制限行為能力者（Ｂ）がした行為について，取消権を持つ。これについては，120条1項があれば足り，特別の規定はいらない。これに対して，保佐の場合は，被保佐人（Ｂ）が<u>制限行為能力者（Ａ）を代理して13条1項</u>

1号から9号までの行為をすることは、同項10号がなければ、被保佐人（B）が単独で有効にすることができて、保佐人（C）は取消権を有しないということになってしまう。これを避けるために、10号が設けられ、被保佐人（B）が制限行為能力者（A）の法定代理人としてする行為は保佐人（C）の同意を必要とする行為であるとし、Bが勝手に単独でした代理行為を保佐人（C）が取り消すことができるようにしたのである。パズルのようなところがあるので、代理人の能力についての説明を理解してから、ゆっくりお読みいただきたい。

✻✻✻

（2）　同意権付与の審判　　13条1項に列挙された行為に該当しないものであっても、家庭裁判所は、一定の者の申立てにより、同意が必要な行為にすることができる（13条2項本文。同意権付与の審判）。

　ただし、日用品の購入その他日常生活に関する行為については、審判をもってしても、同意が必要な行為にすることができない（同条2項ただし書）。

| 同意に代わる許可 |

保佐人の同意を得なければならない行為について、保佐人が被保佐人の利益を害するおそれがないにもかかわらず被保佐人に同意を与えないときは、家庭裁判所は、被保佐人の申立てを受けて、保佐人の同意に代わる許可を与えることができる（13条3項）。

④　同意が必要な行為を被保佐人が単独でした場合 ——取消可能性

Case 1-20
　Aは保佐開始の審判を受けていて、妻Bが保佐人として選任されている。Aは、Bに相談することなく、知人CがDから100万円を借金する際の連帯保証人になった（13条1項2号参照）。

保佐人が同意権を有している法律行為について，被保佐人が「同意又はこれに代わる許可」を得ずに単独でしたときは，取消しの対象となり（13条4項），保佐人または被保佐人が取り消すことができる（120条1項。保佐人は「同意をすることができる者」であるから，取消権者である）。被保佐人も，被保佐人のままで取り消すことができる。

保佐人・被保佐人の取消権

なお，取消しがされると，両当事者は既に受け取った給付を返す義務を負うが（121条の2第1項の原状回復義務），被保佐人は，その行為によって「現に利益を受けている限度において」返還をすれば足りる（同条3項）。

保佐人・被保佐人の追認権

保佐人は，被保佐人が単独でした取り消すことのできる法律行為を追認することができる（122条）。この追認は，保佐人が，当該法律行為について取消権を行使することができることを知った後にする必要がある（124条1項・2項1号）。

他方，被保佐人本人が追認をするためには，以下の要件を充たさなければならない。すなわち，①取消しの原因である状況が消滅した後であり，かつ，②当該行為を取り消すことができることを追認時に自らが知っていたことが必要である（124条1項）。したがって，本人が追認をするのは，①保佐開始の審判を取り消す審判がされ，かつ，②本人が自らのした行為が取消可能なことを知った後でなければならない。

もっとも，被保佐人が保佐人の同意を得たうえで自ら追認をしたときは，追認の意思表示に関して保佐人による能力の補完があったとみることができ，この追認は有効である（124条2項2号）。

相手方の催告権

民法は，相手方に，保佐人・被保佐人に対する催告権を与えている（20条）。

① 相手方は，保佐開始の審判を取り消す審判を受けて行為能力者となった本人に対して，1か月以上の猶予期間を与えて，追認するかどうかを確答するようにと催告することができる。この期間内に確答が発信されなければ，本人はこの行為を追認したものとみなされる（20条1項）。

② 相手方は，保佐人に対して，1か月以上の猶予期間を与えて，追認するかどうかを確答するようにと催告することができる。この期間内に確答が発信されなければ，保佐人はこの行為を追認したものとみなされる（20条2項）。

③ 相手方は，保佐開始の審判を受けた状態にある被保佐人に対して，1か月以上の猶予期間を与えて，保佐人から追認を得るようにと催告することができる。この期間内に追認を得たとの通知が被保佐人から発信されなければ，被保佐人はこの行為を取り消したものとみなされる（20条4項）。

5 保佐人の代理権

原則——代理権なし

保佐人には，原則として代理権がない。

たとえば，Case 1-18 の場合に，保佐人 B も建替えを認めるときには，B が A に同意を与え，A と C 工務店が契約を締結しなければならない。B が A を代理して C 工務店と契約を締結することはできない（これをしても，無権代理となる）。

例外——「特定の法律行為」についての代理権付与の審判

(1) 例外的に，保佐人が代理権を取得することがある。すなわち，家庭裁判所は，一定の者〔11条本文に挙げられた者〔ここには，本人も含まれていることに注意〕ならびに保佐人・保佐監督人）の

申立てにより，「特定の法律行為」について，保佐人に代理権を付与する旨の審判をすることができる（876条の4第1項。代理権付与の審判）。

(2)　代理権付与の審判の対象となる「特定の法律行為」は，必ずしも，13条1項に掲げられた同意を必要とする行為に限定されない。

たとえば，被保佐人が自己の所有する甲建物を無償で貸すこと（使用貸借）を考えている場合に，使用貸借契約の締結は13条1項に該当しないものの，保佐人は，家庭裁判所に対し，甲建物の使用貸借契約の締結につき，代理権付与の審判を申し立てることができる。

(3)　代理権付与の審判を申し立てたのが本人以外の者であるときには，家庭裁判所は，代理権付与の審判をするに当たって，本人の同意を得なければならない（876条の4第2項）。

| 代理権付与の審判の効果 |

(1)　代理権付与の審判の結果として，そこで対象とされた「特定の法律行為」につき，保佐人に代理権が付与される。この「特定の法律行為」について，保佐人は，被保佐人の代理人として，代理権に基づき，自ら法律行為をすることができる（99条参照）。Case 1-18 では，保佐人BがC工務店の建築請負契約につき代理権付与の審判を得たときは，BはAを代理してC工務店と建築請負契約を締結することができる。

(2)　もっとも，保佐人が被保佐人に代わってその居住の用に供する建物またはその敷地（居住用不動産）について，売却，賃貸，賃貸借の解除または抵当権の設定その他これらに準ずる処分をするときには，家庭裁判所の許可を得なければならない（876条の5第2項による859条の3の準用⇒ *10* ③）。

(3)　代理権付与の審判がされた後に,「特定の法律行為」を被保佐人本人が単独でしたときの当該法律行為の効力については, 場合を分けて考える必要がある。

Case 1-21—————————————————————————————

　Ａは保佐開始の審判を受けていて, 妻Ｂが保佐人として選任されている。Ｂは, Ａが所有する甲建物を他人に使用収益させることについての代理権を付与する審判を受けている。

　(a) Ａは, Ｂに相談することなく, 甲建物についてＣとの間で期間5年の賃貸借契約を結んだ。

　(b) Ａは, Ｂに相談することなく, 甲建物についてＣとの間で使用貸借契約を結んだ。

　①　Case 1-21 (a) のように, 保佐人に代理権が与えられた「特定の法律行為」が13条1項・2項の同意の必要な行為に当たる場合は, 被保佐人本人が単独で「特定の法律行為」をしたとき, それは取消可能な法律行為である。

　②　Case 1-21 (b) のように, 保佐人に代理権が与えられた「特定の法律行為」が13条1項・2項の同意の必要な行為に当たらない場合は, 被保佐人本人が単独で「特定の法律行為」をしたとき, それは完全に有効な法律行為である (代理権付与の審判によって, 被保佐人の権限が奪われるものではない)。この法律行為を取り消すことはできない。

⑥　行為能力の回復——保佐開始審判の取消し

　被保佐人について精神上の障害による事理弁識能力が著しく不十分な状態がなくなったときには, 一定の者 (本人・配偶者・4親等内の親族・未成年後見人・未成年後見監督人・保佐人・保佐監督人・検察

官）の申立てを経て，家庭裁判所により，保佐開始の審判を取り消す審判がされる（14条1項）。これにより，その被保佐人は，行為能力者になる。逆にいうと，いくら上記の状態が消滅したからといって，保佐開始の審判の取消しなしに，この者が当然に行為能力者に戻るわけではない。

12 補 助

1 補助の制度

4つの構成要素

①精神上の障害があるために事理を弁識する能力（事理弁識能力）が不十分な者がいるとき，②一定の者の申立てを受けて，③家庭裁判所が本人の同意を得たうえで（15条2項）——ここが成年後見や保佐の場合と違う——，④補助開始の審判をした場合は，この者に対する補助が開始する（15条1項，876条の6）。

なお，以下の点については，成年後見の場合と基本的に同様の処理がされる（⇒ *10* 1・2）。

① 補助についての登記事項証明書（後見登記等に関する法律10条）

② 補助人は法人であってもよく，複数でもよいこと（民法876条の7第2項による843条3項・4項の準用）

最高裁判所の司法統計によれば，2012（平成24）年度から2021（令和3）年度までの補助の申立てとその取消し等の数は，年間3700件から8000件前後で推移している（増加傾向にある）。

補助の申立権者

補助の申立権者は，本人，配偶者，4親等内の親族，後見人，後見監督人，保佐人，

保佐監督人，検察官（15 条 1 項），そして市町村長（老人福祉法 32条，知的障害者福祉法 28 条，精神保健及び精神障害者福祉に関する法律51 条の 11 の 2）である。

同意権付与の審判または代理権付与の審判とともにする必要性

補助開始の審判は，後述する同意権付与の審判（⇒③）または代理権付与の審判（⇒⑤）とともにしなければならない（15 条 3 項）。いずれか一方の審判とともにすればよい。たとえば，同意権付与の審判とともに補助開始の審判がされた場合に，あとで代理権付与の審判や，その余の事項について同意権付与の審判を申し立てることは可能である。

② 被補助人の保護者——補助人

補助開始の審判の結果として補助に服することとなった者のことを被補助人といい，保護者として家庭裁判所の職権で選任された者のことを補助人という（16 条，876 条の 7 参照。法人も可，複数も可。補助人の選任については，876 条の 7 第 2 項が後見の規定を準用している）。「補助者」といわないようにすること（補助人 ≠ 補助者）。

補助人は，被補助人の身上を監護する（876 条の 10 第 1 項で，876条の 5 第 1 項を準用）。補助人の財産管理権については，以下で扱う。

③ 補助人の同意権

原則——同意権なし

補助人の権限は，被補助人がする法律行為への同意権を中心に組み立てられている。しかも，①補助では，この同意権すら，当然には補助人に与えられない。そればかりか，②同意を与えることのできる事項が保佐の場合と比べてきわめて限定されている点が，特に重要である。

これは，被補助人に残存している能力が少なくないことを考慮し，

本人の自己決定権をできる限り尊重するとの趣旨に出たものである。補助類型では，本人が単独で行為するのが原則であって，特定の限定された重大な財産管理についてのみ同意を与えてもらうという色彩が強い。

例外——「特定の法律行為」についての同意権付与の審判

（1）　ある法律行為について被補助人が補助人の同意を得たいと考えたとき，または補助人が被補助人にまかせておくわけにはいかず，自分の同意のもとで当該法律行為をさせたいと考えたときは，同意権付与の審判を家庭裁判所でしてもらわなければならない。家庭裁判所は，一定の者（15条1項本文に挙げられた者〔本人も含まれる〕ならびに補助人・補助監督人）の申立てにより，「特定の法律行為」について，補助人に同意権を付与する旨の審判をすることができる（17条1項本文。同意権付与の審判）。

　同意権付与の審判があってはじめて，その「特定の法律行為」につき，補助人が同意権を取得する。裏返せば，同意権付与の審判がなければ，被補助人は，法律行為を単独で完全に有効に行うことができる。

　（2）　同意権付与の審判を申し立てたのが本人以外の者であるときには，家庭裁判所が同意権付与の審判をするに当たって，本人の同意を得なければならない（17条2項）。

　（3）　同意権付与の審判の対象となる行為（「特定の法律行為」）は，13条1項に定められた行為の「一部」に限られる（17条1項ただし書）。さもなければ，被補助人よりも重篤な障害をもつ被保佐人と比べて厳しい制限を受けることになってしまうからである（その結果，⑤にみる代理権付与の審判における「特定の法律行為」〔876条の9第1項〕とは意味を異にする）。

同意に代わる許可
補助人が審判により同意権を得た事項について，補助人が被補助人の利益を害するおそれがないにもかかわらず被補助人に同意を与えないときは，家庭裁判所は，被補助人の申立てを受けて，補助人の同意に代わる許可を与えることができる（17条3項）。

④ 同意が必要な行為を被補助人が単独でした場合 ——取消可能性

Case 1-22

Aについて補助開始の審判がされ，補助人Bに対し不動産の処分についての同意権を付与する審判がされていた。この場合に，Aが，Bの同意を得ずに，その所有する甲土地をCに売却した。

補助人・被補助人の取消権 同意権付与の審判により補助人の同意が必要とされるものとされた「特定の法律行為」を，被補助人が補助人の「同意又はこれに代わる許可」を得ずにしたとき，補助人または被補助人は，その法律行為を取り消すことができる（17条4項。この場合の補助人は，「同意をすることができる者」〔120条1項〕に当たる）。被補助人も，被補助人のままで取り消すことができる。

なお，取消しがされると，両当事者は既に受け取った給付を返す義務を負うが（121条の2第1項の原状回復義務），被補助人は，その行為によって「現に利益を受けている限度において」返還をすれば足りる（同条3項）。

補助人・被補助人の追認権 同意権付与の審判により補助人の同意が必要とされるものとされた「特定の法律行為」を，被補助人が補助人の同意を得ずに

したとき，補助人は，被補助人が単独でした取り消すことのできる法律行為を追認することができる（122条）。この追認は，補助人が，当該法律行為について取消権を行使することができることを知った後にする必要がある（124条1項・2項1号）。

　他方，被補助人本人が追認をするためには，以下の要件を充たさなければならない。それによれば，①取消しの原因である状況が消滅した後であり，かつ，②当該行為を取り消すことができることを追認時に自らが知っていたことが必要である（124条1項）。したがって，本人が追認をするのは，①補助開始の審判を取り消す審判がされ，かつ，②本人が自らした行為が取消可能なことを知った後でなければならない。

　もっとも，被補助人が補助人の同意を得たうえで自ら追認をしたときは，追認の意思表示に関して補助人による能力の補完があったとみることができ，この追認は有効である（124条2項2号）。

相手方の催告権

民法は，相手方に，補助人・被補助人に対する催告権を与えている（20条）。

①　相手方は，補助開始の審判を取り消す審判を受けて行為能力者となった本人に対して，1か月以上の猶予期間を与えて，追認するかどうかを確答するようにと催告することができる。この期間内に確答が発信されなければ，本人はこの行為を追認したものとみなされる（20条1項）。

②　相手方は，補助人に対して，1か月以上の猶予期間を与えて，追認するかどうかを確答するようにと催告することができる。この期間内に確答が発信されなければ，補助人はこの行為を追認したものとみなされる（20条2項）。

③　相手方は，同意権付与の審判を受けた状態にある被補助人に対して，1か月以上の猶予期間を与えて，補助人から追認を得るよ

うにと催告することができる。この期間内に追認を得たとの通知が被補助人から発信されなければ，被補助人はこの行為を取り消したものとみなされる（20条4項）。

⑤　補助人の代理権

原則——代理権なし

補助人には，原則として代理権がない。

例外——「特定の法律行為」についての代理権付与の審判

（1）　ある法律行為について被補助人が自己に代わって補助人にしてもらいたいと考えたり，補助人が被補助人にまかせておく

わけにはいかず，自らが被補助人の代理人として当該法律行為をしたいと考えたりするときには，補助人は，代理権付与の審判を家庭裁判所でしてもらわなければならない。家庭裁判所は，一定の者（15条1項本文に挙げられた者〔本人も含まれる〕ならびに補助人・補助監督人）の申立てにより，「特定の法律行為」について，補助人に代理権を付与する旨の審判をすることができる（876条の9第1項。代理権付与の審判）。

　代理権付与の審判の結果として，そこで対象とされた「特定の法律行為」につき，補助人に代理権が付与される。そして，この「特定の法律行為」について，補助人は，代理権に基づき，被補助人本人の名において，自ら法律行為をすることができる（99条参照）。

　（2）　代理権付与の審判を申し立てたのが本人以外の者であるときは，家庭裁判所は，代理権付与の審判をするに当たって，本人の同意を得なければならない（876条の9第2項による876条の4第2項の準用）。

　（3）　代理権付与の対象となる「特定の法律行為」は，13条1項に掲げられた行為に限定されない。

Case 1-23

　Aについて補助開始の審判がされ，補助人Bに対し不動産の処分についての代理権を付与する審判がされていた。この場合に，Aが，自らが売主となって，その所有する甲土地をCに売却した。

代理権付与の審判の
効果

　(1)　代理権付与の審判により，補助人は，その「特定の法律行為」について代理権を取得する。本人である被補助人に代わって，相手方と取引をすることができる。

　(2)　もっとも，補助人が被補助人に代わってその居住の用に供する建物またはその敷地（居住用不動産）について，売却，賃貸，賃貸借の解除または抵当権の設定その他これらに準ずる処分をするときには，家庭裁判所の許可を得なければならない（876条の10第1項による859条の3の準用⇒ *10* ③）。

　(3)　代理権付与の審判がされていても，その特定の法律行為については，本人である被補助人も，相手方と法律行為（契約）をすることができる。代理権付与の審判がされた場合は，同意権付与の審判がされた場合と違い，これによって被補助人本人の権限が制限されるわけではない。したがって，Case 1-23のように，本人である被補助人が補助人の同意を得ずにした法律行為（契約）は完全に有効である。

⑥　補助の終了——補助開始審判の取消し

　被補助人について精神上の障害による事理弁識能力が不十分な状態がなくなったときには，一定の者（本人・配偶者・4親等内の親族・未成年後見人・未成年後見監督人・補助人・補助監督人・検察官）の申立てを経て，家庭裁判所により，補助開始の審判を取り消す審

判がされる（18条1項）。これにより，その被補助人は，行為能力者になる（逆にいうと，いくら上記の状況が消滅したからといって，補助開始の審判の取消しなしに，この者が当然に行為能力者に戻るわけではない）。

また，家庭裁判所は，一定の者（本人・配偶者・4親等内の親族・未成年後見人・未成年後見監督人・補助人・補助監督人・検察官）の申立てを経て，同意権付与・代理権付与の審判の全部または一部を取り消すことができるところ（18条2項，876条の9第2項による876条の4第3項の準用），家庭裁判所が同意権付与・代理権付与の審判の全部を取り消したときは，補助開始の審判を取り消さなければならない（18条3項）。

13 成年後見・保佐・補助相互の関係

① 各審判相互の関係

後見開始の審判をされる本人がそれ以前に保佐開始の審判・補助開始の審判を受けて被保佐人・被補助人となっている場合は，家庭裁判所は，後見開始の審判をする際に，保佐開始の審判・補助開始の審判を取り消さなければならない。

同様のことは，保佐開始の審判をされる本人が成年被後見人・被補助人であった場合や，補助開始の審判をされる本人が成年被後見人・被保佐人であった場合にもあてはまる（19条）。

② 申し立てられた能力制限と実際の能力との不一致

申立権者が審判を申し立てたところ，審理の際に，本人には能力不足があるが，申立ての基礎とされている能力不足と本人の能力と

の不一致が判明する場合がある。

　判断能力の欠如が実際には申し立てられている程度よりも重度の
ものであったとき（11条ただし書，15条1項ただし書参照）は，申立
人が「申立ての趣旨」の変更をしなければ，家庭裁判所は，より重
い能力制限を目的とした審判をすることはできない。さもなければ，
家庭裁判所のイニシアティブで申立ての範囲を超えた自己決定権の
制限を行うことを許す結果となり，一定の範囲の者の申立てによる
行為能力の制限という成年後見制度の根幹を揺るがすことになって
しまうからである。

　判断能力の欠如が実際には申し立てられている程度よりも軽度の
ものであったときも，申立人の意向を重視し，同様に解すべきであ
る。

14 制限行為能力者の詐術

① 制限行為能力者の詐術と取消権の否定

　制限行為能力者が自分に行為能力があるとみせかけるために詐術
を用い，これによって相手方がその者に行為能力があると誤信し，
その結果として法律行為がされた場合は，制限行為能力者は当該法
律行為を取り消すことができない（21条）。

② 詐　術

　詐術は，積極的に詐欺の手段を用いた場合に限られない。沈黙が
他の言動とともに相手方の誤認を惹起させたときも，詐術に当たる
ことがある（最判昭44・2・13民集23巻2号291頁〔ただし，当該事
件の結論としては，詐術があったことを否定した〕）。しかし，制限行

為能力者が単に制限行為能力者であることを沈黙していただけでは，詐術に当たらない。

　また，詐術といえるためには，①相手方を誤信させることについての故意と，②相手方に意思表示をさせることについての故意（二重の故意）が必要である。

15　任意後見制度

1　制度の意味

　本人が十分な判断能力を有している間に，将来において自分の判断能力が不十分なものとなった場合に備えて，財産管理・身上監護に関する代理権を信頼のおける人にゆだねておくことがある。このような合意は委任に当たる（643条以下）。この合意に法的拘束力を認めるために，特別の規定は必要がない。

　ところが，このような合意が有効であるといっても，本人の判断能力が不十分になった時点で受任者の代理権が発生するところ，この時点では受任者に対する本人のコントロールが期待できず，受任者の不適切な行動をチェックすることが困難となる危険がある。そこで，「任意後見契約に関する法律」（任意後見契約法）のもとで導入されたのが，任意後見制度である。

　任意後見制度は，一定の要件を充たした任意後見契約において，①本人を保護するため，家庭裁判所の選任する任意後見監督人の監督のもとで任意後見人に事務を処理させるとともに，②任意後見監督人を家庭裁判所が監督することを骨格とするものである（任意後見契約法7条参照）。任意後見制度の詳細は，民法7で扱われる。

② 任意後見契約

任意後見制度により保護される任意後見契約であるためには，以下の点を充たさなければならない。

①　本人が，自らが選任した任意後見人との間で任意後見契約を締結することにより，後見事務（生活・療養看護・財産管理に関する事務）の全部または一部の処理を委託し，かつ，その委託した事務についての代理権を任意後見人に付与するのでなければならない（任意後見契約法2条1号）。

②　任意後見契約は，公正証書によらなければならない（同法3条）。

③　任意後見契約中に，「この契約は，任意後見監督人が選任された時から効力を生じる」旨の特約を入れておかなければならない（同法2条1号）。

④　「精神上の障害により事理を弁識する能力が不十分な状況」に対処するために，代理権を付与するものでなければならない（同条1号）。この判断能力の低下の程度は，補助類型に相当するものである（単に高齢や病気のために動けないということでは足りない）。

③ 任意後見契約の効力の発生

任意後見契約は，①本人について判断能力の不十分な状況が生じ，②一定の者の申立てを受けて家庭裁判所が任意後見監督人を選任した時に，効力が生じる（任意後見契約法4条）。

④ 任意後見契約の終了事由

①　任意後見監督人が選任されるまでは，本人・任意後見人とも，自由に任意後見契約を解除することができる。ただし，解除の意思

表示は,「公証人の認証を受けた書面」でしなければならない(任意後見契約法9条1項)。

② 任意後見監督人が選任された後は,本人・任意後見人は,(i) 正当な事由がある場合に限り,かつ,(ii) 家庭裁判所の許可を得て,任意後見契約を解除することができる(同条2項)。

③ 任意後見契約は,委任契約一般に妥当する終了事由によっても終了する(民法653条)。

④ 任意後見契約は,任意後見人に不正行為,著しい不行跡その他その任務に適しない事由がある場合において,一定の者からの申立てを受けて家庭裁判所が任意後見人を解任したときも(任意後見契約法8条),終了する。

⑤ 任意後見契約が登記されれば,「本人の利益のため特に必要がある」と認められる場合でなければ,後見・保佐・補助開始の審判をすることができない(同法10条1項)。これは,法定後見に対する任意後見の優先を定めたものである。任意後見を利用するとの本人の意思を尊重した結果である。なお,家庭裁判所が任意後見監督人を選任した後に本人が成年後見・保佐・補助開始の審判を受けたときは,任意後見契約は終了する(同条3項)。

〔2021年9月脱稿,2022年4月初校著者校正了〕

第2章

法　人

　　人は単独で行動することもあるが集団で活動することも多く，そうすることで単なる総和以上のパフォーマンスがあげられる。複数の人間で共同事業をするときに，その共同事業自体を一人の人間であるかのように扱うと法律関係を上手く整理することができる。共同事業をする人間の集合（団体）を一人の人間であるかのように扱うこともあるし（社団），共同事業に使われるべき財産の集合を一人の人間であるかのように扱うこともある（財団）。

---

1 法人の意義と仕組み

① 法人の意義

　　　　　社団と財団　　　　「法人」とは「人間ではないが法律上は人間として扱われるもの」くらいの意味である。民法は財産取引に関する法律なので，「人間として扱われる」とは「あたかも人間であるかの如くに財産を所有して取引をすることができる」ということであり，権利能力や行為能力が認められることであると言ってもよい。これを「『法人格』を認める」と表現することもある。法人に対して，本当の（生身の）人間を「自然人」と言う。

　　現在の民法では「ある目的の為に集まった人間の集合（団体）」および「ある目的に使われるべき財産の集合」が法人として認められており，前者を「社団」，後者を「財団」と呼ぶ。

前者においては，構成員（社員）がある目的のために出資をしたり費用を負担したりする。そして，社員によって選任された「理事」が，出資された財産を管理する。普通は社員の中から理事を選ぶであろうが，しかし，社員以外の外部の者に理事になることを依頼してもよい。

後者については，「財産の集合」が「財産を所有して取引をする」というと奇異に聞こえるかもしれない。設立者がある目的のために出資をし，それを理事が管理するのである。設立者が理事となってもよいが，別の者に理事となるように頼んでもよい。したがって，理事が財産を管理しているという意味では，財団も社団も実態は大差ないとも言える。

| 法人制度の機能 |

法人制度を利用すれば，ある目的のために使われるべき財産を，その他の財産から明確に分離して独立させることができる。

Case 2-1

ＡとＢとがそれぞれ出資をして共同で事業をすることになって，Ｃという社団を設立したとしよう。

① 共同の事業のためにパソコンを購入したとき（そのパソコンは）誰のものとなるか。

② Ａが個人の生活のためにサラ金から借金をしたとき，サラ金業者は，このパソコンを差し押さえることができるか。

③ 共同の事業のために銀行から融資を受けたとき，銀行が，Ａの住居を差し押さえることはできるか。

このケースの場合，Ｃは，ＡやＢとは独立した人間として認められるので，共同の事業に出資した財産はＣの所有物——ＡやＢの所有ではなく——となる。このようにして，ＡやＢそれぞれの

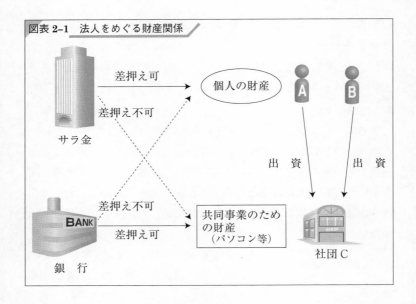

図表 2-1　法人をめぐる財産関係

個人の財産

差押え可

差押え不可

サラ金

差押え不可

差押え可

銀　行

共同事業のための財産（パソコン等）

A

B

出　資

出　資

社団 C

個人の財産と共同の事業のための財産とを区別することができるのである。共同の事業のためにパソコンを購入するときには，C を買主とする。パソコンは――A や B の所有物ではなく――C の所有物となる。A が個人の生活のためにサラ金から借金をしても，サラ金業者は，A 個人の財産を差し押さえることはできるが，パソコンを差し押さえることはできない。法律上は，C は，A とは別人格なので当然である（他人の借金について責任を負う理由はない）。A 個人の生活のための借金なので――共同事業のための財産ではなく――A 個人の財産から返済するべきなのである。

　また，共同の事業のために銀行から融資を受けるときにも C を借主とする。融資を返済できなかったときには銀行は C の財産（共同事業のための財産――前述のパソコン等）を差し押さえることはできるが，A や B の個人の財産を差し押さえることはできない。

共同事業のための借金なのであるから共同事業のための財産から返済すべきなのである。AやBが個人で責任を負うことはない（営利法人の場合は別であるが、この点については後述する）。

　財団についても同様に理解してよい。たとえば、Aが「このお金を恵まれない子供たちに奨学金を出すための育英資金として使って下さい」と言って財産を寄付して財団Bを設立したとしよう。すると、BはAとは別の独立の人間として認められるので、恵まれない子供たちのための育英事業に使われるべき財産はBの所有物となり、Aの個人の生活のための財産とは明確に分離される。

　◆営利法人の構成員の個人責任　　このように、法人の借金について構成員個人が責任を負うことはないはずであるが、営利法人の場合には、構成員個人が法人の借金について責任を負わされることもある（会社法580条1項参照）。営利法人とは共同の事業によって得た利益を構成員に分配する法人であるところ（⇒2）、利益が出たときには構成員は利益の分配を受けるが、損失が出たときには「知らぬ顔」ではずうずうしいからである。

　◆法人学説　　法人の本質については様々な議論がされている。当初は、権利能力は本来なら（固有の意思を有する）自然人にのみ認められるべきことを前提にしつつ、しかし、社団や財団については例外的に人間であるかの如くに「擬制」されると考えられていた。これを「法人擬制説」と言う。これに対して、ある一定の社会的作用を果たすなら自然人以外にも権利能力を認めてよいという立場もあり、これによれば、社団や財団も（その構成員とは別個独立の）社会的な作用を果たしているので法人格を認めるのは当然である。これを「法人実在説」と呼ぶ。さらに、これらに対して——法人擬制説の延長とも言えるが——社団や財団が構成員とは別の存在であることを否定し、法人の活動とは結局は誰か個人（出資者や管理人）の活動であるとする立場を「法人否認説」と呼ぶ。

　個人の意思や活動とは別の「団体自体の」意思や活動が存在するか否かは、興味深い問題ではある。たとえば、ある団体で多数決によっ

て団体としての意思決定をしているとしよう。これは，結局各構成員
個人の意思の集合にすぎないとも言える。しかし，他方，それぞれの
個人は——自分の意思は表明できても——多数決の結果がどうなるの
かまではコントロールできない。したがって，これは個人の意思を超
えた団体自体の意思であるとも言えるのである。しかし，結局は，前
述したように，法人，法人の構成員，法人の債権者（銀行等）および
構成員の債権者（サラ金業者等）の利害関係の調整の問題である。当
面は，法人学説については「そのような議論があるのか」程度の認識
でよい。

② 法人の種類

法人の目的 前述したように，社団にも財団にも一定の
「目的」がある。もし目的が定まっていな
いなら，構成員や理事が変わる度に法人自体の活動も変わってしま
う可能性がある。たとえば，当初は恵まれない子供たちのための慈
善事業をしていたが，構成員や理事の交代により土木事業をするよ
うになったとすれば，法人としての活動に一貫性がなくなり，これ
では，構成員や理事とは独立した法人格を認める意味がない。その
団体の目的が定まっており構成員や理事が代わっても一貫した活動
をすることが，法人格を認めるための最低の条件なのである（定款
を変更して目的自体を変えることはできる）。

目的による分類 法人は，目的によって幾つかに分類できる。
共同事業によって利益を得て構成員に分配
することを「営利」目的と言い，このような目的を有する法人を
「営利法人」と言う。もっとも，財団については利益を分配するべ
き構成員（社員）は存在しないので，営利法人は社団に限られる。
これ（営利目的の社団）を「会社」と呼び，会社法が適用される。
　これに対して，営利を目的としない法人は「一般社団法人」また

は「一般財団法人」と呼ばれ，一般社団法人及び一般財団法人に関する法律（以下では「一般法人法」とする）が適用される。このうち，学術・技芸・祭祀・宗教など社会全体の利益（公益）を目的とする法人を「公益法人」と言うが（民法33条2項参照），行政庁（内閣総理大臣か都道府県知事）によって公益法人として認定されたものでなければ公益法人を名乗ることは認められない（公益社団法人及び公益財団法人の認定等に関する法律9条4項）。また，「中間法人」というものもある。典型的には農業協同組合等の組合であるが（民法667条1項の組合とは異なる），これらは営利を目的とするわけではなく，さりとて社会全体の利益を目的としているわけでもない（組合員の利益を目的としている）。このように公益法人と中間法人とは区別されるが，しかし，その設立・運営等については一般法人法により同じように規律されている。

なお付言するなら，非営利法人も事業によって利益を得ることはある。たとえば「このお金を恵まれない子供たちに奨学金を出すための育英資金として使って下さい」と財団を設立したときに，その財産を使っているだけでは育英事業は長続きしない。したがって銀行に預けて利息を得る等して，その財産を運用する必要はある。ただ，営利法人はその利益を構成員に分配するのに対して，非営利法人は，その利益を元来の目的（前述の例なら育英事業）に使うのである。

③　法人の仕組み

法人の機関

まず，法人の仕組みについて簡単に概観しよう。前述したように社団とは団体であり，個々の構成員を「社員」と言う。そして「社員総会」が，社団の活動についての基本的で重要な意思決定をする（一般法人法35条）。

ただし，財団については，そもそも社員が存在しないので社員総会もあり得ず，その代わりに「評議員会」が重要な意思決定をする（同法178条）。以下では，とりあえず社団を念頭にして説明し，財団については簡単に触れるにとどめる。

　実際に法人の業務を執行するのは「理事」である（同法76条）。また，法人も人間のように財産を所有して取引をするとは言っても，法人そのものは人間ではないので，結局は誰かが財産取引をして法人自体がしたものとみなすことになる。このように，法人に代わって取引をすることを「代表」と言い——前述した業務執行の一環とも言えるが——理事が法人を代表することとされている（同法77条）。さらに，法人の財産状態や理事の業務執行を監督するものとして「監事」や「会計監査人」がある。社員総会や理事や監事のように，組織の中で一定の重要な役割（意思決定や代表）を果たすもの（人または会議）を「機関」という。

　　◆機関の意義　　機関とは，一般的にはいろいろな部品が組み合わさって1つの働きをするものであろう（蒸気機関車など）。あるいは，機関とは英語ではorganというところ，これには「内臓」という意味もある（内臓も動物の部品である）。しかし，法律で機関というときには，組織の中で一定の重要な役割（意思決定や代表など）を果たす人または会議を指す。たとえば，戦前の天皇機関説とは，天皇を国家の機関の1つと位置づける考え方であった。

2　法人の設立

　法人については，法律では，法人の設立，法人の管理および法人の解散が問題となる。順に説明しよう。

設立の手続
　　　　　　　民法33条1項によれば，団体が存在すれば当然に法人として認められるわけではな

く，法律で定める一定の手続を踏まなければ法人としては認められない。この手続も従来はいろいろあったが，法人法改革により準則主義に統一されつつある（⇒*Column* ⑤）。

① **許可主義**　　かつては，公益法人は主務官庁の許可によって成立することとされていた（一般法人法が成立する以前の民法34条）。

② **認可主義**　　許可するか否かは官庁の裁量に委ねられているのに対して，認可は，一定の要件を満たす場合には認可しなければならない。農業協同組合などは認可によって設立されるし（農業協同組合法59条），私立学校も認可によって成立する（私立学校法30条）。学校は本質的には公益法人であり（民法33条2項参照），法人法改革以前の制度（公益法人については許可主義）なら許可によって成立するはずであったが，許可をするか否かは官庁の裁量によるところ，これでは学問の自由（憲法23条）との関係で具合が悪いので認可主義がとられたのである。

③ **認証主義**　　認証とは一般論としては手続を踏んでいることを確認する程度の意味であるが（憲法7条5号等），たとえばNPO法人などは定款を認証することにより成立する（特定非営利活動促進法10条）。

④ **準則主義**　　もはや許可などのような官庁の行為は必要ではなく，一定の手続さえ踏んでいれば法人として認めることを準則主義と言うが，ここで要求される手続とは具体的には登記である。営利法人である会社は登記さえすれば成立するし（会社法49条），非営利法人である一般社団法人や一般財団法人も登記によって成立する（一般法人法22条）。この他に，たとえば日本銀行は日本銀行法という特別の法律によって設立されるし（特許主義），弁護士会などは弁護士法31条により設立が強制される（強制主義）。

Column ⑤　法人法改革 ◆◇◆◇◆◇◆◇◆◇◆◇◆◇◆◇◆◇◆◇◆

　かつては，法人の目的によって，適用されるべき法律や設立の手続が異なっていて複雑であり，大体以下のような状況であった。

　①　公益法人については民法が適用され，許可主義がとられていた。

　②　中間法人については，そのような法人を認めることに社会的意義があると認められる場合に限り特別法（たとえば農業協同組合については農業協同組合法）が作られ，認可主義が採用されることが多かった。

　③　営利法人（会社）については商法（会社法）が適用され，準則主義がとられていた。

　つまり，公益性の高い法人ほど国家により管理されており（許可主義），逆に，私的な利益を追求する営利法人については準則主義により登記さえすれば法人として認められていたのである。しかし，このような政策に合理性があるのかが問題となり，**法人法改革**が行われた。

　まず問題とされたのは中間法人であり，それまでは，特別法がなければ法人格を取得することはできなかったのであるが，中間法人法（2002〔平成14〕年施行）により一般的に法人として認められるようになった。次に問題とされたのは公益法人であり，前述したように，公益法人は官庁の許可がなければ認められず，その代わりに，公益法人として認められれば税法上優遇措置を受けられた。しかし，法人としての設立を認めるか否かという問題と，公益法人として税法上優遇措置を受けられるか否かという問題は別ではないかという批判がでて，公益法人にせよ中間法人にせよ非営利の法人については一般法人法によって登記さえすれば法人格を取得できることとされ，その上で，さらに公益法人を名乗りたい場合には（公益法人としての）認定を受ける制度となったのである（公益社団法人及び公益財団法人の認定等に関する法律）。そして，中間法人法はその使命を終えたので2008（平成20）年に廃止された。したがって，現在では，営利法人（会社）にせよ非営利法人（一般社団法人と一般財団法人）にせよ，登記さえすれば法人として認められる（準則主義）。

◆◇◆◇◆◇◆◇◆◇◆◇◆◇◆◇◆◇◆◇◆◇◆◇◆◇◆◇◆◇◆◇◆◇◆

1 社団法人の設立

前述のように，法人を設立するには登記をする必要があるが，その前に，その法人の活動に関する基本的なルール（定款）を定める必要があり（一般法人法10条1項），この定款に公証人の認証を受けなければならない（同法13条）。定款に記載する事項には，最低限定めなければならない事項（必要的記載事項）と，定めなければならないわけではないが定めてもよい事項（任意的記載事項）とがある。

> 必要的記載事項

一般法人法11条1項によれば，定款には，以下の事項を記載しなければならない。

① 目的

② 名称　　たとえば「一般社団法人○○会」のように定めればよい。一般社団法人は，名称に一般社団法人という文字を用いなければならず（同法5条1項），また，一般社団法人でない者は，名称や商号に一般社団法人という文字を用いることは許されない（同法6条）。さらに，他の法人と誤認されるような名称や商号を使用することはできず（同法7条1項），自己の名称を使用することを他人に許諾したときには，その他人の取引相手に対して連帯責任を負う（同法8条）。

③ 主たる事務所の所在地　　これが，その法人の住所となる（同法4条）。

④ 設立時社員の氏名または名称および住所　　設立の時の社員を設立時社員と言い，その任務を怠ったときには，法人や第三者に対して損害賠償責任を負うことがある（同法23条）。

⑤ 社員の資格の得喪に関する規定　　社員は適宜入れ代わることが予定されているので，どのような手続によって社員となるのか（社員総会で決めることが多いのであろうが），どのような手続によっ

て社員としての資格を失うのか（さらに同法28条から30条までも参照）について定めなければならない。

⑥　公告方法　　たとえば貸借対照表などは公告しなければならないが（同法128条1項），公告の方法については一定の方法が認められている（同法331条）。

⑦　事業年度

以上を定款の必要的記載事項と言い，これらのうち1つでも欠けていると定款は無効となる。また，どれかが欠けているようでは，団体としての活動のルールが充分に定まっているとは言えないのである。

なお，社員に剰余金や残余財産の分配を認める旨の定款の定めは無効となる（同法11条2項）。一般社団法人は営利団体ではないからであるが，しかし，その条項のみが無効となるのであって，定款自体が無効となるわけではない。

──────────
任意的記載事項
──────────
必要的記載事項以外についてもルールを定め，定款に記載してもよい（同法12条）。たとえば「理事が法人の不動産を売却するときには社員総会の同意が必要である」旨定めて定款に記載することもできるし，記載されれば法的な効力もある。この例では，理事の代表権は制限されるし，それを変更するには（以下のような）厳格な手続が必要となる。

──────────
定款の変更
──────────
定款は法人の活動の基本的なルールであるから軽々しく変更することはできないが，社員総会の決議によって変更することはできる（同法146条）。ただし，その決議は通常の多数決（同法49条1項）によるのではなく，3分の2以上の多数によらなければならない（同条2項）。

──────────
登　記
──────────
そして，前述したように，一般社団法人は設立の登記をすることによって成立する

（同法 22 条）。

◆登記の効力　　一般社団法人は，目的，名称や事務所などの他，理事や代表理事の氏名等も登記しなければならない（一般法人法 301 条 2 項）。そして，登記するべき事項については，登記をしなければ善意の第三者に対抗することはできない（同法 299 条 1 項前段）。これを，登記の対抗力と言う。たとえば，代表理事が A から B に交代したが登記をしていない間に，第三者 C が，まだ A が代表理事であると誤信して A と取引をした場合には，法人は代表理事が交代した旨を C に対して主張できない。したがって，C との関係では，A が代表理事であるかの如くに扱われ，C が（法人の代表者としての）A とした取引は法的にも有効である（法人に対して法的効果を有する）ことになる。もっとも，C の側から B が代表理事であることを認めることは許される。

さらに，登記をした後であっても第三者が正当な理由によって登記を知らなかったときも同様とされている（同条 1 項後段）。しかし，この正当な理由は厳しく解釈されているので，登記さえすれば（原則として）善意の第三者にも対抗できると考えてよい。たとえば，代表取締役が退任した旨登記されているなら，その代表取締役と取引をした第三者には民法 112 条は適用されないとした判決がある（最判昭 49・3・22 民集 28 巻 2 号 368 頁）。また，故意または過失によって虚偽の登記をした者は，それが不実であることを善意の第三者に対抗できない（一般法人法 299 条 2 項）。

なお，法人として成立しているか否かという問題については，登記によって成立するのであるから，このときの登記の効力は対抗力ではない。つまり，登記していない場合には，相手方から法人として認めることもできない。

② 財団法人の設立

財団法人の設立についても同様であるが，財団法人は遺言によって設立することもできる（一般法人法 152 条 2 項）。「このお金を恵まれない子供たちに奨学金を出すための育英資金として使って下さ

い」と言って財産を寄付して財団を設立するような場合を考えるなら，遺言で財団を設立したいというニーズがあることも容易に想像できるであろう。

③ 法人の能力

<u>能力の制限</u>　　法人には（定款で定められた）目的があるところ，民法34条によれば，法人はこの目的の範囲内で活動しなければならない。しかし，この条文が何を制限しているのか疑問が生じる。

①　権利能力の制限　　34条を素直に読むなら，これは権利能力を制限しているようにみえる。だが，たとえば，公益法人は（その目的からして）リスクの高い投機的な取引には手を出すべきではないところ，公益法人は，投機的な金融商品については権利能力がないのであろうか。既に学んだように権利能力はあるかないかであり，ある特定の権利について権利能力がないというのは不自然である。

②　行為能力の制限　　そこで，34条は行為能力を制限したのであると解釈する見解もある。これによれば，公益法人の理事が投機的な金融商品を購入する契約をしても無効とされる。

③　代表権の制限　　理事の代表権を制限したものと理解する見解もあり，このときも，公益法人の理事が投機的な金融商品を購入する契約をしても，理事の権限の範囲を超えたものとして無効となる。ただ，代理人が権限の範囲を超えて取引をした場合でも（それを知らない）相手方を保護するために表見代理という制度があるところ（110条等），この見解によれば，相手方を保護するために表見代理制度を使うことができる。

④　対内的な義務　　（主に営利法人を想定している）一部の見解

は，34 条は，理事の対内的な（法人に対する）義務（目的外の取引をしてはならないという義務）を規定しているに過ぎないと考える。これによれば，理事が目的外の取引をしても（取引相手との関係では）有効であり，ただ，目的外の取引をしたという理由で法人から責任を問われる可能性があることになる（一般法人法 111 条 1 項等）。

◆営利法人（会社）の場合　　会社については特別法（会社法）が適用されるはずであるが，会社法に規定がない事項については一般法である民法が適用されるので民法 34 条も問題となるのである。しかし，公益法人などについては財政的基礎をしっかりさせるために目的外の取引（特にリスクの高い投機的な取引）は避けるべきであるが，個人の私的な利益を追求する営利法人（会社）については，そのような配慮をする必要はない。であるなら，取引の安全のためにも目的による制限はなるべく少なくするべきであり，以下に述べるように，目的の範囲についても，営利法人（会社）については緩く解釈されている。

目的の範囲　　目的の範囲の解釈も，緩和される傾向にある。既に戦前に，鉄道営業を目的とする会社が石炭の採掘権を取得することも目的の範囲内とされた判決がある（大判昭 6・12・17 新聞 3364 号 17 頁）。石炭の採掘は鉄道営業という目的を逸脱しているようにも見えるかもしれないが，当時は蒸気機関車を運転していたのであろうから，その燃料を確保するという意味では関係ないわけではあるまい。さらに，戦後になって，最大判昭 45・6・24 民集 24 巻 6 号 625 頁では製鉄会社が政党に寄付をしたことも目的の範囲内であるとされ，これにより営利法人（会社）については目的による制限は無意味になったと考えられている。

他方で，公益法人などについては，財政的基礎を確実にするためにも目的による制限はより狭く解釈されており，たとえば税理士会が政党へ寄付することは目的の範囲を逸脱しているとした判決がある（最判平 8・3・19 民集 50 巻 3 号 615 頁）。また，中間法人につい

ては，組合の「員外貸付」が問題とされることが多い。農業協同組合などでは組合員に融資をすることがあるが，組合員以外の者に貸し付けた場合に目的の範囲を超えるのではないかが問題とされ，判例は分かれている（最判昭33・9・18民集12巻13号2027頁では有効とされたが，最判昭44・7・4民集23巻8号1347頁では無効とされた）。農業協同組合などの目的は法律で定められているので（農業協同組合法10条），法律に違反する取引の効力の問題として論じればよいとする見解もある。

◆政治献金　　政党への寄付について対照的な判断をした上記の最高裁判決（昭和45年判決と平成8年判決）について，もう少しコメントしよう。どちらにおいても，政治献金が目的を超えるものとして無効になるかが争われたわけではない。昭和45年の事件では政治献金をした取締役の責任が問われたのであり，平成8年の事件では，政治献金をするために会員から特別会費を徴収する旨の総会決議の効力が問題となったのである。そして，昭和45年の事件では，法人に政治的自由はあるのか（たとえば法人に選挙権があるはずはない）という問題があり，また，平成8年の事件では，税理士会のように加入が強制される団体が特定政党に政治献金することが妥当なのかという問題もあって，それぞれに特別な事情もあったのである。

3 法人の管理

法人の管理については，前述したように，社員総会や理事等の機関によって法人は運営されている。

① 法人の管理①——社員総会

<table>
<tr><td>社　員</td><td>社員とは要するに社団の構成員であり，社団に雇われている人ではない。そして，社</td></tr>
</table>

員は，一般社団法人に対して経費を支払う義務を負うこととされ（一般法人法 27 条），また，任意に退社することができる他（同法 28 条），除名されることもある（同法 30 条）。

社員総会

そして，社員の会議が社員総会である。出資者の団体であるから法人の「所有者」であるとも言えるのでその権限は広く，一般社団法人の組織，運営，管理等一切の事項について決議をすることができる（同法 35 条 1 項）。ただし，理事会（後述）を設置した法人（理事会設置一般社団法人）については，社員総会は，一般法人法および定款で（社員総会で決めると）定めた事項に限り決議をすることができるとされた（同条 2 項）。もちろん，たとえば法人の解散のように重要な事項については社員総会で決めるのであるが（同法 148 条 3 号），しかし，社員総会の権限がこのように限定されるのは，理事会を設置したからには経営の細かい点については理事会が決めるべきであって社員総会が口を出すべきではないからである。会社法などの分野ではこれを「所有と経営の分離」と呼んでいるが，これが非営利法人にも取り入れられたのである。

社員総会には，事業年度毎に一定の時期に招集される定時社員総会（一般法人法 36 条 1 項）と必要に応じて招集される臨時社員総会とがあり（同条 2 項），場合によっては社員の側から総会の招集を理事に要求することもできる（同法 37 条）。

議決は一人一票で行われるのが原則であるが（同法 48 条 1 項本文），定款で別の定め（たとえば出資額に応じて議決権を有する旨の定め）をすることもできる（同条 1 項ただし書）。しかし，ある社員の議決権を全く奪ってしまうことは認められない（同条 2 項）。決議は原則として過半数によって行われるが（同法 49 条 1 項），たとえば定款の変更のように重要な事項については 3 分の 2 以上の多数が

必要とされる（同条2項）。総会に出席できない社員は，代理人によって議決権を行使することができるし（同法50条），書面による議決権行使も認められる（同法51条）。

② 法人の管理②——理事

理事の選任

一般社団法人には，一人または二人以上の理事を置かなければならない（一般法人法60条1項）。後述するように監事等を設置するか否かは自由であるが（同条2項），理事は設置しなければならないので「必要的機関」と言う。

理事は社員総会の決議によって選任されるが（同法63条1項），法人と理事との関係については委任に関する規定（民法643条以下）が適用される（一般法人法64条）。（詳しくは債権各論で学ぶことであるが）委任とは典型的には代理人になる契約であって受任者（代理人）が委任者（本人）のために意思決定をして取引をする契約であるところ（民法643条），後述するように理事も法人のために意思決定をして（法人を）代表する立場にあるので，法人と理事との関係は委任に準じて扱うのがふさわしいのである。これに対して，法人に雇われている職員は，理事の決定したところに従って従属的な労働を提供するに過ぎないので，法人との関係は雇用契約（労働契約）になる。

業務の執行

理事の職務は，まず第一には，法人の業務を執行することである（一般法人法76条1項）。理事が二人以上ある場合には原則として過半数で決することとされ（同条2項），しかも，ある一定の重要事項については必ず過半数で決めなければならず，これを各理事に委任することは許されない（同条3項）。

法人の代表

そして，理事は（業務執行の一環とも言えるが）法人を代表することとされている（同法77条1項）。代表とは，つまり理事がした法律行為は法人自体がしたものとして法人に対して法的効果が生じるということであり，本質的には代理（民法99条以下）と大差ないと思ってよい（しかも民法824条などに見られるように民法の用語法自体があいまいである）。そして，理事が二人以上ある場合でも——業務執行の場合とは異なり——各理事に代表権がある（一般法人法77条2項）。したがって，理事が二人以上あるにもかかわらず一人の理事が独断で（法人所有の）不動産を売却したような場合でも売買契約は有効であり，ただ，その（無断で売却した）理事が内部で責任を問われるだけである。過半数かどうかは内部の事情であり取引の相手方には分からないところ，そのような事情によって取引が無効となっては取引の安全を害するので，業務執行自体は過半数で決すべきであるにもかかわらず，代表については，各理事に代表権があるとされたのである。

　もっとも，これでは理事が多数いる場合に混乱が生じるおそれもあるので，理事の中から代表理事を選ぶこともでき（同条3項），このときには代表理事以外の理事には代表権はない（同条1項ただし書）。そして，たとえば「理事が（法人所有の）不動産を売却する場合には社員総会の決議が必要である」旨定款に定めて代表理事の権限を制限することはできるが，この制限を善意の第三者に対抗することはできない（同条5項）。もっとも，ここでの善意とは，代表理事の権限が制限されていたことを知らなかったことを指す。したがって，代表理事の権限が定款で制限されていることは知っていたが，代表理事が社員総会の議事録を偽造したので（取引の相手方が）決議があったものと誤解した場合には同法77条5項は適用されない（最判昭60・11・29民集39巻7号1760頁）。ただし，民法110条

によって相手方を保護する余地はある。

忠 実 義 務理事と法人との関係については委任に関する規定が適用されるので，理事は法人に対して善良な管理者としての注意義務（善管注意義務）を負うところ（644条），さらに，一般法人法83条によれば，理事は法人に忠実に職務を行わなければならないこととされる（忠実義務）。

より具体的には，理事が，自己または第三者のために以下のような一定の取引をする場合には社員総会の承認を受けなければならないこととされている（一般法人法84条）。

① 理事が，法人の事業の部類に属する取引を（自己または第三者のために）しようとするとき（同条1項1号）

学校を経営している法人の理事が，自分個人でも新たに学校を設立して運営しようとする場合は，法人と理事が競争相手になるので「競業」という。しかし，このような場合には法人と理事との利害関係が対立するので，理事が自分個人の利益になり法人の不利益となるように法人の業務を執行する危険がある。したがって，競業は原則として禁止される（競業避止義務）。

② 理事が，（自己または第三者のために）法人と取引をしようとするとき（同条1項2号）

典型的には法人所有の財産を理事が個人として買い取るような場合であり，この場合にも法人と理事との利害関係は対立するので（法人は高く売りたいし理事個人は安く買いたい），理事が法人と取引することは禁止される。民法108条1項と同様の趣旨である。

③　理事が，（自己または第三者のために）法人以外の者と取引を
しようとするときで，その取引に
ついて法人と理事との利害関係が
対立する場合（同条1項3号）

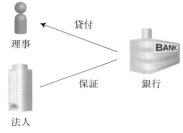

典型的には（条文にもあるよう
に）理事個人が銀行から融資を受
ける際に法人が保証人となるよう
な場合である。保証人となる契約
は銀行と保証人との間の契約であるので前述②のように法人と理事
とが向かい合って取引をしているわけではないが，理事が借金を返
済できない場合には保証人である法人が肩代わりしなければならな
い（民法446条1項）ので法人には不利益な取引である一方，法人
が保証人となるからこそ銀行は理事に金を貸してくれるのであるか
ら理事は（銀行と法人との）取引によって利益を受けている。した
がって，このような取引については，法人と理事との利害関係が対
立しているので避けるべきこととされたのである。民法108条2項
と同様の趣旨である。

　上記のうち②と③は理事が権限を濫用してはならないということ
であり，ある意味では当たり前である（だから民法でも同様の規制が
ある）。しかし，①は，元来なら自由であるべき理事個人の活動
（法人の代表者としての活動ではない）を制限するものであり，忠実
義務と呼ばれる所以である。

理　事　会　　一般社団法人は理事会を設置することができ
　　　　　　き（一般法人法60条2項），このときには
理事会設置一般社団法人と言う。もっとも，そもそも理事が複数い
るときには過半数で業務を決定すべきこととされているところ（同
法76条2項），これは理事の会議を前提としているので，これが理

事会ではないかと思うかもしれない。しかし，機関として理事会を設置したときには会議としての理事会が業務を決定するのであり（同法90条2項），各理事はその会議の参加者である。しかも，一定の重要事項については各理事に委任することはできない（同条4項）。そして，理事会を設置したときには（前述したように）社員総会の権限は限定される（同法35条2項）。

③　理事の行為についての法人の損害賠償責任

一般社団法人は，代表理事など代表者が第三者に加えた損害を賠償する責任を負わされることがある（一般法人法78条）。たとえば，代表理事が職務執行の際に交通事故を起こして第三者に損害を与えたときは，その代表理事が個人として被害者に対する損害賠償責任を負うのは当然であるが（民法709条），法人も賠償責任を負うのである。法人に請求した方が確実に賠償を受けることができるので，被害者は法人相手に請求した方がよいこともあろう。その要件は，以下のとおりである。

要件①──代表理事その他の代表者　代表理事など法人を代表する立場にある者が損害を与えた場合に限られる。したがって，単なる使用人が第三者に損害を与えた場合には一般法人法78条は適用されない。

では，単なる使用人が法人の仕事をしている際に他人に損害を与えた場合に，法人は賠償責任を負わないのであろうか。実は，このときには，民法715条1項により法人は使用者としての立場で，被用者が第三者に与えた損害を賠償する責任がある（使用者責任と言う）。しかし，前述したように理事と法人との関係は委任契約であり雇用契約（労働契約）ではないので，理事の行為には民法715条1項は適用されない。

居酒屋での喧嘩のように法人の仕事とは関係ない場において代表理事が他人に損害を与えても，法人が責任を負うはずはない。

もっとも，職務執行の際の損害であったか否かが争われることは多い。

使用者責任についても同様の問題があり，民法 715 条 1 項は使用者の事業の執行の際の加害行為についてのみ適用されるところ，これ（業務執行であったか否か）については外部から判断するという「外形理論（外形標準説）」が採られている。たとえば，ある会社の会計係の中で手形担当者とそうでない者とに分かれていたところ，手形担当ではない者が手形を偽造するという事件があった。会社にとっては，その者の職務の範囲外であるが，しかし，それは会社の内部の事情であって外からは分からず，むしろ，外から見れば，会計係であれば手形を扱う権限もあると思う方が自然であろう。したがって，このような内部の事情は無視されると判決されたのである（最判昭 40・11・30 民集 19 巻 8 号 2049 頁）。一般法人法 78 条でも同様に解釈されるべきであろう。

◆不法な取引の扱い　一般法人法 78 条でも民法 715 条でも，手形の偽造という事件は意外に多い。権限を越えて手形が振り出された場合には，表見代理（民法 110 条など）の制度によって手形を有効であると解して法人（使用者）に責任を負わせることもできる。判例は分かれており，（一般法人法 78 条に相当する）2006（平成 18）年改正前民法 44 条を使った例もあるが（最判昭 41・6・21 民集 20 巻 5 号 1052 頁），民法 110 条の問題とした判決もある（最判昭 35・7・1 民集 14 巻 9 号 1615 頁。もっとも，この事件には民法 110 条は適用できないとされた）。

Web 法人の責任の根拠条文　❖❖❖❖❖❖❖❖❖❖❖❖❖❖❖❖❖❖❖❖

ここまでからも分かるように，代表者が権限を越える行為をした場合に関する条文はいろいろとある。いくつか挙げてみよう。

①　市長が手形を振り出すには市議会の議決が必要とされていたのに勝手に約束手形を振り出した場合　　市長には手形を振り出す権限はないのだから一般法人法 78 条は適用されないとも思えるが，（外部から見れば）抽象的には権限があるものとして（一般法人法 78 条に相当する）2006（平成 18）年改正前民法 44 条を適用した例がある（前掲最判昭 41・6・21）。しかし，前述したように民法 110 条の問題と解する見解もあるし，まず民法 110 条の適用を考え，それが適用されないときに一般法人法 78 条を使う見解もある。

②　「理事が不動産を売却するには社員総会の議決が必要である」旨の定款の規定に反して売却した場合　　代表権の制限を善意の第三者には対抗できないとする一般法人法 77 条 5 項の問題となる。もっとも，第三者は定款による制限は知っていたが理事が社員総会の議事録を偽造したときには同項は適用されず，民法 110 条が問題となる。

③　組合員には融資することができることになっていたが理事が組合員以外に貸付をした場合（員外貸付）　　法人は目的の範囲内でのみ取引をすることができるとする民法 34 条の問題であるが，このような貸付が有効であるか無効であるかについて判例は分かれている。もっとも，組合の目的は法律で定められていることも多いので，取締規定違反の法律行為の効力の問題とすればよいという見解もある（⇒**第 6 章 1 ③行政的取締規定違反の法律行為の効力**）を参照）。

④　理事が代金を着服する意図で（法人の所有物を）売却したが相手方も理事の意図を知っていた場合　　これは権限の範囲内ではあるが権限の濫用であり，民法 107 条の問題である。

一見似たような問題であるが，適用条文は異なっている。どのように条文を使い分けるべきなのか各自で考えてみてはいかがであろうか。

❖❖❖

要件③──民法 709 条の要件

一般法人法 78 条には明確には書かれていないが，理事個人について法的責任が生じていることが当然の前提であると解釈されている。理事個人が責任を負わないのに法人が責任を負う理由はないからである。民法 709 条の過失の有無などが問題となろう。

◆**代表理事個人の責任**　　以上のように代表理事の加害行為について一般社団法人は責任を負うが（一般法人法78条），それとは別に理事個人も民法709条によって責任を負うのは当然とされる。さらに，一般法人法117条1項は理事等が職務執行について悪意または重過失があったときには第三者に対して損害賠償責任を負うとする。もっとも，これは，理事が直接に第三者に対して加害行為を行った場合ではなく，たとえば経営上の失敗によって破産して第三者に損害を与えたような場合についての規定であり，だからこそ軽過失程度なら責任を免除されているのである。なお，使用者責任についても，民法715条により使用者は責任を負うが，これとは別に被用者自身も同法709条による責任を負う。

　このように，代表理事個人または被用者個人が被害者に対する損害賠償責任を負うのは当然であり，一般法人法78条や民法715条は，被害者保護のために，さらに法人または使用者にも請求できることとしたのである。両者（代表理事と法人，被用者と使用者）の責任は，連帯責任となる（民法436条）。

法人の活動そのものによる損害

　一般法人法78条は代表理事のした行為について法人自体に責任を負わせる条文であるが，では，たとえば，法人が運営する工場の排水によって付近住民に健康被害が出たという場合に適用できるであろうか。このような場合に同条を使うのは不自然であり，法人の活動そのものについて民法709条を適用すればよいであろう。

4　法人の管理③──監事等

監　事

　一般社団法人は，監事を置くことができる（一般法人法60条2項）。もっとも，（前述したように）理事は置かなければならない（同条1項）のに対して，監事は置かなくともよい。これを，理事のような「必要的機関」に対して「任意的機関」と言う。ただし，理事会設置一般社団法人お

よび会計監査人設置一般社団法人（後述する会計監査人を設置した一般社団法人）は，監事を置かなければならない（同法61条）。

　監事は，理事の職務執行を監査する（同法99条1項）。そして，理事が不正な行為をしたり，または，不正な行為をするおそれがある等のときには，理事（や理事会）に報告しなければならないし（同法100条），さらに，これによって法人に著しい損害が生ずるおそれがあるときには，その理事に対して（その行為の）差止めを請求することもできる（同法103条）。

　　┌─────────────┐
　　│　会計監査人　　│　　　一般社団法人の任意的機関として，さらに
　　└─────────────┘　会計監査人がある（一般法人法60条2項）。
ただし，大規模一般社団法人（同法2条2号）は会計監査人を設置しなければならない（同法62条）。

　会計監査人も（一種の）監査をする役であるが，もっぱら書類（貸借対照表や損益計算書など）を監査する（同法107条1項）。そして，不正行為等を発見したときは監事に報告する義務がある他（同法108条1項），場合によっては定時社員総会において意見を述べることもできる（同法109条1項）。

⑤　計算および基金

　　┌─────────────┐
　　│　計　　算　　│　　　一般社団法人は正確な会計帳簿を作成しな
　　└─────────────┘　ければならないし（一般法人法120条1項），
10分の1以上の議決権を有する社員は会計帳簿の閲覧等を請求する権利がある（同法121条1項）。また，一般社団法人は，貸借対照表および損益計算書（合わせて計算書類と言う）を作成しなければならない（同法123条1項および2項）。これらは，前述のように監事や会計監査人の監査を受ける他（同法124条），公告される（同法128条）。

基 金　一般社団法人は，資金を調達するために，基金を引き受けてくれる者を募集することができる（同法131条）。これは，事業が順調にいっているときには定時社員総会の決議によって返還されるが（同法141条1項および2項），利息を付けることはできない（同法143条）。一般社団法人は営利団体ではないからである。

4　法人の解散

解 散 事 由　法人はどのような場合に解散するのかについては一般法人法148条が定めており，これを解散事由と言う。定款で存続期間を定めていた場合（同条1号），ある事実が生じたときには解散すると定款で定めていた場合（同条2号）の他，社員総会の決議によって解散することもあるし（同条3号），社員がいなくなってしまった場合（同条4号），また，法人が合併した場合にも（合併によって消滅する法人は）解散する（同条5号）。さらに，破産手続開始決定（破産法に基づいて財産を清算する手続）があった場合（同条6号）や，裁判所の判決（同条7号）によって解散することもある。

清 算　法人が解散したときには財産を清算する手続に入る（同法206条1号）。まず，清算人が選任されることになるが（同法208条1項），原則として理事が清算人となる（同法209条1項1号）。

　清算人の職務は同法212条に定められているが，①現務の結了（現在している業務を終了させること），②債権の取立ておよび債務の弁済，③残余財産の引渡し，である。債務の弁済の手続については同法233条以下に定められており，また，残余財産を誰に引き渡す

のかについては同法239条に規定されている。なお，清算の過程において債務を全額弁済することができないことが明らかになったときには，破産法に基づいた財産の清算手続をしなければならない（同法215条1項）。

5 法人の形式と実体

前述したように，団体が存在するだけで当然に法人格が認められるわけではなく，法の定める一定の手続に従って設立されたものだけが法人として認められる（民法33条1項）。そうすると，その手続を踏んでいないために法人としては認められない団体が存在することがあり，逆に，団体としての実体はないのに（形骸化した）法人格のみ存在する場合もある。

① 権利能力なき社団

団体としての実体はあるが，法の定める手続を踏んでいないために法人としては認められない団体を「権利能力なき社団（法人格なき社団）」と言う。手続を踏んでいないので法人格が認められないのもやむを得ないとも言えるが，後述するように，なるべく団体としての一体性を尊重する判例や法理論が発達しており，たとえば，民事訴訟法29条は，権利能力なき社団にも当事者能力（民事訴訟において原告や被告となること）を認めている。

もっとも，かつては中間法人や公益法人の設立は容易ではなかったので権利能力なき社団が存在する必然性もあったが，前述した法人法改革により（営利法人も非営利法人も）登記さえすれば法人として成立することとなった。そうすると，（以下に説明する）権利能力なき社団の法理の意義はなくなるのではないかとも考えられるが，

他方，登記をしない団体も全くなくなるわけではないとも思われ，そのときには意味をもつであろう。

権利能力なき社団の要件　団体にもいろいろあるが，権利能力なき社団として認められるための要件として，最判昭 39・10・15 民集 18 巻 8 号 1671 頁は「団体としての組織をそなえ，そこには多数決の原則が行なわれ，構成員の変更にもかかわらず団体そのものが存続し，しかしてその組織によって代表の方法，総会の運営，財産の管理その他団体としての主要な点が確立しているものでなければならない」とした。もっとも，権利能力なき社団であることを理由にどのような法律効果を認めるのかをも考えながら要件を検討するべきであり，この事件では，（後述するように）このような団体の財産は構成員の総有であるとされたのである。

権利能力なき社団の財産　権利能力なき社団には（当然ながら）権利能力はないので，団体として財産を所有することはできず，何らかの形で構成員が共同で所有していると考えざるを得ない。民法では，共有，合有および総有という 3 つの可能性があるところ，前述の最判昭 39・10・15 は，権利能力なき社団の財産は構成員の総有であるとした。したがって，各社員には持分はなく，分割請求権もないことになる（最判昭 32・11・14 民集 11 巻 12 号 1943 頁）。

◆共有・合有・総有　物権法で学ぶべきことであるが，複数の者が共同で物や権利を所有する形態には 3 つある。
　① 共有　民法 249 条以下に規定されているが，各共有者は，その持分を自由に譲渡することができ（条文はないが当然のこととされている），また，分割請求をすることもできる（256 条。協議が調わないときは裁判を提起して判決によって分割することもできる。258 条）。
　② 合有　典型的には組合契約（667 条）を締結した場合であり

（農業協同組合法のような法人としての組合とは混同しないように），このときには共同事業のための財産は組合員の共有に属するとされてはいるが（668条），持分の譲渡は制限され（676条1項），また，清算前に分割請求をすることもできない（同条3項）。そのようなことをされては共同事業が崩壊するからであるが，しかし，各組合員は潜在的には持分を有するものと考えられ，組合を解散して清算するときには財産を分割することになる（688条3項）。

　　③　総有　　典型的には入会権のような場合であり，このときにも，権利（たとえば山で薪を拾ってくる権利）を村の構成員（村民）が共同で所有しているように見える。しかし，持分の譲渡や分割請求は問題外であることは分かるであろう。各構成員が持分を有するのではなく，実質的には村の権利であり，各人は村に参加すれば（村の一員として）権利を行使することができるし，村を抜ければもはや権利行使できない。

　このような区別を前提として，前述の最判昭39・10・15は，権利能力なき社団の財産は構成員に総有的に帰属するとしたのである。

◆不動産登記　　法人であれば法人名義で登記することができるが，権利能力なき社団には法人格はないので登記もできない（最判昭47・6・2民集26巻5号957頁）。これを認めると，構成員が（その構成員の）債権者からの差押えを回避するために（実体のない）団体名義で登記をして「財産隠し」をする可能性があるからである。したがって，代表者個人の名義で登記するしかないが（全員の共有とすることも考えられるが煩瑣である），そうすると，今度は（構成員の）債権者が（構成員共同の財産である）不動産を差し押さえる可能性がある。そこで，たとえば「A団体代表B」という肩書を付けて登記することができないかが問題となったが（これならB個人の財産ではないことが明らかになる），やはり，財産隠しを防ぐことができないという理由で，前述の最判昭47・6・2はこれも否定した。

　他方，代表者個人の名義となっていても実質的には団体の財産であるなら，（団体の）債権者がこれを差し押さえる可能性はあるし（最判平22・6・29民集64巻4号1235頁），また，代表者が交代したときに，旧代表者に対して名義変更を（団体が）求めることができる旨の判決

もある（最判平 26・2・27 民集 68 巻 2 号 192 頁）。法人の不動産を代表者名義で登記することを前提としつつ，代表者個人の財産と法人の財産とを実質的に区別する妥当な結論を得ようとする模索が続いているところである。

権利能力なき社団の債務 それでは，権利能力なき社団の債務はどうなるのであろうか。権利能力がないので団体として債務を負うことはあり得ない以上，構成員が（共同で）弁済の責任を負うことになる。この点につき，財産は総有とする（前掲最判昭 39・10・15）ことに呼応するように，最判昭 48・10・9 民集 27 巻 9 号 1129 頁は，権利能力なき社団の債務は構成員に総有的に帰属するとした。つまり，（債務についても）持分は考えられず，したがって，構成員個人の財産から返済すべき責任はないことになる。

　もっとも，前述したように，営利法人の場合には構成員個人が法人の借金について責任を負わされることもある（会社法 580 条 1 項参照）。それなら，権利能力なき社団についても，営利目的を有する団体であるときには，団体の債務について構成員個人も責任を負うべきである。

② 法人格否認の法理

実体のない法人格の悪用 権利能力なき社団とは団体としての実体はあるのに法人格がない場合の問題であったが，逆に，団体としての実体はないのに法人格だけはある場合の問題もある。たとえば，最判昭 44・2・27 民集 23 巻 2 号 511 頁の事件では，A 会社が不動産を賃借していたが賃貸人との間で争いが生じ，A は退去し延滞賃料も支払う旨の和解契約が締結された。ところが，A は実質的には代表者 B の個人

企業であったために賃貸人が勘違いをし、契約書はB名義で作成された。その後になって、Aが、契約書はB名義なのでその効力はAには及ばない旨主張したが、Aは形式的には株式会社ではあるがその実体は背後にいるBなのであるから、契約はB名義でされたとしてもAがした契約であると解することができるとされた。これを、**法人格否認の法理**と言う。この法理は、このように法人格が全く形骸化している場合の他、法人格を濫用しようとしている場合にも使われる（最判昭48・10・26民集27巻9号1240頁——相手方を騙す目的で新会社を設立した例）。

6 法人に類似する制度

> 組　合

民法667条も複数の者が出資をして共同で事業をする契約であるが、法人を作らないような場合を想定している。したがって、たとえば農業協同組合は法人（中間法人）であるので667条で言う組合とは区別すべきであり、667条の組合のことを「民法上の組合」と言うこともある。その例としては、A工務店とB建設会社がある空港を作る限りで共同で作業をするような場合（ジョイント・ベンチャー）が考えられるが、このような場合には、その空港を作る限りでの共同作業であるので、そのために会社をもう1つ作るというような面倒なことはしない。前述したように、民法上の組合の財産は、組合員の合有に属するとされる。

Web 法人・権利能力なき社団・組合の比較 ✦✦✦✦✦✦✦✦✦✦✦✦✦✦✦✦
　　ここで、法人、権利能力なき社団および（民法上の）組合の財産関係を比較すれば、これまでの学習のよい復習になるであろう。
　　①　**法人**　　構成員とは別個独立の法人格を有するので、構成員

の財産とは区別された独自の財産を有し，また法人の名義で不動産登記をすることもできる。団体の債務について構成員が個人として責任を負うことは（原則として）ないが，ただし，営利法人の場合には例外もある（会社法580条1項）。

　②　**権利能力なき社団**　構成員とは独立した法人格を有しないので，団体の財産は構成員の総有とされる。団体名義の不動産登記は認められないうえ代表者の肩書付きの登記もできないので，構成員の共有として登記するか代表者個人の名義で登記をするしかない。団体の債務は構成員に総有的に帰属するとされ，つまり，構成員が個人として責任を負うことは（原則として）ない。ただし，営利目的の団体であるなら，会社法580条の類推等が考えられる。

　③　**民法上の組合**　独自の法人格を有しないので，組合の財産は構成員（組合員）の合有とされる（668条は「共有」と表現している）。もちろん組合名義での不動産登記もできないので，構成員の共有として登記するか代表者個人の名義で登記をするしかない。組合の債務について構成員が責任を負うことがあるが（675条2項），組合の債権について構成員個人が（その持分についても）権利行使することは認められず（676条2項），個々の構成員に対する債権者が組合財産について権利行使することもできない（677条）。

❖❖

> ### 信　託

　信託とは一定の目的のために財産を受託者に譲渡することであり，信託法によって規制されている。譲渡されるのであるから所有権は受託者に移転するが，しかし，受託者の固有の財産とは分離して管理しなければならないこととされている（信託法34条1項）。そして，たとえば，受託者個人の債権者が信託財産に差押えをすることは制限されており（同法23条），ある目的のための財産をその他の（受託者固有の）財産と区別することができる点で，法人制度に似ている面もある。

第3章 物

本章では，権利の客体としての「物」の問題を扱う。権利の客体となるものは「物」に限られないけれども，民法の第1編「総則」には「物」に関する規定のみが第4章として主体に続けて設けられている。ここでは，その理由を知るとともに，総則編が「物」についてどのような角度から規定を設けているのかを理解し，第2編「物権」に定められている制度の学習へとつなげるための解説を行う。

1 「物」の意義

① 有体物としての「物」

　物とは，有体物のことをいう（85条）。有体物は，物理的に空間の一部を占めて有形的存在をもつもの（液体・気体・固体）と定義される。このように，有体物は，物理的支配可能性を基礎とした概念である。しかし，これを貫くと，電気や放射線のように物理的支配ということを観念しづらいものが「物」とはいえなくなる（刑法では，窃盗罪・強盗罪等につき，電気は財物とみなすという規定を置いている。同法245条，251条）。ここから，学説では，物理的支配可能性を問わず，排他的支配可能性があれば有体物と認めてよいとの考え方が，かつて有力に主張された。しかし，「物」の概念としては有体性を維持したうえで，「物」以外の排他的支配の対象となるものに対して「物」に関する規律をどこまで類推できるかという観点から問題をとらえればよい。

民法は、「物」を権利の客体としてとらえ、「物」に関する規律を民法総則に設けている（85条以下）。そこで想定されている「物」とは、所有権や抵当権など物権の対象としてとらえられるものである。

しかし、権利の客体は、有体物としての「物」に限られない。有形的存在を有しないもの（無体物といわれる）、たとえば、債権、自然力、人の行為、暗号資産、情報なども、権利の客体となりうる。こうした無体物のうち、人の精神的活動の所産であって財産的価値のあるものを対象とする権利は、知的財産権と呼ばれる。特許権、商標権、意匠権、実用新案権、著作権が、その例である（それぞれ、特別法に定めがある）。いずれにしても、「物」は「財産」や「財」よりも狭い概念である。

◆物に関する規定の位置　民法は、物を有体物と定義しつつ、物に関する一般的規律を総則編に置いている。明治民法の起草者によれば、①物を「有体物」としたのは、「物」を物権の対象に限定することを企図したものであり（無体物にも必要に応じて「物」に関する規律を適用すればよいと考えていた）、②他方、「有体物」に関する規律であるにもかかわらず、物権編ではなく、総則編に置いたのは、「権利ノ目的」（客体）に関する規律である点に注目し、権利の主体に関する規律に続けて体系的に整理することを企図したものであった（民法主査会議事速記録1巻64丁表・71丁裏、6巻8丁裏）。

2　支配可能性

「物」であるためには、支配可能なものでなければならない。

支配可能性のない場合としては月やその他の天体、海面の例が好んで引用されるが、実際に多く問題となるのは、海面下の土地である。判例は、私有の土地が自然現象により海没した場合には、人による支配利用が可能であり、かつ、他の海面と識別可能である限り、

その海没地は所有権の客体である土地としての性格を失わないが，最初から海面下だったものは，地券が交付されていても，特段の事情のない限り，所有権の対象とすることを否定している（最判昭61・12・16民集40巻7号1236頁）。

③ 非人格性

生存中の人体（またはその一部）は，権利の主体である人格と不可分一体であり，権利の客体となり得ず，所有権その他の物権が成立する余地はない。

これに対し，人体から切り離された人体の一部，たとえば，毛髪，臓器，血液，ヒト由来のIPS細胞やES細胞，配偶子，凍結受精卵，遺伝子は，所有権の対象となる。死体や遺骨も，所有権の対象となる（遺骨につき，東京高判昭62・10・8判時1254号70頁）。もっとも，これらが所有権の対象になるかどうかということとは別に，誰が所有者かという問題（遺骨につき，最判平元・7・18家月41巻10号128頁。⇒民法7を参照），所有者はそれを自由に処分できるのかという問題，とりわけ，生命倫理の観点からの処分の禁止や処分自由の制限や，これによる処分契約の無効をめぐる問題が残る（臓器移植法11条は，「臓器」の売買やあっせんを禁止している）。

2 物の種類

① 不動産

不動産とは──土地およびその定着物

土地およびその定着物を，不動産という（86条1項）。定着性のないもの，たとえば，土地の上に置かれた仮設トイレや建設工事

用の足場は，土地とは独立した動産である。

> 土　地

土地とは，地表面およびその上下の空間（空中，地中）であり，不動産登記制度上で一筆という人為的区分により画された区画（不動産登記法2条5号，35条参照）のことである。

①　一筆の土地も，分筆（一筆の土地を分割して数筆の土地にすること）をすれば1個が数個になり，合筆（数筆の土地を併合して一筆の土地にすること）をすれば数個が1個になる（同法39条参照）。

②　一筆の土地の一部を処分するとき，土地の一部の所有権移転は分筆登記をしなくても可能であるが（大連判大13・10・7民集3巻476頁），第三者に対抗するには分筆登記をして処分することが必要である（同法39条参照）。

③　一筆の土地の一部についての時効取得もありうる（⇒第11章2 ①）。

地中の岩石・砂利は，土地の構成部分を成していて，土地の所有権に吸収される。独立の所有権の対象ではない。

> 土地の定着物

民法86条1項は，土地の定着物が不動産であるということを示している。

しかし，この規定は，土地の定着物が土地の所有権とどのような関係に立つのか，すなわち，土地とは別個独立の不動産か，それとも，不動産としての土地の所有権に吸収されるかどうかについて述べるものではない。この問題は，不動産の付合に関する242条のもとで処理される（⇒民法2を参照）。そして，付合の制度と関連づけたとき，土地の定着物には，いくつかの種類がある。

(1)　土地と合体したもの

石垣や庭木など，土地と合体したものは，土地に付合することで土地の所有権に吸収される（242条）。土地とは別の「定着物」とい

う不動産になるわけではない。ただし，他人が権原によって附属させた場合は，付合させた者は，付合した部分につき所有権を有する（同条ただし書。もっとも，付合した部分について所有権を有することを第三者に対抗するためには，対抗要件の具備が必要である）。

なお，埋蔵物・文化財・鉱物の処理については，特別の規定がある（241条のほか，文化財保護法57条以下，鉱業法2条）。

(2) 建物

Case 3-1————————————————————————————

Aは，甲土地とその上にある乙建物を所有している。Aは，Bから2000万円の融資を受けるに当たり，甲土地にBのために抵当権を設定し，その旨の登記がされた。

建物は，土地の定着物であるが，土地とは別個独立の物である（370条本文は，このことを前提とした規定である）。土地の上に建物があるとき，土地が1個の不動産，建物が1個の不動産である。

建築中の構築物は，独立に風雨をしのげる程度に達すれば，建物としての独立性を有する（大判昭10・10・1民集14巻1671頁）。他方，木材を組み立てて屋根を葺いただけでは建物といえない（大判大15・2・22民集5巻99頁）。

◆建前　　建築途中で建物といえないものは建前（たてまえ）と呼ばれるが，建前は独立の不動産ではない。そのうえで，建前が土地に付合することを否定し，土地から独立した取引の対象として扱っている裁判例がある（最判昭54・1・25民集33巻1号26頁。請負人が放置した建前に別の請負人が工事をして建物にした事案。完成建物の所有権の帰属につき，246条2項〔加工〕による処理をした）。

(3) 両者の中間に位置するもの——立木（りゅうぼく）

Case 3-2

Aは，甲土地を所有している。甲土地は山林であり，地上には樹齢100年を超える北山杉500本が植えられている。Aは，この北山杉500本を，甲土地に植えられたままの状態で，Bに売った（甲土地の所有権は譲渡していない）。

立木（一筆の土地の全体または一部分に生立している樹木の集団。立木ニ関スル法律1条1項参照）については，次のような区別をする必要がある。

① 立木法（「立木ニ関スル法律」）によって登記された立木は，土地とは別個独立の物として扱われる（「不動産登記簿」とは別に，「立木登記簿」がある。立木法12条）。立木法は，立木登記簿に登記した立木につき，不動産とみなし（同法2条1項），立木の所有者は，土地と分離して立木を譲渡し，または抵当権の目的とすることができるとしている（同条2項）。そして，土地所有権または地上権の処分の効力は，立木には及ばないものとしている（同条3項）。ただし，立木登記は，実際には，あまり用いられていない。

② それ以外の立木は，土地に吸収される。しかし，このような立木も，明認方法という方法をほどこすことによって，独立の取引対象とすることができる。これにより，立木のみの譲渡（最判昭36・5・4民集15巻5号1253頁）や，立木の部分を留保した地盤のみの譲渡（最判昭34・8・7民集13巻10号1223頁）が可能になる。明認方法とは，立木の存立している場所に立て札を立てたり，木の皮を剥いで墨書したりすることにより，立木の所有者を公示するという，慣習上の公示方法である。詳細は，民法2で扱われる。

② 動 産

動産とは

不動産以外の物を，動産という（86条2項）。土地とその定着物に該当しない有体物は，すべて動産である。この定義からは，動物，人体から分離した臓器，血液，ヒト由来細胞，配偶子，凍結受精卵，遺伝子なども動産である。

無記名債権（入場券，乗車券，商品券のように，証券の上に特定の権利者名が書かれておらず，債務者としては証券の所持人に対して履行をしなければならない債権）は，動産ではなく，有価証券と同じように扱われる（無記名証券。520条の20）。

金 銭

金銭は，有体物であり，動産の一種であるが，通常は物としての個性をもたず，金銭に表された価値自体が重要である。金銭の所有者は，特段の事情のない限り，その占有者と一致する（「金銭は，占有あるところに所有あり」）。金銭を現実に支配して占有する者は，金銭をいかなる理由によって取得したか，またその占有を正当化する権利を有するか否かにかかわりなく，特段の事情のない限り，金銭の所有者である（最判昭39・1・24判時365号26頁）。したがって，他人の金銭を窃取・着服・横領した者も，金銭の所有者である。

もっとも，①ある者から委託を受けて金銭を保管している場合は，上記の特段の事情があると認められ，保管者つまり占有者がその金銭の所有者ではなく，委託者が所有者であると解される。共同相続した現金を遺産分割前に相続人の一人が保管している場合も，その金銭は遺産共有に服するものと解される（最判平4・4・10判タ786号139頁は，このことを前提としている）。また，②金銭が封金（封筒に入れて密封された金銭）のようになっている場合は，原形をとど

めている限り，動産と同様に扱われる。

◆「金銭」ではないもの　デジタルマネーや，暗号資産のうちの仮想通貨と呼ばれるものは，金銭ではない。また，金銭と金銭債権（銀行に対する預金債権，買主に対する代金債権，借主に対する貸付金債権など，金銭の支払を請求することができる権利）は違う。

3　一物一権主義

●物の単一性と独立性

1　一物一権主義とは

物権の対象としての「物」であるためには，独立性を備えた単一の物でなければならない。これを一物一権主義という。一物一権主義は，次の2つの命題から成り立っている。

①　物権の対象は，1個の物として独立していなければならない（1個の物の一部の上に物権は成立しない。独立性）。

②　物権の対象は，1個の物としての単一のものでなければならない（複数の物の上に1個の物権は成立しない。単一性）。

2　独立性の修正——土地の場合

Case 3-3
　Aは甲土地を所有し，Bは乙土地を所有している。Aは，Bと合意し，甲土地（要役地という）から国道に出るため，300平方メートルある乙土地（承役地という）のうち北側50平方メートルの区画に通行地役権（280条参照）を設定してもらった。法務局には，乙土地についての地役権図面が備え付けられている。

一筆という土地の区分は法技術的・人為的・便宜的区分にすぎない。したがって，土地の一部の譲渡，土地の一部の時効取得（大連

判大 13・10・7 民集 3 巻 509 頁。⇒**第 11 章 2** ①），土地の一部への地役権の設定（Case 3-3）は可能である。

③　単一性の修正──集合物

Case 3-4————————————————————————

家電量販店Ａは，メーカーＢがＡに対して有している売掛金債権を担保するため，Ｐ市にある「甲倉庫の在庫商品」に，Ｂのための譲渡担保権を設定した。甲倉庫の在庫商品は，刻々と変化する。

————————————————————————

在庫商品をまとめて担保にとる場合のように，個々の物（単一物）に注目するのではなく，個々の物の集合体の価値に注目して権利の対象とされていることがある。このような場合に，個々の物とは異なる価値を与えられた集合体は，**集合物**といわれることがある。

判例によれば，構成部分の変動する集合動産であって，その種類，所在場所および量的範囲を指定するなどの方法により目的物の範囲が特定される場合には，1 個の集合物として譲渡担保の目的となる（集合動産譲渡担保。最判昭 54・2・15 民集 33 巻 1 号 51 頁〔否定〕，最判昭 62・11・10 民集 41 巻 8 号 1559 頁〔肯定〕。⇒民法 3 を参照）。

4 主物と従物

①　主物・従物の意義

建物と畳・エアコン，自動車とドライブレコーダー，母屋（おもや）に併設された物置小屋，ガソリンスタンド（建物）の敷地下に設置された地下タンクといったように，複数の物の間に一方が他方の効用を補うという関係がある場合に，補われている物のことを主物，補って

いる物のことを従物という（87条1項）。

　なお，主物・従物と同様の関係は，主物の効用を補っているものが「権利」である場合にも認められる。この場合において，補っている権利のことを従たる**権利**という。建物所有を目的とした借地権と地上建物との関係が，この例である（地上建物が主物，借地権が「従たる権利」）。

2　主物・従物の関係が認められるための要件

　主物・従物の関係が認められるためには，以下の要件が充たされなければならない。

　①　従物にも，物としての独立性があること　　独立性を失えば，主物に付合してしまう。たとえば，AがBから購入した中古住宅の壁紙を張り替えた場合や，AがBから購入した農地が余りにもやせ細っていたため，大量の腐葉土を入れて野菜の栽培ができるようにした場合に，壁紙や腐葉土は従物ではない。

　②　従物が継続的に主物の効用を高めている（＝「常用に供する」）こと

　③　主物との間に場所的近接性があること

　④　主物と同一の所有者に属すること　　一方の物が他方の物の効用を増していても，2つの物の所有者が異なっているときは，2つの物は主物・従物の関係にはない。たとえば，Aが所有する自動車に，Bが所有するドライブレコーダーが取り付けられている場合に，この自動車をAがCに売却したとしても，ドライブレコーダーの所有権が87条2項に基づいて自動車の所有権とともにCに移転するものではない（即時取得〔192条〕が成立する余地はある）。

③ 主物の処分と従物の運命

Case 3-5

Aは，甲土地を所有している。Bは，Aとの間で建物所有を目的とする甲土地の賃貸借契約を結び，甲土地上に乙建物を建築して，保存登記をした（乙建物が主物，甲土地の賃借権〔借地権〕が従たる権利）。

(a) Bは，Aの承諾を得て（612条参照），乙建物をCに譲渡し，乙建物につき売買を原因とするBからCへの所有権移転登記がされた。

(b) Bは，Dから融資を受けるに当たり，乙建物にDのために抵当権を設定し，その旨の登記がされた。

従物は，主物の処分に従う（87条2項）。たとえば，主物が譲渡されれば，従物の所有権もこれに伴って移転する。これは，主物と従物の経済的結合関係に照らすと，主物と従物の関係は物の法的運命にも反映させるのがよいとの考え方に出たものである（対抗要件は，主物について備えればよい）。

87条2項は，当事者の意思を推定した規定である。これに異を唱える者は，反対の証拠を挙げて覆すことができる。

主物・従物の関係と同様のことは，主物と従たる権利の関係にも妥当する（87条2項の類推適用）。Case 3-5の（a）では，乙建物の所有権とともに，甲土地の借地権がCに移転する（最判昭47・3・9民集26巻2号213頁）。（b）では，乙建物について設定された抵当権の効力は，甲土地の借地権に及ぶ（最判昭40・5・4民集19巻4号811頁）。

5 元物と果実

① 果実の意義——天然果実と法定果実

　果実とは，物から生じる経済的収益のことをいう（果実を生み出す物のことを，元物という）。果実には，天然果実と法定果実とがある。

　①　天然果実とは，物の用法に従い収取する産出物のことである（88条1項）。りんごの木に実ったりんご，母牛が産んだ子牛，鶏が産んだ卵が，その例である。

　②　法定果実とは，地代や賃料のように，物の使用の対価として受けるべき金銭その他の物のことである（同条2項）。動産や不動産の賃貸借がされた場合の賃料が，その例である。

　法定果実は，物の使用価値（使用利益）と同義でない。たとえば，物が無権限者によって使用された場合に，物の所有者が無権限者に対して不当利得返還請求をする際には，物の使用価値（一般には，同種同等の物の賃料相当額を基準に算定される）が返還の対象となるが，ここでの無権限者の利得は，たとえ，その使用価値がその物の客観的賃料相当額を基準に算定されるとしても「使用の対価として受けるべき金銭」ではないから，法定果実ではない。しかし，法定果実に類似するので，使用価値の帰属・返還に関しては，法定果実に関する規定が類推適用される（大判大14・1・20民集4巻1頁〔建物の使用利益〕）。

②　果実の帰属者

Case 3-6

　Aは，甲土地を所有している。甲土地は更地である。Bは，3年前から甲土地をCに対して駐車場として賃貸し，月10万円の賃料を受け取ってきた。このことに気づいたAは，Bに対して，3年間の賃料360万円の支払を請求した（189条，190条参照）。

　(a) Bは，甲土地が自分の所有物であると信じて賃貸していた。

　(b) Bは，甲土地がAの所有物であることを知りつつ賃貸していた。

　天然果実は，元物より分離する時点で収取権を有する人に帰属する（89条1項）。法定果実は，収取権の存続期間に従い，日割りで帰属を決定する（同条2項。使用価値の帰属についても類推適用される）。

　いずれの場合も，誰に果実の収取権があるのかは，89条では決まらない。89条は，他の条文で収取権者が決まった後に，この者に果実を帰属させるための規定である。そして，収取権者が誰かは，189条，190条，575条などが規定する。これについては，民法2・民法5で扱われる。

　◆未分離の天然果実　　未分離の天然果実は，元物の一部であって，独立の物ではない。もっとも，判例は，立木の場合と同様に，未分離のままで独立に譲渡の対象とすることを認め，明認方法（⇒ **2** ①(3)）を備えることにより第三者に対抗できることを認めている（木に実ったままの温州みかんの譲渡につき，大判大5・9・20民録22輯1440頁。稲立毛〔刈入れ前の稲穂〕の譲渡につき，大判昭13・9・28民集17巻1927頁）。

〔2021年9月脱稿，2022年4月初校著者校正了〕

■ *PART 3*　法律行為

第4章 法律行為

自らの意思に基づいて法律関係を切り拓いていくこと（法律関係の変動）を可能にするのが法律行為の制度である。本章では，法律行為およびその中核的構成要素である意思表示について，法律行為制度を支える基本原則，法律行為とは何か，意思表示との関係，法律行為の成立とその内容の確定などを見ていこう。

1 法律行為総説

① 法律行為の意義

Case 4-1

① ＡとＢは，Ａの所有する甲自動車を50万円でＢが買う旨の契約をした。

② Ａは，Ａの所有する甲自動車をＢに遺贈する旨の遺言をした。

③ ＡとＢは，自動車の輸入販売を行うための株式会社を設立した。

法律行為の意義

民法第1編第5章は「法律行為」について規定している。では，「法律行為」とは何だろうか。民法典には定義規定はないが，一般に次のように理解されている。法律行為は，法律関係の変動——私法上は，権利の発生・変更・消滅——をもたらす原因の一つである（このような原因を「法律要件」，それによってもたらされる法律関係の変動を「法律効果」

とよぶ）。その特色は，法律行為の当事者の意思に従った法律効果を発生させる点にある。言い換えれば，法律行為は，当事者の「意思」を実現する制度である。

Case 4-1 ①は AB 間の売買契約であり，契約は法律行為の代表例である。①の A と B との間の売買契約により売主 A には甲の所有権を移転する義務（債務）が，買主 B にはその代金を支払う義務（債務）が発生し（555 条参照），それぞれが履行されることで，売主 A は代金相当額の金銭を取得し，買主 B は甲の所有権を取得して甲をその支配下におさめる。これらの AB 間の債権債務の発生や，その履行による所有権や金銭の取得は，AB 間の売買契約に基づくものであり，A と B が売買契約によって意図したところ，すなわち，A と B という契約の両当事者の「意思」が実現したものである。

| 法律行為と意思表示 | 法律行為の基礎には，当事者が一定の法律効果を欲する意思を表示するという行為がある。この「各当事者が一定の法律効果を欲する意思を表示する行為」ないし「各当事者が一定の法律効果を欲する意思を表示したもの」を意思表示といい，またその行為者を「表意者」という。法律行為は，意思表示を中核とする法律要件である。

Case 4-1 ①の AB 間の甲の売買契約においては，A，B それぞれの意思表示があり，それが合致することで法律行為である売買契約を形成している。

意思表示と法律行為はイコールではない。取消しの意思表示のように，意思表示が直ちに法律行為（この場合は単独行為という類型）となることもあるが，契約の場合はそうではない。A が B に対して甲を 50 万円で売りたいという意思を表示したのに対し，それを受けた B が 40 万円なら買おうという意思を表示した場合，ここに

は A の意思表示，B の意思表示があるが，契約すなわち法律行為
は成立していない。また，意思表示は合致していてもそれだけでは
法律効果を発生させる法律要件たる法律行為として十分ではないこ
ともある。たとえば，金銭の貸し借りの場合，A が B に 50 万円を
期間 1 年，利息年 5 ％ 等の契約条件で貸すことを AB 間で合意をし
た場合は，両者の合意つまり意思表示の合致はあるものの，消費貸
借契約として効力を生じるためには金銭の授受が必要である（587
条。「～によって，その効力を生ずる」とあるのは有効な成立を意味す
る）。または，書面でして初めて消費貸借契約として効力が生じる
（587 条の 2 第 1 項）。

法律行為の分類──契
約・単独行為・合同行
為

法律行為は意思表示を中核とするが，意思
表示による法律行為の組成の仕方は一通り
ではなく，この意思表示のあり方という観
点から契約と単独行為，さらには合同行為の 3 種に分類されること
が多い。Case 4-1 ①は，契約であり，立場を異にする複数の当事
者の複数の意思表示から成り，それらの意思表示が相応じる形で合
致して，法律行為たる契約を構成する。売買，賃貸借などである。
これに対し，Case 4-1 ②は，単独行為であり，単独の意思表示か
ら成る法律行為である。相手方がある場合もあれば，ない場合もあ
る。取消し（123 条），解除（540 条 1 項），相殺（506 条 1 項），債務
免除（519 条），予約完結権行使（556 条 1 項），地上権の放棄（268
条 1 項）などは相手方がある例であり，相手方のない例としては遺
言（964 条ほか）が代表例である。遺言による財産処分である遺贈
は受遺者に対して財産を与えるものであり，受遺者という相手方が
あるが，それを内容とする法律行為である遺言自体は受遺者に対し
て意思表示をするわけではない。したがって，たとえば，相手方が
ある意思表示は，相手方に対してしなければならないから，その効

力発生も相手方への到達が必要である（97 条 1 項）ところ，遺言の場合は受遺者への到達を要しない。Case 4-1 ③は，合同行為であり，契約と同じく複数の当事者の複数の意思表示から成るが，当事者の立場は同質で，意思表示も相対するのではなく内容・方向において同一である。組織・団体の創設行為，たとえば会社の設立行為（会社法 25 条，26 条，49 条等）や一般社団法人設立行為（一般法人法 10 条）が代表例である。

Column ⑥　契約・単独行為・合同行為の区別の意義 ～～～～～～～～

法律行為を，契約・単独行為・合同行為に区別するのは，いずれに当たるかによって規律が異なるからである。たとえば，総則中でも，権限のない自称代理人による行為（無権代理）の規律は，契約と単独行為とでは区別されている（113 条以下と 118 条）。このように契約と単独行為という 2 種は区別の基準も明確であり，明文上もその区別が予定されている。これに対し，合同行為については，その概念上の存在意義や有用性について議論がある。契約や単独行為と独立に合同行為を観念する意義は，一人（または一部）の意思表示が意思無能力ゆえに無効となったり，錯誤・詐欺・強迫を理由に取り消されたとき，法律行為全体が効力を否定されるのではなく当該意思表示のみが無効となり，他の者による法律行為として法律行為全体の効力は維持されるという，契約や単独行為とは異なる規律が妥当すると解される点にある（会社法 51 条，102 条 5 項・6 項。大判昭 7・4・19 民集 11 巻 837 頁参照）。また，法律行為の解釈において契約とは異なる解釈を要することも指摘されている。合同行為の代表例である団体・組織設立行為は，意思表示の主体の権利義務の創設にとどまらず，団体・組織を形成し，団体法理によって定まる権利義務の基礎を創造する合意・行為であり，将来の関係者を拘束するという特殊性に配慮すべきだという。ただし，これらの特殊性も，団体性を顧慮すべきだというにとどまり，あえて契約・単独行為とは別類型として立てるまでのものではないと論じられていることにも注意したい。組合契約のように立場の共通性が認められ，団体・組織の設立行為であるものが契約としてもなしうるように，契約の一種ととらえつつ，その特殊性を考慮すれば足りる

というわけである（民法667条の3，667条の2第2項参照）。なお，かつては契約，単独行為，合同行為のほか，決議があげられることもあったが，現在の民法の教科書では姿を消している。これも，その特殊性を考慮する必要は認めるが，独立の類型として区別する意義が小さいと考えられたことによる。

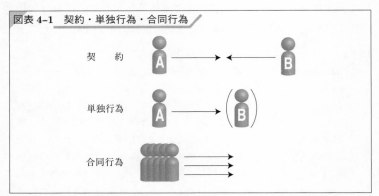

図表4-1　契約・単独行為・合同行為

契　　約　　A　　→　　←　　B

単独行為　　A　　→　　（B）

合同行為

　　法律行為は契約・単独行為（・合同行為〔ほか〕）を総称する上位概念である。歴史的には，法律行為の概念は，意思表示を中核とする法律要件（契約など）を統合し体系化する概念として生成した。およそ法律行為一般として具体的な要件・効果を論じることの意義が疑われることも少なからずある。たとえば，従来，法律行為の解釈としてあたかも法律行為一般に通有の解釈方法があるかのように論じられてきたものが，現在では，契約の解釈，遺言の解釈というように，代表的な法律行為ごとに論じるべきだと説かれている。その一方，法律行為概念には，私的自治・意思自治・法律行為自由など，その基本原則と言われる考え方を体現する思想的・制度的な意義もある。

Case 4-2

①　AB間でA所有の甲を50万円で売買する契約が締結され，Aは甲を引き渡したのに，Bが約束の期日に代金を支払わなかったので，Aは，Bに対し，売買代金を支払うよう求めた。

② 　AB 間の売買契約に基づく 50 万円の代金債権を A が C に譲渡し，A は C への譲渡を内容証明郵便で B に通知した。

類似の概念——準法律行為

法律行為およびその中核的要素たる意思表示は，意思どおりの法律効果の発生に特色がある。これに対し，意思の表示を含むが，意思どおりの法律効果の発生をもたらさないものがある。Case 4-2 ① では A は，債務の履行を求めている（この場合には支払を督促している）。これを催告という。催告は，A の B に対する「代金の支払を求める意思」の表示であるが，それにより，A に B に対し代金の支払を求めることのできる地位が生じるわけではない（もちろん，代金が払われるという効果が生じるわけでもない）。このような意思の表示は，意思表示と区別して，「意思の通知」とよばれる。意思の通知が何ら法律効果をもたらさないわけではなく，その効果は法定されている。催告には時効の完成を猶予する効果がある（150 条 1 項）。また，相当期間を定めての催告は，相当期間内に B が代金支払債務を履行しないときに A に解除権を発生させる（541条）。

　これに対し，意思の表示ではなく，ある事実を認識したことを表明する場合がある。Case 4-2 ② の債権譲渡の通知の場合は，A が何かを欲しているわけではなく，ただ譲渡がありそれを A は認識し承知していることを B に示しているにすぎない。これを，「意思の通知」に対し，「観念の通知」とよぶ。このような観念の通知も一定の法律効果を発生させる。債権譲渡通知の場合には，譲受人 C が債務者 B に対し債権者たることを主張できるようになる（467 条 1 項，債務者以外の第三者に対しては同条 2 項。内容証明郵便は「確定日付のある証書」の代表例である。民法施行法 5 条 1 項 6 号参照）。

意思の通知や観念の通知は，意思や認識といった広い意味での「意思的作用」（の表明）によって構成され，かつ，それによって，一定の法律効果を発生させる点で，法律行為と類似する。そのため，これらはまとめて「準法律行為」と称され，また，その類似性ゆえに，法律行為に関する規律の準用や類推適用の可否が論じられる。もっとも，準法律行為であるとして一律に規定の適用・類推適用が決まるわけではなく，問題の規律の趣旨および当該準法律行為の趣旨に応じて，判断される。

②　法律行為制度の基礎にある考え方（基本原則）

私的自治の原則

　法律行為は，当事者の「意思」を実現する制度であり，法律関係の発生・変更・消滅は私人の自由で自律的な意思決定に委ねるべきだという考え方（私的自治の原則⇒ *PART 1 4* ③）を具体化する制度である。意思表示を中核とする法律要件の統一的・上位概念としての法律行為には，体系的な思考の現れ，整理の便宜とともに，私的自治の重視——私法関係において，人がその意思に基づき自由に自らの法律関係を切り拓くことが，望ましい社会のあり方である，あるいは，望ましい社会を実現させる方法だという考え方がその基礎にある——という原理面の価値を表象する意義もある。なお，それだけに，これらの意義の評価によって，法律行為概念に与えられる評価も変わりうる（意思を重視する見解に対し，正義を重視する見解，すなわち，正義にかなうという枠の中で意思の自由が認められるとする，あるいは社会的妥当性を有する意思が尊重されるとする見解など。特に公序良俗違反の法律行為〔90条〕の箇所で違いが鮮明となる）。

法律行為自由の原則

　(1)　国家の役割　　法律関係の変動を当事者の自由で自律的な意思決定に委ねると

いうとき，国家の役割には2つのものがある。1つは干渉せずに当事者に任せるということであり，もう1つは当事者が決めればそれをバックアップするということである。たとえば，契約をするかどうか，どういう内容の契約を誰とするかについて，国は強制せず，各人の自由に任され，また，その自由を保障するが（契約につき521条），いったん契約がされると当事者の決めたその内容を実現するための制度が用意されている。「法律行為自由の原則」と呼ばれ，前者は消極的自由の保障，後者は積極的自由の保障と呼ばれる。

　(2)　類型による違い・代表的類型——契約自由　　法律行為自由といっても，するかしないかについての「自由」と内容形成についての「自由」とでは異なり，特に内容形成の自由度は類型によってその内実にかなりの違いがある。法律行為の代表的制度に即して，「契約自由の原則」（521条），「遺言自由の原則」，「社団設立自由の原則」が語られるが，まず，契約の場合は契約当事者すなわち両当事者の合意を基礎としているため両当事者の法律関係の変動はその直接の効果を受ける各人の意思に基づいているから，自由度が広い。たとえば，民法典には，549条以下に13の契約類型が定められているが，これらのカタログしか当事者の選択権がないわけではなく，当事者はこれら以外の類型の契約をすることも，またこれらの契約類型について規定と異なる内容を合意することもできる（521条。といっても，各種の物権を設定する契約については，物権という制度が当事者の権利義務を超えてそれ以外の第三者との関係でも権利義務を生じさせ，第三者の権利義務を左右することになるから，債権的な合意を超えて，物権の内容を自由に作り出すことはできない〔物権法定主義。175条〕。また，無償の財産移転を当事者が売買と扱おうと言ってもそれは売買〔555条〕ではなく贈与〔549条〕となる。このように契約当事者も契約類型の基準を左右することはできない）。

（3）　単独行為・遺言自由　　これに対し，単独行為の場合は一方的な意思表示によって法律関係を変動させるため，特に相手方のある場合にはその地位への配慮から制約を受ける（条件付加の否定〔506条1項後段〕や撤回権留保の否定〔540条2項参照〕など）。相手方の地位に影響する単独行為は法律や契約の定めがある場合でなければ認められない（「『自由』の不存在」）。とりわけ遺言の場合は単独行為（一方的な意思表示）であることに加え，効力が発生するときに遺言者が死亡し権利能力を喪失しているため，そもそも権利能力を喪失する主体の意思にどこまでの処分の自由を認めるのかについての政策判断等があり，遺言で行いうる事項は法定の事項に限定され（遺言事項法定），また，その意思確認の困難さへの考慮等から方式が限定されている（967条）。また，遺言によって自由に処分のできる範囲についても遺留分制度による制約がある（1042条，1046条）。

（4）　合同行為・社団設立自由　　人の集まりである社団の設立に関しては，結社の自由は憲法の保障するところであり（憲法21条1項），自由になしうるが，そのような団体が私法関係において権利義務の主体となるには法人格を取得する必要がある。法人の設立は法律の規定に従い一定の手続を履践しなければならず（民法33条），任意に設立され団体としての実体さえ備えれば直ちに法人として認められるという法制（自由設立主義）はとられていない。法人が，自然人以外に権利能力を認める特別の制度であることに由来する。

（5）　形式的自由と実質的不自由　　法律行為自由の原則を代表する契約自由の原則についても，その形式的尊重が実質的不自由や不正義につながる懸念が生じている。生活に必須のサービスが独占的に提供されるような場合には，事実上，契約を締結しない自由がない。また，両当事者間に情報や交渉力に構造的な格差があるときは，

劣位にある当事者には契約内容形成の自由がないなどである。制度上も，これを見据えた手当てがされるに至っている。たとえば，契約内容が法定されたり，一定の契約条項の効力が否定されるなど，自律的な意思決定の実質の確保のために，あるいは「正義」の実現のために，一定の局面において「契約の（形式的な）自由」への制約が課されている（「法令の制限」〔521条2項〕参照）。また，消費者と事業者との間の契約の場合に，その構造的な格差を見据えた契約の締結や内容に関する規律が設けられている（消費者契約法）。

2 法律行為の成立と内容の確定

1 法律行為の成立要件

すべての法律行為に共通する最低限の成立のための要件は，構成要素たる意思表示がなされること（意思表示の成立）である。

意思表示は，法律効果の発生を欲する意思（これを「効果意思」という）を表示したものであるから，効果意思を表明する表示行為がなされれば，意思表示が成立する。単独行為の場合はそのような意思表示が存在すること，契約の場合は（基本的に）立場を異にする当事者間で相対する意思表示が合致すること，合同行為は立場が同質の当事者間で意思表示が合致することが，各法律行為の成立に必要である。

それだけで法律行為が成立するのか，それともさらに一定の要件（行為や方式）が課されるのかは，個別の法律の定めによる。たとえば，契約の場合，当事者間の意思表示の合致・合意のみで成立し（諾成契約），方式の要求もない（たとえば口頭でもよい。不要式行為）のが原則である（522条）が，消費貸借契約や保証契約のように物

の交付や書面が要求される場合もある（587条，587条の2，446条2項。契約の成立に，合意に加えて物の交付等を要するものを**要物契約**，書面等の所定の方式の具備を要するものを**要式契約**という。587条の消費貸借は要物契約，保証〔446条〕は要式契約である。書面でする消費貸借〔587条の2〕は，要式契約であるが，要式性によって要物性を排除するものと言うことができる）。また，遺言においては方式の履践が要求されている（960条，967条〜984条。要式行為である）。一般社団法人の設立においては，意思表示のあり方として書面または電磁的記録での定款の作成を要する（全員の署名・記名押印が必要であり，かつ，定款につき公証人の認証を受ける必要がある。要式行為である。一般法人法10条，13条）。一般社団法人の設立自体には，加えて，設立登記が必要である（同法22条）。

② 意思表示の存在ないし「成立」

Case 4-3

　①　Aは，Bをからかうつもりで，Bに，Aが所有する甲を50万円で売ってあげようと言った。

　②　Aは，無理矢理腕をつかまれてA所有の甲をBに50万円で売却する契約書の署名欄に署名させられた。

　③　Bは，競り市を見学に行き，友人を見かけたので友人に合図するつもりで手をあげたら，ちょうど競りにかかっていた甲を競り落としたと扱われてしまった。

> **表示行為の存在による成立**

意思表示は，その構造を分析すると，法律効果の発生を意欲する意思（効果意思）とその表明行為たる表示行為とから成る。何があれば意思表示がされたことになるのか（意思表示の「成立」）に

ついては，効果意思と表示行為の双方がそろっていなければならないのか，表示行為に至る過程に不備のないことが必要なのかが問題となる。一般に，意思表示の「成立」が認められるためには，表示行為としての外形があれば足りる。言い換えれば，外形があるけれどもそれに対応する効果意思が実は欠けていたり（冗談のつもりだったなど，Case 4-3 ①），効果意思の形成過程において誤認があったなどの事情は，意思表示の成立を否定するものではなく，意思表示の「有効性」を否定する「有効要件」の問題として考慮されうるにとどまる。

　このことは，表意者の「意思」に関する状況が意思表示の「成立」において全く考慮されないことを意味するものではない。たとえば，Case 4-3 ②の場合には，表示行為に対応する効果意思がないというだけでなく，そもそもそのような行為をしようとする意思や意識（行為意思・行為意識）さえない。そのような場合には「行為」とは言えないと考えられている。もっとも，ときにこの判断は微妙なこともある。たとえば，脅されてサインをする場合，畏怖からサインをしたというときは，いやいやながらも行為をする意思はあったと考えられ，強迫による意思表示の取消し（96条1項）が問題になるのに対し，脅しのために抑圧されて自由な意思形成がおよそできない状態にあったときは，行為と見ることができない場合がある（⇒第6章2⑤）。

Column ⑦ 「表示意思・表示意識」 •─•─•─•─•─•─•─•─•─•─•─•─•─•
　そのような行為をする意思や意識はあるのだが，意思表示たる表示行為をするという意思や意識（表示意思・表示意識）がなかった場合の扱いについては議論がある。たとえば，Case 4-3 ③は，その競り市では購入希望者は手を振ることになっていたため，競り落としたことにされてしまったという場面である。この場合，競り市で手を挙げる行為をする意思・意識はあるが，購入の意思を表示する行為をする

意思・意識はなかった。表示行為が存在したと言えるためには，表示意思・表示意識が必要で，それを欠くときは表示行為が存在しないことになるとすれば，そもそも表示行為がなく意思表示が「成立」しない。Case 4-3 ③の場合は，およそ効果意思も欠落しているから，効果意思の欠落をとらえて有効性の問題（95条1項1号）として扱うことはできる。しかし，95条の問題となれば，表意者に重過失がある等の場合には錯誤取消しは認められない（95条3項）。これに対し，表示行為なしとなれば意思表示は存在しないから，重過失がある場合に不法行為に基づく損害賠償責任（709条）を負う可能性はあるが，意思表示として拘束されることはない。表意者に重過失があった場合に錯誤取消しが認められず，効果意思がないにもかかわらず法律行為の拘束を受けるのは，表意者が表示行為をした点にその大本の帰責の根拠がある。そのように効果意思なくしてなお拘束されることの帰責の根拠として，行為をすることについての自覚的な意思決定があれば足りると考えるのか，それとも，意思表示として行う自覚的な意思決定までが必要であると考えるのかによって見解が分かれる。前者の立場が通説であるが，表示意思・意識のない行為は事実的な行為にとどまり表示行為とは言えない（意思表示不成立）とする後者の見解も有力である。

Case 4-4━━━━━

① 消費者Bは，事業者Aから甲を50万円で購入する契約をAとの間で締結したが，重要な事項についてAが虚偽の事実を告げていたことに気づき，意思表示を取り消す旨を記載したA宛ての封書を投函した。

② Aから，A所有の甲を50万円で売るがどうかと申入れを受けたBは，提示された条件で購入する旨の手紙を書いて投函したが，家族から反対されたため考え直し，投函したその日にAに電話をして，Aの申入れに対し拒絶する旨，さらに，承諾する旨の手紙が着くと思うが無視してほしい旨を告げた。

(1) 表示行為のプロセス 表示行為は，効果意思を外に表す行為（表白）である。相手方のある意思表示の場合は，相手方に対する表示行為であり，効果意思を外に表す行為（表白）がされ，それが発せられ（発信），相手方の元に届き（到達），相手方がそれを知る（了知）という過程をたどる。たとえば，Ａ所有の甲の売買について，申入れやそれへの応諾を手紙によって行う場合には，手紙の作成（表白），投函（発信），配達（到達），相手方がそれを読む（了知）という，それぞれの段階が各別に存在する。表意者と相手方が対面して交渉していたり，電話で話していたりして，即時の応答ができる状態にある場合は，表白・発信・到達・了知は同時に生じる。このような場合を「対話者」間の意思表示と言い，手紙やファックス，電子メールでやりとりする場合のように，即座に応答がなされない状況の場合を「隔地者」間の意思表示という。電話の例で明らかなように，「隔地」といっても地理的な距離ではなく時間的な隔たりが焦点である。

(2) 相手方のない意思表示の場合 相手方のない意思表示の場合，（相手方への伝達という要素がないため）表示行為は，「表白」段階で完結する（それで常に効力が生じるというわけではなく，遺言のように効力発生は死亡時であり，それまではやめることも書き直しも自由〔撤回自由〕であるなどの規律が別途用意されているものもあることに留意）。

(3) 相手方のある意思表示の場合 これに対し，相手方のある意思表示の場合には——とりわけ隔地者間の意思表示のときに——「表白」から「了知」に至るどの段階まで進めば意思表示がされたことになるのかが問題となる（意思表示の「効力発生」時期と呼ばれる問題）。相手方のある意思表示においては，表示行為は相手方へ

の伝達行為でもあり，効力発生時の問題は，遅延や不到達など，伝達過程における問題事象についてのリスク分担の問題でもある。そのようなリスク分担のあり方として考えると，まだ投函すらしていない表白の段階では，相手方に対する表示行為の完成をその段階に認めるのは無理である。また，了知の段階とすると，相手方がいつでも見ることができるのに放置しておくといつまでも効力を生じないことになり，リスク分担のあり方として不適切である。そのため，到達を効力発生の基準時とする到達主義か，発信を基準時とする発信主義が，現実的な法律上の基準となる。

　(4)　**到達主義 vs. 発信主義**　　たとえば，Case 4-4 ①の取消しの意思表示の例において，投函した封書が，行方不明となり配達されないままとなった場合や，所定の期間に届かなかった場合（取消権の行使期間につき 126 条，消費者契約法 7 条参照⇒**第 7 章 3** 期間制限))に，発信主義によればすでに封書の投函の時点で意思表示は効力を生じ，取消しの意思表示がされているのに対し，到達主義によればそうではない（したがって，取消しの効果は発生しないし，そのまま取消権の行使期間が過ぎてしまうと，もはや取消しはできない）ことになる。

　発信主義，到達主義のいずれも立法政策としてありうるものだが，意思表示一般について，民法は，**到達主義を採用している**（97 条 1 項)。相手方が意思表示の存在も内容も知り得ない段階で，相手方に対しても効力が生じてしまうのは不適切であるという考え方に基づく。具体的な帰結として，到達するまでは意思表示は効力を生じていないので，到達前ならば考えを変えてそれを伝えればもとの意思表示の発効を止めることができる（Case 4-4 ②)。また，到達しなければ効力を生じないから，不到達・延着のリスクは表意者が負う。到達前なら意思の変更を認めても相手方は害されることはなく，

また，不到達・延着について相手方はこれを左右できる立場になく，それを回避すべく措置をとりうるのは表意者であるとの考慮に基づく。逆に迅速な発効や不到達・延着につき表意者に手厚い扱いが要請されるときに**発信主義**がとられる。発信主義の例として，各種のクーリング・オフ（特商法9条2項ほか）がある（また，民法20条も参照）。

Case 4-5

① AからBに対しA所有の甲を50万円で買わないかと申し入れる手紙を受け取ったBは，提示の条件で購入する旨の手紙をA宛てに送った。A宅に遊びに来ていたAの姪がBからのこの手紙を受け取ったが，Aの机の引き出しに入れたまま，Aに伝えるのを忘れていた。

② BのAに対する意思表示は電子メールでされたが，電子メール・サーバーの不調でAに配信がされなかった。

③ AとBとの間の甲の売買契約について，Bはその意思表示を取り消す旨を記した手紙をAに送付した。この手紙は書留で送られたが，Aが不在であったため，不在連絡票がAの郵便受けに入れられた。再配達でも留守のままであり，結局，Bの手紙は，留置期間経過後にBに返送された。

| 到達の概念 | **（1）了知可能性** 到達主義のもとでは「到達」の概念およびその判断基準が重要 |

となる。「到達」と言えるためには，相手方の「了知」までは必要がないが，「了知」できる状態にあること（了知可能性）が必要である。それは相手方の支配圏内に置かれることで足りる（最判昭36・4・20民集15巻4号774頁）。AとBとの間のリスク分配のあり方として，意思表示の相手方Aの支配圏内に置かれた以上は，Aが取るべきリスクと考えられるためである。現実的・具体的な了知可

能性という点では，Case 4-5 ①の場合のように，A としては，姪が伝え忘れている以上了知できなかったとも言えるが，それは A の支配領域でのことであり，したがって，本人である A 以外の者が受領した（しかも伝え忘れていた）場合にも，「到達」したと認められる。

(2) **電子的な方法による伝達**　　電子的な方法で伝達行為がされる場合（Case 4-5 ②）も，どの段階で，了知可能となったか，相手方の支配圏内に置かれたと言えるのかという判断となる。取引の場合の伝達に関して，当事者が定めていないときの一般的な基準として考えられているのは，「相手方が通知に係る情報を記録した電磁的記録にアクセス可能となった時点」であり，たとえば，電子メールによる通知の送信の場合は，受信のためのメール・アドレスを指定していたような場合かどうかで異なる。相手方が指定した，あるいは通常用いているアドレスに送付された場合には，受信者が使用するメール・サーバー中のメールボックスに読み取り可能な状態で記録された時点である。これに対して，指定がなく，また通常受領用のアドレスとして用いられていると信じるだけの合理的な事情がない場合には，メール・サーバー中のメールボックスへの記録では足りず，相手方がそのメール・サーバーから情報を引き出した時点（内容を見ていない段階で足りる）である（「電子商取引及び情報財取引等に関する準則」（2022〔令和 4〕年 4 月）I-1-1〔契約の成立時期 1.（2）意思表示の到達時期〕参照）。複数のメール・アドレスを有し，日常使用していないアドレスが存在することは十分想定され，そのようなアドレスに宛てられたメールを日々確認することは期待できないし，取るべきリスクとは言えないからである。

(3) **到達を妨げた場合**　　Case 4-5 ③の場合，相手方 A が旅行中で長期不在だったため不在連絡票の存在も知り得ないまま留置期

間が経過したというような場合には，受領のしようがなく支配圏に置かれたとは言えず，到達したとは言えない。これに対し，居留守を使い，出張中で2週間は帰らないと家族が配達員に伝えたため返送されたような場合は，その状態では了知はできないが，本人が故意にそれを妨げており，表意者と相手方とのリスク分配のあり方として，相手方が不到達を主張するのは信義に反する。このように相手方が正当な理由なく意思表示の通知が到達することを妨げたときは，その通知は，通常到達すべきであった時に到達したものとみなされる（97条2項。法律構成として，本人に配達がされたが受取りを拒絶したという場合は，配達がされた段階でその支配領域に入った〔97条1項〕とみることもできなくはないが，了知できる状態にはないため，正当な理由のない自らの受取拒絶によって了知可能状態の作出を妨げたとして，同条2項によるのが適切であろう）。このような故意の拒絶の場合ではなく，日中留守にしていて不在連絡票が入っており，書面の内容は推測がついたが多忙のためそれ以上に何ら手段を講じなかった場合には，受取方法の指定などさしたる労力も困難もなく受領をし得たのであるから，了知可能な状態にあった，あるいは留置期間中は支配圏内に置かれたと言えなくもないが，いつの時点で到達したのかという問題が生じる。この点を考慮すると，むしろ，正当な理由なく到達を妨げたという場合に当たると考えるべきであり，その結果，通常到達すべきであった時（遅くとも留置期間満了時。最判平10・6・11民集52巻4号1034頁）に到達したものとみなされることになる。

Case 4-6————————————————————————————

　Aから，A所有の甲を50万円で売るがどうかと申入れを受けたBは，Aの手紙に提示されていた条件で購入する旨の手紙を書いて投函したが，

投函直後に事故に遭い，Ｂの手紙がＡのもとに届いた時には，Ｂは昏睡状態にあり，そこから回復することなく死亡した。

発信後の死亡・意思能力の喪失・行為能力の制限

（1）　原則　　相手方のある意思表示において，到達主義のもとでは，発信後に表意者が死亡し，あるいは意思能力を喪失し（Case 4-6），または（当該行為についての）行為能力の制限を受けた場合，到達時には，それぞれ，表意者には権利能力がなく，意思能力がなく，または，当該行為について単独で有効に意思表示をしうる立場にないことになる。このとき，意思表示はそのまま効力を生ずるのだろうか，それとも，表意者が権利能力を失っている以上無効である，意思能力がない段階のものだから無効である，あるいは制限行為能力者のした意思表示であるとして取り消しうることになるのだろうか。民法は，この場合，意思表示はそのために効力を妨げられないとする（97条3項）。したがって，発信後，死亡や意思能力喪失や行為能力の制限という事情の変更があっても，意思表示は到達すれば効力を生ずる。そのような扱いが，実際の便宜に資し，また相手方の信頼の保護につながるとの考慮による。なお，表意者の死亡の場合は相続人がその地位を承継する（896条。Case 4-6で，到達時，つまり手紙がＡのもとに届いた時にＢがすでに昏睡状態にあったとしてもＢの承諾の意思表示は効力を生じ，それによってAB間の売買契約が成立し，その後のＢの死亡によって買主たる地位はＢの相続人が承継する。これに対し，Case 4-6で，手紙，つまりＢの意思表示の到達時にＢがすでに死亡していた場合も，Ｂから発せられた承諾の意思表示は有効であり，その到達により売買契約が成立するが，その主体については，成立段階からＢの相続人が買主としての地位に立つ）。

（2）　契約の申込みについての例外　　この規律には，契約におけ

る申込みについて例外がある。申込者つまり申込みの意思表示の表意者が，そのような事実が生じたとすればその申込みは効力を生じない旨の意思を表示していたとき，または，相手方が，承諾の通知を発するまでに，死亡，意思能力の喪失（意思能力を有しない常況にある者となる場合であり，泥酔状態などの一時的な場合は含まない），（当該行為についての）行為能力の制限の事実が生じたことを知った場合には，申込みは失効する（526条）。相手方の承諾があってはじめて法律行為となる申込みの場合には，相手方に対して，死亡・意思能力喪失・行為能力制限の場合に申込みがそのまま効力をもたないことが明らかにされ，あるいは相手方が承諾の通知発信前にそれらの事実を知っていたときには，相手方としては申込みの失効を予測して然るべきであるため，申込者（死亡の場合，その相続人）が意思表示に拘束されないこととして申込者の保護を図ることとされている。なお，このときの行為能力の制限は，当該行為についてのものである。したがって，たとえば，補助開始の審判がされ補助人に同意権が付与された場合であっても，同意権の対象ではない行為についての申込みが発せられていた場合は，当該行為について表意者は行為能力の制限を受けていないため，申込みは失効しない。

| 意思表示の受領 |

（1）　相手方の受領能力　　相手方が，意思表示の受領時に，意思能力を有しなかったとき，または，未成年や成年被後見人だったときには，意思表示の効力の発生を相手方に主張することはできない（98条の2本文）。意思表示が相手方に対して効力を生じる基礎には，相手方がその内容を理解し判断できる能力を備えていることが必要であるという考え方およびそのような能力を欠く主体を保護する必要があるという考え方に基づく。対話者間・隔地者間を問わない。制限行為能力者のうち，受領能力が未成年者および成年被後見人で画されるのは，

制限行為能力者のうち被保佐人や被補助人は，一般には行為能力を有するが社会的経済的に重要な一定の法律行為について行為能力が制約されうるにとどまるから受領の能力という点では特別の保護の必要がないと考えられるのに対し，未成年者および成年被後見人は，若干の例外（5条1項ただし書，9条ただし書ほか）を除き法律行為一般につき行為能力が制限され，受領の能力の点でも保護の必要性があると考えられたためである。また，未成年者や成年被後見人が受領能力を欠くのは，行為能力の制限と対応しているから，それぞれが単独で有効に行為できる事項（未成年者につき5条1項ただし書・3項，6条，成年被後見人につき9条ただし書）については受領能力の制限は及ばない。

（2）　効果　　意思無能力者や制限行為能力者の保護の趣旨であるため，制限行為能力を理由とする取消しが制限行為能力者側にのみ認められているのと同様，その効果は，表意者が相手方に意思表示の効力を主張できないにとどまる。また，意思表示の受領・了知についても，法定代理人による支援が可能であり，到達後に，法定代理人が意思表示を知れば，意思無能力者，制限行為能力者の保護を達成しうるので，それ以降は，表意者は意思表示の効力を相手方に主張することができる（98条の2ただし書1号。意思無能力者についてはその後に後見開始の審判がされたような場合）。本人が意思能力を回復し，または行為能力の制限を受けなくなった場合に，それ以後に意思表示を知ったときも，同様である（同条ただし書2号）。したがって，表意者としては意思無能力者や未成年者のままでこれらの者に対して有効な意思表示を行うためには，法定代理人に通知をし，また，法定代理人がいない者の場合は，後見開始の審判や未成年後見人の選任を申し立てる，あるいは申立権者にそれを促すことで，法定代理人を付け，その者に通知をすることになる。

相手方のある意思表示の場合，到達時あるいは場合により発信時に効力が生ずるといっても，相手方やその所在がわからない場合には，到達・発信のさせようがない。そこで，このような場合のために，特殊な意思表示の方法が認められている。それが公示による意思表示である（98条）。

公示による意思表示は，公示送達に関する民事訴訟法の規定（民事訴訟法110条〜112条）に従い，裁判所の掲示場に掲示し，かつ，その掲示のあったことを官報に少なくとも1回掲載するという方法によって行う。官報への掲載については，裁判所は，相当と認めるときには，これに代えて，市役所，区役所，町村役場またはこれらに準じる施設の掲示場への掲示を命じることができる（民法98条2項ただし書）。なお民事訴訟法上の公示送達についてはIT化への対応が図られつつある。

公示による意思表示は，官報に最後に掲載した日から，官報への掲載に代えて掲示をしたときにはその掲示を始めた日から，2週間を経過した時に，相手方に到達したものとみなされる（同条3項本文）。ただし，表意者が相手方またはその所在を知らないことについて過失があったときには，相手方の具体的了知可能性を奪ってまで表意者を保護する理由がないので，到達の効力は生じない（同項ただし書）。

③ 法律行為の成立の判断

Case 4-7——————————————————————————

① Aは，Bに対して，A所有の甲を50万円で売るがどうかと申し入れるつもりで，「万」を落としてしまい「50円で売る」と記載した手紙をBに送付した。この手紙を受け取ったBは，Aの手紙に提示されていた条件で購入する旨の手紙を書き，Aに送付した。

②　Ａが所有し，喫茶店としている甲建物をＢに300万円で売却することをＡとＢとが合意したが，Ａは甲建物のみが対象であると考えていたのに対し，Ｂは甲建物の中のテーブルや椅子など家具調度類も対象であると考えていた。

③　ＡとＢはＡ所有のアンティーク甲の売買交渉の結果，55万円で折り合うことになった。Ａは，消費税は別と考えていたのに対し，Ｂは，消費税込みと考えていた。ＡはＢ宅に甲を発送し，また60万5000円の請求書を送付した。Ｂは55万円のはずだとして，55万円のみをＡ指定の口座に振り込んだ。Ａは，残額の5万5000円と遅延損害金の支払を求めている。

法律行為の成立における意思主義と表示主義

　複数の意思表示を構成要素とする法律行為にあっては，その成立には複数の意思表示の合致が必要である。その「合致」をどのように判断するのかについて，客観的な表示行為の合致を基準とする（法律行為の成立における）**表示主義**と，当事者の主観的意思（効果意思）の合致を基準とする（法律行為の成立における）**意思主義**という2つの対立軸がある。Case 4-7 ①では，Ａの表示行為「甲を50円で売る」に対して，Ｂの表示行為「その条件で買う」があり，各意思表示が存在し，表示行為には一致があるが，Ａの効果意思は「50万円で売る」，Ｂのそれが「50円で買う」であるときは，効果意思は一致していない。この場合，意思表示の合致があり売買契約は成立していると言えるだろうか。表示主義によれば合致があり売買契約が成立するが，どのような内容・意味で成立したのかという内容確定を経て錯誤（95条1項1号）による取消しの問題となるのに対し，意思主義によれば合致はなく売買契約は不成立となる。

　古くは，Case 4-7 ②のように売買契約の対象財産の内容・範囲

等について，また Case 4-7 ③のように「代金」に何が含まれるかについて両当事者が異なる理解をしていたときに意思表示の合致がなく契約は成立しないとした大審院判決がある（大判昭 19・6・28 民集 23 巻 387 頁）。しかし，このような考え方によれば意思表示に関する錯誤取消しの規定の存在意義は大幅に減殺されること，取引の安全を害することなどを理由に学説の批判が強い。また，現在では，正面からの判示はないけれども，（錯誤事例の処理などから）判例も意思主義を維持しているわけではないと一般に理解されている。

| 意思表示の解釈と契約の成立の判断 |

契約の成立に必要な意思表示の合致を何に即して判断するのか，客観的な表示行為か，主観的な効果意思かという問いの立て方に対して，「合致」はそれぞれの意思表示の内容を確定し，各意思表示の内容が一致しているかを判断するものだととらえることもできる。このようなとらえ方によれば，各意思表示の内容をいかに確定するかが鍵となる。意思表示の解釈と言われる問題である。意思表示の解釈については，（ア）表示行為の客観的意味による，（イ）当事者の主観的意思（当事者が付与した意味）による，（ウ）相手方ある意思表示にあっては相手方が理解すべきであった意味，ないしは，相手方が理解すべきものと表意者が期待できた意味において，内容が確定されるといった考え方がある。

3 法律行為に基づく権利義務の内容の確定

① 法律行為に基づく当事者の権利義務の構造

Case 4-8

① Ａが所有し，喫茶店としている甲建物を「家具調度込みで」Ｂに

600万円で売却することをAとBとが合意した。Aは、甲建物に、趣味で蒐集している書物数冊（珍しいもので、120万円相当で取引されている）を飾っていた。「家具調度込み」の意味について、Aは、これらの書物は喫茶店用の備品等ではないから含まれないと考えていたのに対し、Bは「家具調度込み」といえば甲建物に置かれたすべての動産を含み、これらの書物も含まれると考えていた。

② AとBは、2年間にAが採掘する鉱石をBが全量購入する契約を締結した。引渡しは毎月行い、Bが検査をし、翌月に代金を支払う約束であった。Bは、3か月めに、引取りを拒絶した。Aは、Bの受領義務違反を理由に損害の賠償を請求した。

③ ②において、AとBとの売買契約には、売主Aの債務不履行の場合に、その損害の賠償は直接の損害に限定される旨の条項が置かれていたが、買主Bの債務不履行についての定めは置かれていなかった。②においてAは、直接の損害以外の損害も含めて賠償を求めた。

狭義の解釈と補充

法律行為は、当事者の意思に従った法律効果をもたらす制度である。したがって、法律行為に基づく当事者の権利義務は、何よりもまず、法律行為の形で示された当事者の意思によって定まる。当事者が法律行為において何を決めたか、それがはっきりしない場合に法律行為の内容を明らかにし、確定する必要がある（契約条項の意味内容が問題になることが多い）。これが法律行為の解釈（狭義）である。Case 4-8①においては、当該書物が売買対象に含まれるかどうかは、AB間の売買契約における「家具調度込み」の解釈によって、判断される（なお、そうして確定した意味と異なる内容を考えていた当事者については、錯誤〔95条〕が問題となる）。

これに対し、当事者がある事項について何も決めていない場合がある。当事者があらゆる場面を想定して権利義務を明らかにしてお

くことは不可能とも言える。決めていなかった事項——ここには，全く何も決めていない場合のほか，何かを決めたようであるがその内容を確定できないために決めていないものと扱わざるをえない場合がある——が，問題として顕在化しないまま推移することはあるが，顕在化したとき，その法律行為に基づく権利義務を確立する必要がある。このときは，法律関係を「補充」することになる。狭義の解釈は「意味の確認」であり，補充は「意味の持込み」であると言われることがある。

Case 4-8 ②においては，Bの受領義務について明示の合意はないが，合意は黙示の場合もある。当事者に合意はあったか，当該当事者（A・B）としてはどのようなつもりだったかがまず，問われる。合意がなかったとすると，補充の問題となる。なお，売買契約の場合には，当事者が定めていなくとも，信義則上，売主に受領義務が認められる（最判昭46・12・16民集25巻9号1472頁参照）。

補充の基準

（1）**慣習，任意規定，信義則，条理**　法律行為の補充の客観的・類型的な基準として，慣習（92条），任意規定（91条）がある。それらがない場合にも信義則によって法律関係を「補充」することが認められている。実際，当事者が法律行為中に定めたわけではない義務が，信義則を基礎として認められることが少なくない（たとえば，鉱石売買の場合の買主の引取義務〔Case 4-8 ②〕）。また，条理が挙げられることもある（明治8年太政官布告103号「裁判事務心得」。東京地判昭25・8・10下民集1巻8号1243頁）。条理とは，契約さらに法律行為解釈の最後の基準，究極的な基準であって，対等な主体間における法の理念たる正義または公平を体現する概念だと言われるが，現在では，法律行為の解釈や法律行為に基づく法律関係の決定の基準としては信義則が一般化しており，条理が語られる場面は少ない。

これらの「補充」のうち，任意規定による「補充」は，法の適用そのものであって，法律行為の解釈の範疇ではない。信義則による権利義務の創設についても，法令による明文化に至るまでの過渡的なものもある（労働契約における安全配慮義務は，信義則を基礎として認められ，その後労働契約法5条に明文が置かれるに至っている）ことに現れているように，法律行為に基づく権利義務の確定ではあるが，性質としては，法律行為の解釈というより，信義則という包括的・一般的な規律の適用と言える。条理によるときもまた，法の一般原則の適用である。

(2) 当事者の仮定的意思　　慣習，任意規定という客観的・類型的な基準に対して，方式を要しない法律行為，特に契約にあっては，より契約当事者に即した，あるいは契約当事者の意思に近似する内容がわかるときは，補充をそれによるべきであるという考え方がある（これに対し，遺言など方式を要するものについては，仮定的意思を探究するのは，方式外に意思表示を見出すことにもなりかねない懸念がある）。契約の補充の場合には，契約の目的に照らして判断すべきであると言われたり，当事者は問題となった事項について決めていなかったが，もしその事項もとりあげなければならないとしたらどのような合意をしたかが明らかになるときはそれによるべきであると言われる（Case 4-8 ③において，当事者 AB は，買主 B の不履行による場合を特に考えていなかったが，受領義務違反のような代金債務以外の買主 B の義務の不履行の場合について，仮に当事者が念頭に置いていたなら，買主 B の債務不履行についても，売主 A の場合と同様の扱いとしただろうと判断されるときは，買主 B の債務不履行について損害の賠償は直接の損害に限定されるとする，など）。客観的・類型的な基準に対して，より当事者の個別事情に即した権利義務が明らかになるときは，当該当事者に即した権利義務が内容とされるべきだという

考え方を基礎としている。さらに言えば，客観的・類型的な基準も当事者がそれを——ひいては，民法が用意しているそれらが組み込まれた契約制度を——前提としているからこそ効力を認められると考えられ，結局，**当事者の意思こそが補充においても基底をなしている**と考えられる。このような補充は，契約目的に照らした補充，当事者の黙示の意思，当事者の合理的意思，当事者の仮定的意思（合意）などの枠組みで語られる。私的自治や契約自由の考え方が根底にあるが，その発見には恣意性が入る余地もあることとあいまって，そのような仮定的な当事者の意思に依拠して法律関係を決定することの評価やそれを認める範囲については見解が分かれる。なお，信義則は，より一般性をもった義務の創設として作用することもあるが，個別事情を汲んだ当該当事者の権利義務関係としてふさわしい関係を導く作用もある。

「解釈」の名のもとの修正

強行規定（「公の秩序に関する規定」，91条参照）と異なる法律行為や，公の秩序・善良の風俗に反する法律行為は，効力を認められない（90条）。この場合には，当事者の意思，当事者の決めた内容は法的効力をもたない。法律行為全体が無効にならないとき（一部無効）は，必要に応じて補充が行われる。この場合の補充は，**当事者の法律行為の修正の機能**を果たす。

これに対し，裁判所が「契約の解釈」の名のもとに，機能的には契約の修正を行っている場合があることが指摘されている。実質的な修正の方法として，「例文解釈」の手法がある。これは，不動産賃貸借契約等において予め用意された定型的な条項について，「例文」（通例の文）であって当事者はそれに拘束される意思がないことを理由に，その拘束力を否定する手法である。「例文解釈」の手法の性質については，市販の契約書等のどこまでが当事者の意思を

明らかにしたものかという観点からの範囲画定の作業であったり，当事者の合理的意思を理由とした読み替え・解釈であったり，端的に条項を無効とするものであるなど，様々な位置づけがあるが，裁判所による内容規制の実質を有し，実際，そうして排除された条項は，その後，強行規定が設けられ，それに反する内容であるものも少なくない。

　また，契約条項の意味が曖昧であったり，多義的であったりする場合に，当事者の「通常の意思」や当事者の「合理的意思」として，内容を確定することがある。その場合，当事者の意思であると考えるのが合理的であるという，当事者の意思の認定にとどまるものもあれば，当事者の意思というよりも，あるべき規範を「合理的意思」の名のもとに明らかにしていると見られるものもある。後者は「隠れた内容規制」と呼ばれる（規制の根拠・正当化の問題や，当該事案限りの判断として示されることの問題などがある）。

②　法律行為の解釈（狭義）

当事者の意思探究と法律行為の種類に応じた解釈

　法律行為の解釈（狭義）は，当事者が行った法律行為の意味を確定する作業である。そして，法律行為は当事者の意思を実現する制度であるから，法律行為の解釈は，法律行為という形で示された当事者の意思を探究し，それを明らかにすることが第一となる。あくまで法律行為・意思表示の形で示された当事者の意思の探究であって，意思表示を離れた内心の意思が探究対象となるわけではない。また，当事者の意思の探究といっても，法律行為の種類によって，方法や観点が異なる。

　契約の場合には当事者が複数あり，各当事者が異なる意思や理解で意思表示をしていた場合がありうるため，そのときの「意思」探

究をどのように行うのかが問題となる。

　また，遺言の場合は，当事者が1人であるという点で，契約のような複数の当事者の「意思」をどのように判断するのかという問題はないが，遺言の効力が生じ，あるいはその効力や内容が問題となるときには遺言者は死亡している（やり直しができないという事情があり，この事情からなるべく有効となるように解釈すべきだとも言われる。公共団体への遺贈に関する最判平5・1・19民集47巻1号1頁）。遺言には方式が要求されており，要式を履践しない意思には効力が与えられない。したがって，遺言書の外で意思表示をしていたとしても，遺言書に表れていない限りは，遺言者の真意だとしてそれに効力を与えることはできない。**遺言の解釈**については，遺言書の特定の条項についてその文言から形式的に判断したり，その条項だけを取り出して解釈するのではなく，遺言書の全記載との関連，遺言書作成当時の事情，遺言者の置かれていた状況などを考慮して遺言者の真意を探究し当該条項の趣旨を確定すべきだとされている（最判昭58・3・18家月36巻3号143頁。遺産の承継関係につき，「相続させる」旨の条項の法的性質に関し，被相続人の遺産の承継関係に関する遺言については，遺言書において表明されている遺言者の意思を尊重して合理的にその趣旨を解釈すべきとする最判平3・4・19民集45巻4号477頁や前掲最判平5・1・19も参照）。

　なお，取消し，解除，相殺などの単独行為においても，その解釈が問題となりうる（たとえば，相殺の対象など）。遺言と異なり，相手方のある単独行為である点で，相手方の理解への配慮が必要となる。もっとも，これらは，定型性が高く，換言すれば表意者の内容形成の自由度が低いために，その解釈が問題となることは少ない。

　一般社団法人の設立のような合同行為については，組織・団体として対外的な活動をすることになるため，客観的な解釈を行う必要

があると指摘されている。

Case 4-9
　ＡとＢとの間で,「１０万ドル」で甲を売買するという契約が締結された。

　①　ＡとＢとの間では，常日頃「円」といわず「ドル」と言っており，この場合も常と同様「ドル」という表現をしただけだった。

　②　ＡとＢはいずれも「１０万円」のつもりだったが，「１０万ドル」と表記してしまいどちらもそのミスに気づかなかった。

　③　Ａはカナダドルを考えており，Ｂは香港ドルを考えていた。

契約の解釈（狭義）

　(1)　**狭義の契約の解釈の意義**　　契約の解釈（狭義の解釈）は，契約の意味内容を明らかにすることであり，契約に示された当事者の意思を明らかにする作業である。契約ないし意思表示は，文書によってされるとは限らない（保証契約などの例外はあるものの，一般に，遺言のような要式〔書面〕は要求されない〔522条２項〕）。口頭の合意による場合でも，（意思）表示（行為）として文言化される以上は，その文言の解釈という問題になる（厳密には，身振り手振りという言「動」によるときもあり，正確には，表示行為の解釈ということになるが，以下では，文言化されている場合を考える）。

　(2)　**字義と当事者の意思**　　その際，字義──その表現の通常の意味，一般的・客観的な意味──は，重要であり，特に書面化され文言が専門家によって吟味され選択されているときは，字義が決定的な意味をもち，字義と異なる意味で解釈することを正当化するような特別な事情がない限り，それが当事者の意思を示すものとして尊重される（訴訟上の和解の場合につき，最判昭44・7・10民集23巻

8号1450頁）。しかし，起草において十分な配慮なく文言が選択された場合もある。また，当事者によっては特有の意味を当該文言にもたせていることもある（両当事者が取引で用いている慣用語〔隠語・業界用語〕など）。このような場合は，両当事者が一致して理解していた意味で，契約の内容が確定される（「字義に拘泥せず真意を探究すべし」）。両当事者が特有の語を用いていたときは，両当事者の一致した理解においてその語が使われているわけである（Case 4-9①）。これに対し，両当事者が文言の選択を誤った場合には，誤った表現ではあるが，両当事者の意思は別の意味内容で一致している以上は，その意思による（「誤表は害さず」という格言が妥当する。Case 4-9②）。Case 4-9②の場合，一般的・客観的な意味（そして当事者にとっても通常の意味）は「10万ドル（米ドル）」であるが，当事者の共通の意思・理解は「10万円」であるから，契約内容は「10万円」となる。

　(3)　**主観的解釈**　　このように，当事者の共通の（一致した）意思・理解に従った解釈を主観的解釈と呼ぶことがある。

　当事者が共通の意思を有し，一致した理解をしているときには，そもそも，「10万ドル」と表現されていても，当事者間では「10万円」であるのだから争いが生じないようにも思える。あえて主観的解釈を語る意味などなさそうに思えるかもしれない。しかし，その場合も契約締結時において「10万円」のつもりであったのに，その後「10万ドル」という表現となっていることをとらえて，「10万ドル」の契約だと主張する行動（機会主義的な行動）を排除する意味がある。また，そのような機会主義的な行動でなくとも，たとえば，その後，一方当事者の契約上の地位が第三者に承継され，契約時の事情を知らない第三者が契約当事者として登場するような場合には争いが生じる可能性がある。

（4）　規範的解釈　　ある表現のもとでの両当事者の理解が一致しておらず，異なる意味を考えていた場合に，どのような意味で内容を確定するかという問題がある（Case 4-9 ③）。主観的解釈に対して，規範的解釈と呼ばれることがある。

　規範的解釈の場面においては，両当事者のそれぞれが理解した意味を基準としていずれが妥当するのが合理的かを問い，いずれが妥当するかを決められないときは，確定不能ゆえに効力が否定されるとする見解（Case 4-9 ③では，カナダドルか，香港ドルか）と，その場面においては，表示の（取引通念上の）一般的・客観的な意味（Case 4-9 ③では，当事者の属する取引社会等にもよるが，一般には，米ドルとなろう）により，それと異なる理解をしていた当事者について錯誤の問題となるとする見解とが，対立軸として語られる。前者は，当事者のいずれの理解とも異なる意味で契約内容が定まることが契約という制度と矛盾するという考え方を基礎とするのに対し，後者は，当事者の共通の一致した理解がない以上は，客観的な意味によるべきであるとする。もっとも，前者においていずれが合理的かを問う際には，その文言が通常どのような意味で用いられるかが重要な考慮要素となるし，また，後者において客観的な意味を確定するにあたっては，単に文言を抽象的に取り出して内容を定めるのではなく，当該表示がされた事情，当事者の契約締結に至る過程，さらには当事者の契約締結後の言動を踏まえて，その文言が通常どのような意味で理解されるかを問うため，当事者の事情を離れて一般的な意味が与えられるわけではないから，両者の実際の違いはそう大きくはない（なお，2017 年の債権法改正の検討過程では，当該両当事者を基準としつつ，合理的に理解すべきであった意味で確定するという規定が提案されていた）。

（5）　考慮要素　　主観的解釈，規範的解釈を通じて，当事者の

意思の探究においては，当該事情のもとで当事者（一方ではなく両当事者）が達成しようとした経済的・社会的目的が重要な意味をもつ。また，考慮要素は，問題となる文言や条項，それを含めた表示行為の全体といった，表示行為そのものに限らず，関連する事情が参酌される。具体的には，契約締結前の事情からうかがわれる関係者の認識，契約締結の交渉過程，契約締結後の事情・契約締結後の両当事者の言動といった諸事情が考慮される（公有地信託契約に関する最判平23・11・17判時2136号30頁参照）。また，慣習や任意規定，信義則，条理もまた，考慮要素となる（信義則につき，最判昭32・7・5民集11巻7号1193頁）。

Case 4-10————————————————

A市の図書館建設工事を，BとCの企業連合が落札し，AとBC企業連合との間で請負契約が締結された。A市が用意した工事請負約款には，請負人（BC企業連合または構成企業）において談合の事実が判明したときは，各構成企業は請負金額の倍額を違約金として支払う旨の条項が置かれていた。その後，BとCとが談合に関わったとして，公正取引委員会から摘発された。Bは事実を認めたが，Cは争っている。Aは，Cに違約金の支払を求めた。

————————————————

具体的・個別的な解釈
の準則

（1）　判例に現れた条項解釈準則　　契約（特に契約書）の条項については，いくつかの解釈の手がかりが判例において示されている。たとえば，自動車保険約款中の被保険者の範囲と免責条項の2箇所に登場する「配偶者」が法律上の配偶者だけではなく内縁の者を含むかに関して，それぞれの条項の趣旨を明らかにしたうえで，同一の約款の同一の章において使用される文言は，特段の事情のな

い限り，その章を通じて統一的に整合性をもって解釈するのが合理的であるとされた（最判平7・11・10民集49巻9号2918頁）。統一的・整合的解釈を示すものと言える。また，その条項の趣旨や目的を探究して意味を確定する解釈はしばしば見られる。このほか，特定の条項が問題になるときその条項のみを取り出すのではなく，他の条項との関連や契約書全体との関連で意味や趣旨を明らかにすることや（「全体解釈」），特定の条項の意味につき複数の解釈可能性があるが，ある解釈可能性によればその条項を置く意味がなく（無用の条項）他の解釈可能性によればその条項を置く意味がある（特定の効果を生じさせる）ときは後者の意味で解釈すること（「有用有益解釈」）などである。旧民法には，条項の解釈について複数の指針が置かれていたが（旧民法財産編357条～360条），現行法（明治民法）においてはいずれも削除されている。条項の解釈に関するこれらの準則は，ルールというより，解釈者に対する指針であり，常に妥当するというものでもない。

　(2)　不明確解釈準則　　複数の解釈可能性があり，その間で決することができないときの最後の決定基準として，不明確解釈準則がある。これは，たとえば，契約書中の「A，B」という文言が，「AおよびB」であるのか「AまたはB」であるのか，両方の解釈可能性があり，他の条項との関係や契約をとりまく状況などからしても，絞り込めない場合に，一方の意味で決定することによって，当該条項が内容確定不能ゆえに無効となることを防ぐ解釈準則である。決定基準は，国や法域により様々であるが（旧民法財産編360条1項は，フランス法にならい債務者有利の解釈を示していた），現在では，2つの場面で説かれることが多い。第1は，約款（ないしは定型約款）が用いられるときに約款準備者に不利な意味を基準として確定するというものであり（Case 4-10において，各構成企業に違約金支払義務を生

じさせる「構成企業」の談合の事実が判明したときとは，当該各構成企業が談合に関わったことを言うのか，それともBとCのいずれかでも談合に関わったことを言うのかについては，当該条項の趣旨が何か等を経て判断がされるが，なおいずれの意味かを確定できないときは，約款を作成し準備したAに不利な意味で，内容が確定される），第2は，消費者契約（事業者と消費者との間の契約）において事業者に不利な意味を基準として確定するというものである。いずれの場面も，当該文言の採用につきその起草を一方当事者（側）が担っており，他方当事者には文言選択の自由（あるいは内容形成の自由）がないという事情が類型的に存在し，この観点から，多義的で確定できない文言の使用についての責任を一方当事者（約款の準備者や事業者）に負担させることで，条項の無効化を防ぐというものである。裁判例においては，条項解釈の中で，この考え方によっているとみられるものや，合理的意思解釈の名のもとでこの考慮を取りいれているとみられるものがある（最判平26・12・19判時2247号27頁等）。

③ 任意規定（91条）

Case 4-11

　AB間でA所有建物の賃貸借契約が締結された。その際，使用収益に必要な修繕は賃借人Bが行うことが取り決められた。窓のガラスの交換・補修が必要になり，BはAに交換・補修を求めた。

> **任意規定とは**

　賃貸借契約について，606条1項は，賃貸人が賃借物の使用・収益に必要な修繕をする義務を負うと定めている。Case 4-11のAB間の合意は606条1項と異なる合意である。606条1項と異なる合意が606条1項に優先するかどうかは，606条1項の規定が，そのような別段の当事者

の意思を優先する趣旨であるかどうかによる。当事者の別段の意思を優先する趣旨である場合，その規定を任意規定という（「公の秩序に関しない規定」，91条。当事者が別段の定めをしなければその規定が適用され，別段の定めがあれば適用が排除されることから，「初期設定」という意味を持ち，「デフォルト・ルール」と呼ばれることがある〔余談だが，「デフォルト」には不履行という意味もあるので注意〕）。これに対し，別段の当事者の意思を認めない趣旨の規定を強行規定という（「公の秩序に関」する規定）。ある規定が，任意規定であるかどうかは，規定の文言上明らかであるものもあれば（たとえば，484条1項「別段の意思表示がないときは」），606条1項のように規定の解釈によるものもある。

　法律行為という制度が，当事者が自ら決めたことを尊重し，実現する制度であることからすれば，法律行為の内容として当事者の権利義務を定める規定は，任意規定であるものが多い（特に契約各則の規定）。

```
任意規定の存在意義
```
（1）　補充と解釈指針　　任意規定の存在意義については，当事者が定めなかった事項について，法律関係を補充する意味がある。また，当事者が定めた事項についても，その意味に疑義があるときに解釈の手がかりとなる。

　（2）　当事者の契約内容形成のサポート　　任意規定の存在意義は，法律行為一般ではなく，契約について典型契約規定の意義として特に論じられている。契約の場合には契約内容について当事者が決める幅が広いためであろう。典型契約規定については，多数の当事者が合意するであろう内容を示すことで上記の2点（補充，解釈の手がかりの提供）は，契約を締結しようとする当事者にとって省力化となる（任意規定が適用されるものとして合意には書かなくてよいとか，任

意規定の存在を前提に，それ以上に用語の意味について特定しなくてよいなど）。そのほか，契約を締結しようとする当事者に，法的な問題の所在についてのカタログを提供し，合意のための出発点を示す意味がある。人の知見が限られていることからすれば，契約をしようとするときにどのような事項について考慮する必要があるかを示すこのようなカタログの存在の意義はあなどりがたい（「売買契約の条項を起草せよ」と指示されたときを想起してみてほしい）。

（3）**正義・理性の体現**　　任意規定には，このような当事者の法律行為活動・契約締結行為をサポートする機能のほか，**正義や理性の体現**という意味もある。任意規定は，一般に，歴史に裏打ちされ，取引社会において合理的な内容として（多くの場合，契約であれば対等な当事者が交渉をして合意をしたならどのような内容とするかをもとに）形成された規律である。そのため，当事者間の対等性が失われ，一方的に内容が決定される約款や消費者契約などの場合に，任意規定から離れ作成者（あるいは準備者）側に有利となっている条項については，任意規定からの乖離に合理的な理由・事情が求められ（一方的に有利になっているわけではないなど），乖離に合理的な裏付けがないときは，任意規定からの逸脱は認められない（無効であり，その結果，別段の合意がないものとなって，任意規定が適用される）。**任意規定の指導機能・秩序付け機能**と呼ばれたり，自由な逸脱を許さず合理的な理由の存在を要求することになる点で典型的な任意規定概念から強行規定概念に近づくことから「**半強行規定化**」と呼ばれる。

◆**任意規定の指導機能**　　消費者契約の条項で消費者の利益を一方的に害するものを無効と定める消費者契約法 10 条は，その前半部分において，「法令中の公の秩序に関しない規定の適用による場合に比して」消費者の権利を制限し，または義務を加重する消費者契約の条項

であることを第1要件としている。これは任意規定を基準としてそれから消費者に不利な方向にはずれる条項が問題視されることを示しており，任意規定の指導機能の一端を表すものといえる（なお，明文の任意規定の存在しない場合に消費者契約法10条が発動しないわけではない。最判平23・7・15民集65巻5号2269頁は明文の規定のみならず，一般的な法理等も含まれるとする。わかりにくいのだが，同条の冒頭に特定の条理が例示されているのは，この判例の内容を明文化する趣旨である）。また，定型約款に関する民法548条の2第2項も，相手方の権利の制限や義務の加重が当該条項によってなされているかの判断は，当該条項がなかったときのデフォルト（初期設定）の状態を比較の基準とすることになるから，任意規定が同様の役割を果たすことになる。

とはいえ，このような任意規定の意義に関しては，「特定の歴史状況下における関係者間の利益状況を調整するための妥協の産物」であり，「現代の変化した経済状況のもとでなにゆえに契約正義の指針となりうるのかという観点から」の「根本的疑問」もある。

（4）　その他の機能　　また任意規定には，通常の（多数の）当事者の意思の体現のほか，情報を引き出すための強制やペナルティの機能から説明される規律もあり，その意義・機能は多面的であることにも留意しておこう。

4 　慣　習

慣習の意義　　慣習とは，制定法とは別に，社会において実際に行われているルールを言う。

制定法のほか，慣習も，法律行為当事者の法律関係を規律する。その働き方は，当事者が法律行為をするにあたり慣習を前提にしていることが少なくないため，当事者が用いた言葉の意味の解釈にあたって慣習が参酌されたり〔〔狭義の〕解釈の標準〕，当事者が対象としなかった事項について慣習が妥当し，規律する（補充の標準）。前

者については，たとえば，売買契約において，当事者が売買の目的物を「塩釜レール入」で引き渡すことを合意したときに，「塩釜レール入」の意味について，目的物の引渡しと代金の支払が同時履行ではなく，売主の塩釜駅への送付が先履行であるというのが慣習であったような場合，「塩釜レール入」の意味がその慣習に従って確定される。両当事者としては，慣習を前提として行動していると想定され，「塩釜レール入」という文言を用いたとき，通常は，慣習に則してその意味を考えていたと想定されるからである（大判大10・6・2民録27輯1038頁参照）。ただし，当事者の意思の認定の問題であるから，慣習はあくまで参酌事情の1つにとどまり，それとは異なる内容の合意であったことが契約締結時の事情等から明らかになるときは，慣習とは異なる意味で解釈されることになる。92条との関係では，慣習のこのような2つの意義（解釈の標準，補充の標準）を92条が定めているというのが判例であるが，前者は法律行為の解釈の問題であり，92条の主眼は任意規定との適用関係にある。

任意規定と慣習の関係
（92条）

問題となるのは，制定法がある場合に，制定法と慣習の内容が異なるとき，いずれによるのかである。制定法には強行規定と任意規定があるが，強行規定であれば強行規定が優先するのは当然である。これに対し，任意規定については複数の考え方がある。特に，民法典の制定された明治期には，封建制を廃して統一的な国家法の策定が重要であり，制定法による統一的なルールが設けられながら慣習による地域ごとのルールが優先するのでは，この狙いを減殺することになりかねないという面があった。また，当時参照された外国法の状況（ドイツ民法典第一次草案が慣習を否定）の影響や評価の問題もあった。しかし，法律行為については，当事者の意思が優先

するのであり，そもそも個別性があるし，当事者にとっては制定法よりも慣習の方がより当該当事者の具体的事情に即した規律であり，それを前提とすることが少なくないから，むしろ，慣習優先が当然であるとも考えられる。

　92条は，任意規定と慣習との間でその適用の優先関係について，「当事者がその慣習による意思を有しているものと認められるとき」は慣習に従うとして，両見解の調整を図っている。法律行為中に当事者が慣習によることを定めているときは，91条によって当事者の意思（すなわち慣習）が優先するから，92条の「当事者がその慣習による意思を有しているものと認められるとき」というのは，当事者がその慣習を知らないとか（この場合には，そもそも法律行為当事者にとって妥当する「慣習」と言えるか自体が問題である），その慣習を知りながら特に反対の意思を表示したときでない限りは，慣習による意思を有しているものと推定される（大判大3・10・27民録20輯818頁等，前掲大判大10・6・2。これに対し，任意規定が，法令として，その内容の正当性を——時代遅れなどのことはあっても——担保されているのに対し，慣習は，一部の地域や社会において事実上ルールとして行われているという性格上，不合理な内容のものである場合もあり，内容の正当性の担保が低い。そのため，当然に慣習が妥当すると解するべきではないとも説かれている）。

　任意規定がない場合や，任意規定と慣習が同内容である場合には，慣習の内容に従った法律関係となる。当事者が異なる意思（当該慣習や任意規定を排除する意思，あるいは端的に異なる内容の意思）を有していたときに，当事者の意思が優先することは変わりがない。

法適用通則法3条との関係

　92条については，法の適用に関する通則法3条（旧・法例2条）との関係をどう説明するかについて相当の議論の展開がある

（説明の仕方の問題であって，有意な帰結の違いをもたらすわけではない）。法適用通則法3条は，慣習の効力について，①当該慣習が公序良俗に反しないこと，かつ，②当該慣習が（ア）法令の規定により認められたもの，または（イ）法令に規定されていない事項に関するものであることのいずれかであるときに限り，当該慣習が法律と同一の効力を有すると定めている。したがって，法適用通則法によれば任意規定があるときにそれと異なる慣習は②（ア）に該当する場合以外は認められないことになる。

　両者を矛盾なく説明するために，両者の「慣習」の意味が異なる（法適用通則法は法的確信に至った慣習法を，民法92条は法的確信に至らない事実たる慣習を指す）とする見解などが示されたが，なお矛盾がある（法的確信に至らない方が強い効力を認められるなど）。現在でも，見解の一致はみていないが，①法適用通則法3条に対し，民法92条は法律行為についての特則・特別法である，②法適用通則法3条の「法令」の1つが民法92条である，③民法92条は法令に規定のある事項に関する慣習を，法適用通則法3条は法令に規定のない事項に関する慣習を扱う（法令に規定のある事項に関する慣習は当事者のそれによる意思の存在が必要だが，法令に規定のない事項に関する慣習は当事者のそれによる意思の存在を問わず適用される），などの見解が示されている。

第 5 章

法律行為の効力の発生・消滅
——条件・期限

法律行為が成立するとその効果が発生する。当事者の
意思として，将来の不確定な事項を考慮してそれを織り
込む形にしたいとか，その効果の発生を一定の時期以降
にしたいとか，効果の存続を一定の時期までにしたいと
いう場合がある。これに応え法律行為の効力の発生や消
滅を一定の事象の成否や時期にかからしめることを可能
とするのが条件や期限の制度である。本章では，このよ
うな条件および期限の制度についてその規律を見よう。

① 条件・期限の意義総論

Case 5-1————————————————————————

① Ａは，事業規模が一定以上になったときは，Ａの要請に応じて，
300万円を融資するという約束をＢから取り付け，書面にし，それぞれ
が署名捺印をした。Ａは，所定の事業規模に達し，資金の必要が生じたと
して，Ｂに300万円の融資の実行を求めた。

② Ａは，事業資金300万円をＢから借り受けた。その際，事業が立
ちゆくようになったら返済することが約された。

　　　　　　　　　　　　　　（1）　法律行為の効力の発生・消滅と条件・
　法律行為の付款　　　期限　　法律行為は成立すればそのまま効
力を生ずるのが原則である。ただし，法律行為が当事者の意思の実
現のための制度である以上，効力の発生（あるいは消滅）について
も当事者の意思によって左右することができる。条件および期限の
制度は，これを可能にする。すなわち，当事者は，法律行為の効力

の発生・消滅を一定の事由にかからしめることができる。この一定の事由に該当するのが条件および期限である。

Case 5-1 ①の事業規模の達成のようにその事由の発生が不確実なものが条件，発生が確実なものが期限である。通常は，いずれに該当するかは明確であろうが，多義的な場合もある。その場合にいずれであるかは，法律行為の解釈による。たとえば，Case 5-1 ②のように，金銭を用立て，出世したら，あるいは事業が立ちゆくようになったら返済するという出世払い契約の場合，これが金銭消費貸借の貸金債務の履行に関する約定ととらえると，出世するという発生不確実な事由にその履行をかからしめている（したがって，出世の見込みがなくなったときは，履行期は到来しないことはもちろん返済債務はなくなり，贈与の性格をもつ）なら条件である。これに対し，あくまで貸付けであって返済は行うが，出世するか，または出世の見込みがなくなったならそのときに返済するというのが，法律行為の内容なら，不確定期限となる（大判大 4・3・24 民録 21 輯 439 頁，東京高判平 12・3・29 判時 1705 号 62 頁参照）。

(2) **法律行為の履行と条件・期限**　条件・期限は，法律行為の効力の発生・消滅だけではなく，**法律行為の履行**（特に債権債務の履行）についても付すことができる。Case 5-1 ②は，債務の履行に付された例である。民法典の規定は，これらを網羅せず，重要なもののみを掲げている。掲げられていないもの（たとえば，法律行為の履行を条件にかからしめることなど）が許容されないという含意はない。また，契約から生じる中核的な債務の履行と契約の終了事由とは重なることもある（たとえば，無償である物を借りる契約〔使用貸借〕をしたとき，その物が借主に渡されると，その後，借主はその物を返還する債務を負うが，その物を返還する債務が具体化するのは，結局，借りる契約が終わるときである。使用貸借の場合，目的物が交付さ

れた後のその返還義務と使用貸借契約の終了について，2017年改正前民法597条は借用物返還債務の履行の時期という観点から定め，2017年改正後民法は，使用貸借の定義的規定でもある593条において返還債務が盛り込まれたことと相まって，597条は使用貸借の終了という観点から定めている）。

(3) **法律行為の付款**　条件・期限は，付加的なものであり，法律行為の付款と呼ばれることがある。

図表5-1　条件・期限の各種と民法の規定

	条　件	期　限
法律行為の効力の発生	停止条件（127条1項）	
法律行為の効力の消滅	解除条件（127条2項）	終期（135条2項）
法律行為の履行の開始		始期（135条1項）
法律行為の履行の終了		

法定の条件・期限

民法の規定する条件・期限は，意思表示の内容の一部であり，法律行為上のものであるが，条件・期限の概念には汎用性がある。法律の規定によって効果が生じたり，失われたりする場合についても，停止条件，解除条件，始期，終期の概念が用いられる（587条の2第3項など。また，解釈上の例として，条件につき，胎児の法律関係⇒**第1章3**②）。ただし，法定の条件の場合に，（意思表示による）条件に関する規律のすべてが妥当するわけではない（農地の所有権の移転につき知事の許可等を要する場合は，法定の停止条件付きとされ，128条の類推適用は認められうる〔最判昭39・10・30民集18巻8号1837頁〕。しかし，130条1項の類推適用は否定された〔最判昭36・5・26民集15巻5号1404頁〕）。

② 条　件

① 　Ａは，Ｂから，Ｐ大学の法学研究科に進学する場合には入学費用を
贈与すると言われ，受諾した。

② 　Ａは，Ｂから，就職し生活が立ちゆくようになるまでは生活費とし
て月々15万円を贈与すると言われ，受諾した。

条件の意義

　　　　　　　　　　　　条件とは，法律行為の効力を，その発生が
　　　　　　　　　　　　不確実な事実にかからしめる旨の意思表示
（法律行為の一部であり，契約であれば特約）である。その事実自体も
「条件」と呼ばれる。その事実が発生したことを条件の成就という。
条件が成就すると法律行為の効力が発生する場合を「停止条件」
（Case 5-2 ①。いわば，それまでは効力が「停止」しているというイメ
ージである），条件が成就すると法律行為の効力が失われる場合を
「解除条件」（Case 5-2 ②）という（127条）。条件の成就による効力
の発生や消滅という効果が生ずる時期についても当事者が定めるこ
とができる。当事者が条件成就の時点以前に遡及すると定めないか
ぎりは，条件が成就した時から効力の発生・消滅の効果が，生じる
（同条3項）。

　条件に相手方の行為が含まれるような場合には，条件であるのか
反対給付であるのかが問題となることがある。一緒に行くなら5万
円を払うという場合，そのような事態になったときは5万円を支払
うというのであれば，一緒に行くという行為は5万円の贈与契約の
停止条件と見ることができるのに対し，一緒に行くことを依頼しそ
れに対して5万円を払うというのであれば，5万円の支払は役務提
供に対する対価であって一緒に行くというのは5万円の支払の反対

給付である。両者の区別はその行為が義務づけられているのかどう
か，債務となっているのかどうかにかかるが，その判断は最終的に
は法律行為の解釈に帰着する。

　条件が付されると法律行為の効力は不安定になるため，そのよう
な不安定化が認められない場合もある（条件に親しまない行為）。法律
行為自由の限界付けの１つである。明文が置かれているものもある
（手形行為につき手形法１条２号，12条１項，相殺につき民法506条１
項後段等）。明文がなくとも，一般に，婚姻，離婚，養子縁組など
の身分行為については，身分関係・秩序を不安定にすることは許さ
れず，条件になじまないと解されている。また，取消し，追認，解
除など，相手方のある単独行為については，そもそも一方的な意思
表示によって相手方の地位を左右するものであるため，それを不安
定にすることは認められないと考えられている（ただし，「一定期間
内に履行がされなかったときは解除する」といった意思表示は有効であ
る）。

既成条件，不能条件，
随意条件，不法条件

　（1）　既成条件　　条件たる事実は成否未
定であるから，その成否が将来にかかる事
実たることが想定される。では，すでに成
否の確定した事実を「条件」としたらどうだろう（厳密には概念矛
盾である）。当事者は，成否未定と考えてその事実を条件としたが，
実はすでに成否が確定していたという場合である（「既成条件」とい
う）。この場合，成否が確定している以上，その法律行為は，「条
件」が成就していたなら，停止条件のときは法律行為は無条件のも
のと，解除条件のときは法律行為は効力のないものと扱われ，「条
件」の不成就が確定していたなら，停止条件のときは法律行為は効
力のないものと，解除条件のときは法律行為は無条件のものと扱わ
れる（131条１項・２項）。ただし，当事者が「条件」の成否を知ら

ない間は，条件の成否の未定の間の規律（条件成就の利益の侵害の禁止，条件付権利の処分）が及ぶ（131条3項，128条，129条）。131条の意義は3項にある。当事者が条件に係る事実の成否を知らない間は，当事者の認識においては成否未定と同様の状態であり，条件付法律行為と扱うことが当事者の意思にかなうという考え方に基づく。

　なお，ある事実が判明したことを条件とすることもできる（たとえば，簿外債務の存在が明らかになったときは失効する等）。このとき条件にかからしめられているのは，「ある事実」の成否（簿外債務の有無）ではなく，その判明という事実の成否である。したがって，条件は，将来の不確実さに対応する制度であるとともに，法律行為の前提となる事実の存否や認識の不確実さに対応する制度ともなる。

　(2)　不能条件　　その実現が不可能な事実を条件としたとき（不能条件），法律行為は，停止条件の場合は無効となり，解除条件の場合は無条件となる（133条）。不能となる時期について，法律行為の時点ですでに不能であるなら不成就の確定した既成条件と状況は同様であるが，ここでの不能は法律行為の時点に限定されない（法律行為後の不能の場合もある。また，起草者によると，法律行為の時点では不能であったが技術の進展により可能となった場合は不能条件ではなくなるという）。不能の条件については，128条，129条は準用されていない。当事者が成否の確定を知らないという事態は生じないためという理由による。もっとも，「Aがテニス大会で優勝したときは，Aの出身校に金銭を贈与する」という合意がされた場合に，Aが試合前に事故で死亡したとする。このときは，不成就が確定した停止条件とみることができるが，不能の停止条件とみることもでき，後者の場合に当事者が不能となったことを知らないという事態もあり得よう。

　(3)　随意条件　　「気が向いたら10万円をあげよう」というよ

うに，純粋に債務者の意思だけに法律行為の効力の発生がかからしめられているときには（純粋随意条件），その法律行為に基づく債務を負担する真摯な意思が認められないと考えられるため，そのような法律行為には効力が認められない（134条）。これに対し，債権者の意思だけにかからしめられているときには（たとえば，「あなたが求めるときに10万円をさしあげましょう」という約束とその了承），その効力を否定されない。134条が停止条件付法律行為のみを問題視し，解除条件付法律行為を対象としていないのは，債務者の死亡によってもはや債務者が随意に決する可能性がなくなり解除条件が成就せず法律行為の効力が確定する（いったんは有効として法律関係が認められる点に停止条件の場合との違いがある）から，解除条件についてはあえて禁止するまでのことはないと考えられたためである（ただし，この理由付けでは債務者が法人であるような場合には問題があろう）。

（4）**不法条件**　不法の条件や不法な行為をしないことを条件とする法律行為は無効である（132条。たとえば，Qを脅してきたら5万円を払うとか，食品に針を入れないならば5万円を払うなど）。90条を体現する一場面といえる。

Case 5-3―――――――――――――――――――――――――――――――――

　Aは，BにAの所有する土地甲の売却先を探してくれるよう依頼し，Bの仲介により，Bが探してきた者とAとの間で売買契約の締結に至ったときは，仲介手数料を支払うことを約した。Bは，買主候補としてCを見つけて，交渉が進められ，契約条項もほぼ固まったが，代金額が折り合わず，AとCとの間で売買契約の締結には至らなかった。Aは，Bとの間の仲介契約を解除した。その後，AはCと直接交渉をし，代金額も折

り合って，AとCとの間で甲の売買契約が締結された。

条件の成否未定の間の
法律関係

(1) 処分，保存，相続　　期限はその到来が確実なのに対し，条件はそうではない。

そのため，条件の成否未定の間は，停止条件付きならば発生するかどうかわからない権利義務となり，解除条件付きならば将来消滅するかもしれない権利義務となり，いずれにしても不確実なものとなる。そのため，そのような**不確実な権利義務をめぐる法律関係**が問題となる。

条件付法律行為の条件の成否未定の間の当事者の権利義務は，不確実とはいえ権利性をもっており，一般の規定に従い，譲渡等の処分や保存やそのための担保設定等ができ，また，相続の対象となりうる（129条。具体的に対象となるかは，それぞれの規律によるが，不確実な権利であるからといってその一事によって除外されるわけではないということである）。不確実な権利義務であっても経済的・社会的な価値が認められることがこの背景にある。

(2) 侵害の禁止　　不確実な権利義務であってもその侵害は許されない。条件付法律行為の当事者は，条件の成否未定の間に，条件の成就によりその法律行為から生じる相手方の利益を害してはならない（128条。相手方の「**期待権**」の保護）。侵害行為は債務不履行あるいは**不法行為**となり，損害賠償責任が生じる。明文はないが，第三者による侵害の場合についても期待権の侵害として不法行為による損害賠償責任が生じうる。

(3) 条件成就の妨害・不正な成就　　さらに，条件の成就によって不利益を受ける当事者が故意にその条件の成就を妨げたときには，相手方は条件が成就したものとみなすことができる（130条1項）。128条による損害賠償も可能だが，条件の成就が不確定であるため，

損害としてどこまでの賠償を受けられるかは不確実であり，十分な保護とはならないおそれがあることを踏まえ，それが条件の成就を妨げることになるのを認識しながら不当に条件成就を妨害した行為者への制裁と相手方の保護を図る規定であり，信義則をその基礎とする。したがって，「故意に……妨げた」とは，意図的な妨害というよりも信義則に反するような不当な妨害行為が130条の要件だと解されている（2項の「不正に」と同趣旨である）。

◆成功報酬と妨害　　一種の成功報酬が約されているときに問題となることがある。Case 5-3のように，不動産仲介において，不動産業者の斡旋により売買契約が成立するに至ったときは仲介料を支払う旨の定めがある場合に，契約締結に至らず，依頼者が仲介契約を終了させたが，その後，依頼者がその不動産業者から紹介された相手方と直接交渉をして売買契約を締結した場合，契約成立時期が仲介斡旋活動と時期を接しており，売買代金価額についても依頼者と不動産業者とが相談していた額を上回る価額での契約であった等の事情があるような場合には，不動産業者の仲介による契約の成立を避け，報酬の支払を避けるため，不動産業者を排除して直接当事者間で契約を成立させたものとして，130条1項の（類推）適用が認められている（最判昭45・10・22民集24巻11号1599頁。特約による対応例に，弁護士への訴訟委任契約におけるみなし成功報酬の例がある）。

この場面とは逆に，条件の成就によって利益を受ける当事者が不正に条件を成就させた場合には，相手方は，その条件が成就しなかったものとみなすことができる（130条2項。条件成就を主張することは信義則に反するためである。2017年改正前の例として，最判平6・5・31民集48巻4号1029頁〔一方当事者に義務違反行為があったときは違約金を支払う旨の和解の成立後，相手方が義務違反行為を意図的に誘発した場合〕）。

③ 期　限

期限の意義と種類　　期限とは，契約などの法律行為の効力やそこから生じる債務の履行を，その発生が確実な事実にかからしめる特約である（135条参照）。その事実自体も「期限」と呼ばれる。ポイントは，発生が確実なことであり，その発生時点ははっきりしていなくともよい。「来年4月1日（の到来）」は，確実に発生しかつその発生時点も確定しているが，これに対し，「祖父が死亡したら」という場合は，死亡の事実がいつ到来するかはわからないが到来自体は確実なのでこれも期限に当たる。前者を確定期限，後者を不確定期限という（412条1項・2項参照）。なお，「私が死んだら，この絵はおまえの物だ」というとき，私が死ぬことは不確定期限だが，私が死ぬより前に「おまえ」が死亡すると贈与はされないのであれば，この贈与契約自体は，条件付きということになる。

　期限には，法律行為の効力自体を左右するものと法律行為から生じる債務の履行の時期を定めるものとがある。また，「始まり」を定めるものと「終わり」を定めるものとがある。民法は，債務の履行について「始まり」を定めるもの（始期。履行期を定めることから「履行期限」と呼ばれる）と，法律行為の効力について「終わり」を定めるもの（終期）の2つを規定している（135条）が，法律行為の効力について「始まり」を定めるもの（期限まで効力が停止していることから「停止期限」と呼ばれる）や，債務の履行について「終わり」を定めるもの（定着した呼称ではないが「消滅期限」といわれることもある）を，排除する趣旨ではない（図表5-1参照）。

期限到来前の効力　　期限の到来前の法律関係については，条件に関する128条，129条，130条のような

185

規定はない。

　法律行為の履行，特に債務の履行について始期が定められている
とき，すでに債権（債務）は発生しており，一般規定に従い，債権
としての保護が与えられる。これは明文を置くまでもない。また，
法律行為の効力の発生や消滅について期限が付されている場合は，
期限の到来によって利益を受ける地位は，条件成就前の期待権以上
に確とした地位であるから，少なくとも同様の保護が与えられ，そ
の侵害に対しては債務不履行や不法行為に基づく損害賠償責任を発
生させうるし，一般的な規定に従って処分等の対象となりうる。こ
の場合に，条件に関する 128 条，129 条が類推適用されるといわれ
るが，128 条，129 条の内容が，結局，不確実な権利であるとの一
事をもって損害賠償による保護から除外されたり，処分等の対象性
を否定されないという点にある以上は，期限付きの権利については
類推適用を言うまでもなかろう。なお，130 条については，期限の
場合には必ず到来するため，到来を妨害したり，到来をさせたりす
ることは生じないが，到来の時期を遅らせたり，早めたりする可能
性はある。その場合には，それによる損害の賠償の問題や信義則や
権利濫用の問題としてそれらの一般的な規定によって対処される。

Case 5-4
　①　A は，B から，2022 年 4 月 1 日に返済することを約して 300
万円を借り受けた。
　②　①の AB 間の消費貸借契約において，利払いを圧縮するため，A は，
2021 年 4 月 1 日に返済をすることにした。

| 期限の利益 | （1）　期限の利益の意義　　Case 5-4 ①は，期限の代表的な場面である。AB 間の消費 |

貸借契約は効力を生じているが，そこから生じる A の返還債務は2022 年 4 月 1 日という確定（履行）期限付きの債務であり，B は同日まで返還債務の履行を請求できない（135 条 1 項）。A からすれば期限の日まで 300 万円を保持することができる。このような A の利益を期限の利益という。Case 5-4 ②のように，A は期限の利益を放棄して，2022 年 4 月 1 日よりも前に返還債務を履行することもできる（一般に 136 条 2 項本文。消費貸借について 591 条 2 項）。

　(2)　期限の利益の喪失──法定喪失事由　　期限まで返還しなくてもよいということは，言い換えれば，期限まで A に信用が供与されているということである。そこで，A が期限に返済できるかその信用に揺らぎがみえるときには，A は期限の利益を主張することができなくなる（期限の利益の喪失）。そのような事情として，民法は，債務者についての，破産手続開始決定，担保の滅失・損傷・減少行為，担保提供義務の不履行を定めている（137 条。なお，137 条 1 号の場面においては破産法 103 条 3 項により破産債権について期限の利益を主張できないだけではなく弁済期到来が擬制される）。

　(3)　約定による期限の利益の喪失──期限の利益喪失条項　　このような法定の期限の利益喪失事由のほかにも，たとえば，破産手続開始原因の発生など当事者が信用不安を感じる場面があるので，当事者の合意で，これ以外の事由の場合にも期限の利益を喪失することを定めておくのが通常である（これを「期限の利益喪失条項」「期限の利益喪失約款」という。当然に期限の利益を喪失させるものと，相手方〔債権者〕の請求があってはじめて期限の利益喪失の効果が生じるものの2 種がみられる）。

　期限の利益喪失条項により履行期・弁済期が到来すると，相殺ができたり，また，なお弁済のないときには契約の解除や担保権の実行が可能になったりする（たとえば，代金や貸金を分割して，毎月，

一定額を 24 か月・24 回にわたって支払うという場合，それぞれの月の履行期・弁済期が到来するまでそれぞれの支払について期限の利益が与えられているのだが，ある回の支払を怠ったときは，それ以降の分についても，期限の利益を失い，その結果，残りの部分もあわせて履行期・弁済期が到来して，それを履行しないと契約を解除されたり，担保権を実行されるなど）。そのような効果につながるものとして，期限の利益喪失条項は，消費貸借契約その他信用供与を伴う契約において，非常に重要である。とはいえ，期限の利益喪失条項を引き金とする一連の結果が，ときとして過酷になることがあり，そのため期限の利益喪失事由の定め方により期限の利益喪失条項の効力の制限が説かれたり，それに続く解除を含めその効力が制約されたり（たとえば，割賦販売法 5 条），また一定の場合に期限の利益の喪失の治癒や担保権の実行の停止が用意されている（住宅資金貸付債権に関する民事再生法 197 条，199 条）。

| 期限の利益の放棄 |

一般に期限の利益は債務者のためであることが多く，そのため民法もそのように推定しているが（136 条 1 項），常にそうとはかぎらない。たとえば，6 か月間無償で物を預かってもらう契約においては預かった者（受寄者）が物の保管および返還債務を負うが，期限は（返還債務の）債務者の利益のためであるわけではない。また，たとえば，Case 5-4 ①②では，A が期限の利益を有しているが，A が年 8％ の利息付きで返還を約していたときは，期限によって債権者 B はその間の利息を得ることができるので，期限の利益は債権者にもある。この場合には，A が期限の利益を放棄すると B を害することになる。

期限の利益の放棄により相手方の利益を害することはできない（136 条 2 項ただし書）。「できない」という意味は，それによって害される相手方の利益を填補できるときには，損害賠償などの方法に

より塡補をして期限の利益を放棄することができ，そうでないときには期限の利益の放棄自体ができない（しても無効）ということである。AB 間の利息付消費貸借に即して言えば，A は期限前に B に返還することができるが，B が被る損害を賠償しなければならない（591 条 2 項・3 項）。また，B の方からは期限の利益を放棄して即座に返還を求めることはできない（消費貸借については 591 条が具体的な規律を定める）。

　期限の利益の放棄による損害の賠償の場合に，相手方が被る損害の内容や賠償範囲については，契約の性質や当事者の属性等によって決まり，期限までの利息相当額の全額が常に損害賠償として保障されるわけではない。たとえば，銀行の定期預金につき定期預金債権の債務者である銀行が期限の利益を放棄するときは，当初弁済期までの約定利息（＝期限までの利息相当額の全額）を支払って放棄ができるとされている（大判昭 9・9・15 民集 13 巻 1839 頁）。これに対し，金融機関と消費者との間の住宅ローンの期限前返済のような場合には，金融機関は消費者から期限前の返済がされた金銭を運用に回すことで運用益をあげられるからそれにより期限までの約定利息分を少なくとも部分的にはカバーでき，また中間利息控除の問題も考慮されうるため，期限までの約定利息全額が損害賠償額となるわけではない（なお，契約において，「手数料」といった形で，期限までの約定利息全額には及ばない一定の負担をもって，期限前弁済ができる旨が定められていることも多い）。また，借主が実際に利用することが可能な貸付額とその利用期間とを基礎とする制限内の利息の取得のみを認めるという利息制限法による制限の趣旨がこの場合にも及ぶため，民法 136 条 2 項ただし書によってこれを超える利息を取得することはできない（最判平 15・7・18 民集 57 巻 7 号 895 頁）。

第6章 法律行為の有効要件

法律行為が成立するとその効果が発生する。しかしその内容が公序良俗に反する場合にはその効力は認められず，法律行為は無効となる。また，効果を発生させる意思を実は欠いていたという場合も同様である。また，十分な情報に基づかない意思決定であったときや外からの欺罔や脅しなど不当な働きかけによる意思決定であったときなどは，意思表示が取り消すことのできるもの（無効としうるもの）となる。本章では，これらの法律行為の内容や意思表示に関わる無効原因，取消原因について，消費者契約法の規定を含めて見ることにしよう。

1 公序良俗違反・強行規定違反
●法律行為の有効要件 1

① 法律行為の有効要件

Case 6-1

① AとBとの間で，Aの所有する不動産甲をBに贈与する契約が締結された（契約書が作成されている）。Aは成年被後見人であった。

② Aは，保険金詐取のため，BにCの殺害を依頼し，1億円の報酬の支払を約した。

③ Bから家族に危害が及ぶと脅されたAは，危害を避けたい一心で，Aの所有する不動産甲をBに贈与する旨の契約書に署名した。

成立した法律行為は，有効に法律効果の発生を認められるのが原則であるが，しかし，その効力が完全に有効と認められないこともある。たとえば，Case 6-1 ①において，書面による贈与契約は，成年被後見人 A がした意思表示であることを理由に取り消すことができ（9条本文），取消しにより契約は無効となる。Case 6-1 ②の場合，準委任ないし無名の役務提供契約が成立するが，このような内容の契約は，公の秩序・善良の風俗に反し無効である（90条）。また，Case 6-1 ③では，A は，書面による贈与契約を強迫によるものとしてその意思表示を取り消すことができ（96条1項），取り消せば契約は無効となる。

このように，能力（意思能力や行為能力）を理由に，法律行為の効力が否定される場合（Case 6-1 ①）のほか，内容に問題がある場合（Case 6-1 ②），また，内容は問題がないがそのような契約を締結する過程，つまり不当な圧力により意思決定が歪められたり真意でないなど，意思表示そのものに欠陥があり問題がある場合（Case 6-1 ③）に，法律行為の効力が否定されることがある。これは，法律行為が成立の要件を満たしていても，その内容が公の秩序に照らして許されないようなものや，また，その内容は許容しうるものであっても，その合意をなしたときの当事者の状態が，判断能力を欠いていたり，意思決定に真意性が欠けたり他者の不当な働きかけで形成されたような場合には，法律行為として，法律が，ひいては国家機関が，法律効果の発生を認め，その実現に助力するのは適切ではないという考え方に基づいている。

言い換えれば，このような，法律行為の効力を否定する事由のないことが，法律行為が有効となるための要件となる。これが，法律行為の有効要件である。

民法が90条以下に定める「第5章　法律行為」の「第1節　総則」で規定されているのは，このうち，内容に着目した有効要件であり，「第2節　意思表示」の93条から96条までに規定されているのが，意思表示の十全性に着目した有効要件である。

Column⑧　法律行為の効力否定要因 ◆━◆━◆━◆━◆━◆━◆━◆━◆━◆━◆━◆

　このように，民法は，法律行為の効力を否定する制度（無効と取消しを通じての無効との2種がある）として，意思表示関係の規定と内容面の規定の2種を区別している。それらを横断すると，法律行為の効力の否定をもたらす要因には，①表意者の意思（決定）の不十全さ，②相手方の行為態様の悪性，③契約内容の公正さの欠如という3つがある。意思表示関係の規定は，①を中核にして，②を加味するもの（詐欺・強迫など）と言え，内容面の規定は③をとらえるものと言える。もっとも，このような，①②＝意思表示規定，③＝内容規制規定という峻別は必ずしも維持されていない。意思表示規定においても，③を加味した判断や意思表示規定の拡張と呼ばれる現象が観られるが，特に，伝統的に③を扱う公序良俗規範，なかでも後述する「暴利行為論」の展開が，①②と③を総合判断する枠組みの展開を生んでいる。これは，1つには，意思表示規定の要件が比較的厳格であるために，①②だけでは，したがって，意思表示規定だけでは法律行為の効力否定をもたらさないが，①②に③があわさって全体を見るならば当該法律行為の効力が否定されるべきであるという判断が導かれる事例が消費者契約などで頻出しているという事情があり，また，他の1つには，特に内容規制を担う民法90条（公序良俗規範）が一般条項と呼ばれる，柔軟な解釈・対応を可能にする構造の要件となっているという事情がある。

◆━◆

② 　内容に関する有効要件

　法律行為の内容に関する有効要件として，伝統的に，講学上，内容の確定性，実現可能性，適法性，社会的妥当性という4要件が示されてきた。

第1の確定性はまさに内容確定の問題であり，法律行為の成立や解釈に関わる。第2の実現可能性はもはや有効要件ではない（412条の2第2項。当事者の意思によって決まる問題であり，一義的に明白でないときは法律行為の解釈の問題となる）。第3の適法性と第4の社会的妥当性とが，強行規定違反，公序良俗違反の法律行為を法が認めないというものであり，法律行為の内容に関する法のコントロールを表すものであって，私的自治（当事者による法律関係の形成）の限界を画する。

③　強行規定違反

強行規定と公序良俗 ╲ 強行規定に反する法律行為は無効である。強行規定とは，「公の秩序に関」する規定であり，「公の秩序に関しない規定」（＝任意規定）については法律行為の当事者の異なる意思が優先する（有効である）のに対し，「公の秩序に関」する規定についてはそれと異なる当事者の意思は効力を認められない（91条参照）。

強行規定違反の法律行為の無効は，解釈技術的には91条の反対解釈によっても導きうるが，91条の主眼は任意規定の位置づけにある。「公の秩序に関」する規定という表現にも表れているように，個々の強行規定は，それに反する法律行為を無効とする90条の「公の秩序」を個別に明らかにしたものである。90条の一般条項に対して，いわば個別のリストに当たる（類似の構造として，消費者契約法10条の一般条項に対して，同法8条から9条までの個別リストがある）。公序（良俗）という柔軟で弾力性に富むが予測可能性の低い概念によるコントロールを定める民法90条に対して，強行規定は，明確性ひいては予測可能性の点で90条を補完し，他方で，強行規定で明らかにされていないものについて90条が受け皿となるとい

う形で，90 条と強行規定とは相互に補完的に，私的自治の限界付けを明らかにしている。

| 強行規定該当性 | 強行規定は，それと異なる内容の法律行為の効力を否定する規定である。それと異な

る法律行為を無効とする旨が明文で定められている場合もある（貸金業法 42 条等）。無効の内容や定め方もバリエーションがある。たとえば，利息制限法 1 条は，法律行為全体ではなく，利息の約定部分のうち利息制限法所定の利率を超過する部分を無効とする。また，一方当事者の利益保護の観点からの強行規定には，当該当事者に不利な契約（合意）のみを無効とする片面的強行規定である旨が定められていることも少なくない（借地借家法 9 条，16 条，21 条，30 条，37 条等。また，同法 3 条のように，端的に内容を定め，それより有利な内容の合意を許容する旨の定め方もある）。

　民法典やその他の私法上の規定は，多くの場合，端的に無効という効果を明文で定めてはいないが，解釈上，強行規定とされるものが，相当に存在する。一般論としては，各規定の趣旨による。概して言えば，債権関係，特に契約の内容に関する規定は任意規定が多いのに対し，物権法や親族法，相続法，また，総則編の各制度も強行規定が多いと言われる。強行規定とされる根拠や考慮に着目すると，私法秩序における基本的な制度や法律関係を定めるもの（権利能力，家族関係，所有権など），私的自治のための枠組みに関するもの（行為能力，意思表示・法律行為の制度に関する規定など），第三者に対して効力を有するもの（物権など），第三者に対する効力に関わり，第三者の信頼や取引の安全のための制度（対抗要件，即時取得，表見代理など），交渉力格差・情報格差等に着目した格差是正・弱者保護の観点からの規律（民法典ではいわゆる流質特約の禁止〔349条〕など。特別法に多く見られる）などが，挙げられる。規定の趣旨

に着目する場合，ある条文の一部分が強行規定とされることもある（条文全体からすると部分的な強行規定。組合員の任意脱退に関する 678 条中，やむを得ない事由があるときに組合からの任意脱退を定める部分につき，最判平 11・2・23 民集 53 巻 2 号 193 頁参照）。

　伝統的に，任意規定と強行規定とは，任意規定については異なる内容の法律行為が許容されるのに対し，強行規定については異なる内容の法律行為は許容されない（効力を否定される。無効）という，背反する内容をもつために二分されてとらえられてきたが，現在ではグラデーションのあることが指摘されている。任意規定でも消費者契約や（定型）約款による契約の場合のように（消費者契約法 10 条，民法 548 条の 2 第 2 項参照），合理的な法律関係を示すものととらえられ，それと異なる契約も可能ではあるが，そのように任意規定と異なる内容とするには合理的な理由（信義則に反して他方当事者の利益を一方的に害するものではないなど）を要求されるというように「半強行規定化」するものがある。一方で，強行規定についても，合理的な理由があれば異なる内容の契約であっても効力を認められうるものがあることが指摘されている。たとえば，前掲最判平 11・2・23 により，民法 678 条はやむを得ない事由があっても任意の脱退を許さないとする組合契約条項を無効とすると解されているが，任意脱退禁止を必要とする合理的な理由があり，かつ，持分譲渡が制度的にも現実的にも可能である場合といった代替的な措置が用意されているときは，例外を認め当該条項の効力を認める余地があるという指摘がある。この指摘を入れると，強行規定ではあるが，合理的な理由と手当てがあるときは例外的に異なる合意が効力をもちうることが認められる点では「半任意規定化」とも言いうる。

Case 6-2─────────────────────

　①　Ａは，タクシーの営業許可を受けずにタクシー営業をして，利用者
Ｂとの間で旅客運送契約を締結した。

　②　Ａは，Ｂに対し，有毒物質の混入した食品を売却した。

────────────────────────────

行政的取締規定違反の
法律行為の効力

　(1)　「取締規定」論　　Case 6-2①の旅客
運送契約は，タクシーの営業には国土交通
大臣の許可を受けなければならないとする

道路運送法４条１項に反し，Case 6-2②の売買契約は，有毒な物
質を含む食品の販売を禁ずる食品衛生法６条に反する法律行為であ
る（その違反については罰則もある。道路運送法96条１号，食品衛生
法81条１項１号）。Case 6-2②では，そもそも有毒物質が混入した
食品は売買契約に適合しないから債務不履行であり，追完，損害賠
償，解除などの問題が生じるが，それ以前にそもそも，①や②の契
約は道路運送法や食品衛生法の禁止規定違反ゆえに無効となるだろ
うか。これらの禁止規定がそれに反する法律行為を無効とする趣旨
であれば，当該規定は強行規定となるのであって，結局，個々の規
定が強行規定かどうかの解釈問題だという前項の話に尽きるように
感じられるのではないだろうか。しかし，この問題は，ある規定が
強行規定かどうかという「強行規定該当性」の判断に解消されるの
ではなく，「取締規定」論として論じられてきた。この問題の特殊性
は，問題となる規定が行政上の取締規定であって（違反に対する効
果としては行政的な制裁を予定している），私法上の法律関係の規律
たることを当然に前提としているわけではない点にある。

　(2)　公法・私法峻別論　　さらに，伝統的に，公法と私法とを分
け，公法は公法で，私法は私法で，それぞれの領域でそれぞれの役
割を果たすという考え方（公法・私法二分論，あるいは公法・私法峻別

論）から，公法は基本的に公法上の関係を規律するのであって，公法に属する規定が私法上の法律関係に影響するかについては，私法上の規定についてとは別途に考える必要があるという姿勢が基礎にあった。

このような二分論・峻別論（公法は公法，私法は私法）からは，私法上の効力についての明文がないときに，公法上の規定，行政的な取締規定が，行政的な効果にとどまらず，私法上の効果をもたらす，特に法律行為の無効をもたらすことに対しては，謙抑的な姿勢が導かれやすい（基本的には公法上の法律関係を規律する規定であるはずであって，私法の領域は独立した問題であるから，公法上の規定違反は私法上の法律行為の無効をもたらさないのが原則である，ただし，例外はある，という姿勢になりやすい）。

（3）　効力規定・取締規定　　また，公法上の行政的な取締規定違反の法律行為の効力を論じる技術的な枠組みについても，ある規定がそれに反する法律行為の無効という私法上の効果をもたらすものかどうか——そのような規定は「効力規定」と呼ばれることがあり，それとの対比で，私法上の効果，特に無効という効果をもたらすわけではない規定が「単なる取締規定」「狭義の取締規定」と呼ばれる（最判昭35・3・18民集14巻4号483頁）。そのため，ある規定が効力規定なのか，それとも単なる取締規定なのか——という枠組みが，伝統的な考え方であった。

この枠組みのもとで，効力規定か単なる取締規定かの判断の基準は，①当該規定の目的・趣旨（その実現のために私法上の法律行為の効力を否定することを要するか），②違反行為の態様・悪性の程度，③当事者の信義・公平，④（転得者等の第三者の登場の場合の）取引の安全を総合的に考慮して判断するという総合判断説がとられていた。また，①〜④のうち，特に③と④については，法律行為が履行

されたかどうかによって，類型的に状況の違いが認められるとして，履行の前後で区別する履行段階論も説かれている。すなわち，履行前であれば，法律行為が無効とされても当事者への影響は比較的小さく，また，取引の安全を脅かす余地も小さいのに対し，履行後であれば，無効となると原状に復する必要があり（121条の2参照），また，第三者が登場している可能性もより大きくなるため，③および④の観点から，無効とすることに抑制的であるべきだという考え方である。

（4）**公法・私法協働論**　以上の，公法と私法の役割，公法上の規定・行政的な取締規定が法律行為の無効をもたらすことに対する（積極か消極かの）基本姿勢，法技術的な枠組みの3点に関して，現在は別の考え方が有力となっている。

すなわち，公法は公法，私法は私法という二分論・峻別論に対して，現在では，取引に関わる経済的法令が増加しており，そのような法令については公法と私法とが一つの目的の達成のために協働して役割を果たすという考え方，法律行為，特に契約の適正化について，公法と私法とが協働して役割を担っているという考え方（公法・私法協働論）が有力となっている（⇒ *PART 11* ◆公法と私法の協働）。また，行政的取締規定違反が法律行為の無効をもたらすことに対する基本姿勢においても，非謙抑的な姿勢が打ち出されている。この基礎には，公法上の規定・行政的取締規定が，取引の適正化や契約における消費者の利益保護など，私法上の諸規定の目的と共通した目的を有するものが多くなっているという状況の把握がある。

（5）**民法90条と取締規定違反**　また，法技術的な枠組みとしては，特定の規定が効力規定であるか単なる取締規定かという――その限りではある規定が強行規定か任意規定かという私法上の強行

規定該当性の判断に類する――枠組みではなく，民法90条にいう公序良俗違反性の判断として，行政的取締規定違反であることを組みこんでいく枠組みが打ち出されている。当該法律行為が無効となるかどうかは，民法90条に該当し公序良俗に反するかどうかによって決せられるが，その判断において，特定の取締規定に反することが考慮される――多くの場合，他の諸事情との考慮をあわせて総合的に公序良俗違反性が判断される（同じく総合判断であるが，総合判断の受け皿が伝統的な見解とは異なる）。これはさらに，私法上の強行規定は公序良俗の具体化規定であり，強行規定違反の法律行為の無効の根拠規定は（91条の反対解釈というより）90条であるという理解がその支えとなっている。

　(6)　判例　　判例は，「単なる取締法規」であるとしてその違反が問題となった取引の私法上の効力を左右しないとしたものがあり（前掲最判昭35・3・18〔食肉販売業の許可制〕），公法・私法二分論を基礎とした伝統的な見解に立脚しているとみられるものがある。その一方で，民法90条を根拠として無効とするものがある（最判昭39・1・23民集18巻1号37頁〔食品衛生法違反を知りながら，禁止されている有毒性物質の混入したあられを販売した行為〕）。また，最判昭49・3・1民集28巻2号135頁〔導入預金取締法違反の行為について，取締法規であってそれに反するというだけでは私法上無効になるものではないとするが，そのうえで，公序良俗違反の有無について論じる〕）。このような判例・裁判例に見られる立場の違いは，問題となった事柄の性格や時代背景による面もある。

　Column ⑨　公法上の規定に反する行為の私法上の効果 ◆━◆━◆━◆━◆━◆
　　現在においてもなお，純粋な取締規定であるとしてそれに反する法律行為の効力を左右しないと判断される規定は多く存在するだろうが，取引と密接な関連を有する経済法令については，その違反が法律行為

の無効をもたらすかを意識せざるを得ない。法律によっては明文が置かれているものもある（貸金業法42条，割賦販売法5条2項，30条の4第2項など，損害賠償について金融サービス提供法6条など）。行政的立法における「民事効」（法律行為の無効や取消し，条項の無効のほか，損害賠償責任の発生などを含め，私法上の法律関係についての効果をいう）の付与が立法の議論において，あるいは，解釈問題として語られることが稀ではない。公法と私法の協働は，経済法令においては当然の前提となっていると考えるべきだろう。他方で，行政的法規においては，規制・監督権限の発動や罰則の発動と連動するために，明確性ある規律が要求される面があり，私法上の効果については規制対象行為のほか規制対象外行為を含めて，また，規制対象行為についてもどのような事情のもとであれば私法上の効果が生じるのかについては，私法上の一般法理に委ねられることも少なくない。

　なお，取締規定には契約締結過程における行為義務を措定するものがあり，それらの違反がある場合に，法律行為の有効性の面ではなく，損害賠償の面で考慮する裁判例が顕著になっている。取引的不法行為と呼ばれる類型である。その場合の損害賠償の内容としては，契約によって出捐を余儀なくされた金額が損害と判断され，機能的には，原状回復を無効・取消しを通じての原状回復（不当利得返還）ではなく，不法行為による損害賠償を通じて達成していることになる（原状回復的損害賠償）。意思表示や法律行為の規定ではなく，不法行為規定が用いられるのは，無効の効果がゼロ・サムであるのに対し不法行為に基づく損害賠償であれば過失相殺を通じた調整が可能であることや，契約当事者以外に対する責任追及が可能であること，さらには，意思表示規定の要件に比べると不法行為規定の要件が相対的には柔軟であることなどが与っている。

Case 6-3

①　AとBとの間で，Aの所有する機械甲をBに売却し，同時に，Bが甲をAに賃貸すること，賃貸期間は2年間であり，Aは2年後に，甲の売買代金および手数料等の相当額をBに支払って甲を買い戻すことが

できることが，合意され，BからAに代金相当額が支払われた。

② AはBから金銭を借り入れるにあたり，Aの恩給について，Aに代理してBが受領する契約を締結し，Aは恩給証書をBに交付した。

脱法行為 (1) 脱法行為とは　強行規定を回避するための行為，つまり，形式的には強行規定に違反しないが，実質的に違反する行為を脱法行為という。たとえば，動産質権は，設定者が占有を有する形の質権および弁済期前の流質特約を禁止しているが（民法345条，349条），これに対し，工場の機械などのように設定者に現実の占有をとどめながら，担保を設定し，しかも，弁済できないときには流してしまう形の担保を所有権の形態をとってすることが行われる。動産の譲渡担保である。これは，所有権を移転し，弁済があればそれを戻すという形をとる。形式的には所有権の移転であり，質権やその他の担保権の設定ではないが，実質的には，質権の344条，345条さらには349条（占有と流質）の規制をくぐってなされる担保と言える。Case 6-3 ①がその例であり，売買と賃貸借という法律構成をとっているものの，その実質は，消費貸借と甲の担保化である。

また，別の例として，Case 6-3 ②の恩給担保のための代理受領契約がある。恩給受給権は，担保に入れることが禁止されている。これは，恩給は確実に受給権者の手にわたることにし，債権者がもっていくことのないようにするためである。恩給受給権を（認められた以外の主体が）担保に取ることは明らかに強行規定違反である（恩給法11条1項）。これに対し，恩給を代わって受給することを依頼する代理受領が行われた。本人が出向けないようなとき，代わってもらってきてもらうことは，問題がない。ところが，これが，債権者に代理受領を委託し，恩給を受領した債権者は，受任者として

その受領金を委任者に交付しなければならないが，これを自己の債権と相殺して，債権を回収することを企図して，元利を回収するまでこの委任を解除しないという取り決めをする形で利用された。つまり，代理受領という形態をとりながら，実質は恩給受給権やそれに基づく金銭債権に質権の設定を受けているのと同様である（担保目的の代理受領）。

(2)　効力　このような脱法行為の効力はどうなるのか。明文で脱法行為を禁じているものもある。たとえば，利息制限法では，利息としては制限利率内だが，保険料・事務手数料等の名目で，実質は利息をとるというような行為を禁止している（法技術的には，利息とみなす扱いがされて脱法を封じている。利息制限法2条，3条）。

問題は明文のない場合である。一般には無効と扱われるが，効力が認められるものもある（このため，上記の脱法行為の定義に該当するものを**広義の脱法行為**，そのうち効力が否定されるものを**狭義の脱法行為**と呼ぶことがある）。無効化の手法としては，法律行為の解釈（および性質決定）において，当該法律行為の形式ではなく実質をとらえて（法律行為を）解釈をした上で，端的に強行規定の禁止に反するとして無効とする方法（たとえば，代理受領は委任契約という構成をとっているが，質権設定契約であると当該契約の性質決定をし，当該契約を無効とする）や，強行規定の解釈において，拡張解釈や類推解釈あるいは「趣旨に反する」として無効を導くなどによって当該法律行為（ないし問題となる特約・条項）を射程にとらえて無効とする方法（「担保」を禁止するとは，担保目的の代理受領契約を含む，あるいは類推適用されるというように法を解釈して，禁止された契約であるとして，その無効を導く）がある。なお，法律行為の解釈を通じて，脱法でない内容に解釈することによって，脱法を封じる途もある（当該代理受領契約を，受領した恩給を現実に〔つまり相殺はできず〕恩

給権者に引き渡す内容であると解釈する。もっとも，この解釈は，当事者の意思には反しよう）。

判例では，有効とした例として，債権の担保のため所有権移転を生じさせる意思でする動産の売買の例（大判大3・11・2民録20輯865頁）がある。無効とした例として，恩給受給権者の債務の弁済に充当するためになされた恩給の受領に関する委任における解除しない旨の特約を無効とするもの（〔受領した恩給を債務の弁済に充当する部分を含め〕委任契約そのものではなく，不解除特約部分を恩給法11条1項の趣旨に反して無効としている。大判昭7・3・25民集11巻464頁）がある。

譲渡担保については，判例・学説（通説）ともにその有効性を認めている。一方，恩給の代理受領については，不解除特約が無効とされたが，他方，金融の必要性は肯定され，正面から，国民金融公庫（後身・日本政策金融公庫）による恩給担保の途が開かれた（このように法の不備が，脱法行為を経て，是正・補充されていくという面がある）。

(3) 判断の基準　有効・無効，狭義の脱法行為かどうかを分ける基準は何だろうか。社会の新たな事情に基づく経済的必要性を当該強行規定の趣旨に照らして評価することになる。強行規定の趣旨については，たとえば，弱者保護であるときは潜脱は許されないが，取引の安全であるときは必ずしも常に無効とはならないとか，当該強行規定が一定の手段のみを禁止するのか，それとも一定の結果発生を禁止するのかによって区別する（そのもとで，有効・無効による利害の状況，行為者のめざす結果の実現を許すことが現下の社会経済的状況において妥当か否かの判断を行う）といった見解が出されている。

④ 公序良俗違反

当事者が真摯に十分な情報に基づいて望み，意思決定をした法律行為であっても，公の秩序または善良の風俗に反するものは無効である（90条）。当事者の法律行為の自由を限界づけるのが公序良俗違反の法律行為を無効とする民法90条の規律である。

「公の秩序」（公序）とは社会の一般秩序・正義，「善良の風俗」（良俗）とは性風俗など道徳的規範などを指すといわれる。公序と良俗のいずれに該当するかで効果は異ならず，両者を厳密に区別することなく，「公序良俗」として一括して用いられることが少なくない。また90条は，社会的にみて許されない内容の法律行為は効力を認められないことを意味するものとして，社会的妥当性の要件としてくくられることもある。

各種の強行規定は，公の秩序に関する事項を個別に規定したものであり，それに反する法律行為は無効である。公序良俗違反を問題とする90条の規律は，特定の法規に直接反するとは言えないが，現代の正義感や倫理観に反し，私法秩序において効力を否定されるべきものを包括的にとらえる受け皿規定とも言える。

そのため，強行規定が存在しない中にあって，公序良俗の問題としてとらえられたものが，やがて強行規定に結実していくこともある。たとえば，貸金業者が貸主となってされる刑罰金利を超える非常な高利の金銭消費貸借契約は，公序良俗に反すると考えられてきたが，貸金業法42条はその無効を明文化している。

また，金銭消費貸借契約締結にあたり，返済がされないときは返済すべき額の数倍以上の価値のある不動産を代物として弁済する旨

の代物弁済予約は，判例上，暴利行為（後述）に該当し無効とされた（大判昭9・5・1民集13巻875頁，最判昭27・11・20民集6巻10号1015頁）が，さらにその後，判例では，清算義務（返済されるべき元利・損害金を超える部分を清算・返済する義務）が確立し（最判昭42・11・16民集21巻9号2430頁），このような判例の展開を踏まえた立法がされるに至っている（仮登記担保契約に関する法律）。

公序良俗に反する法律
行為の類型

（1）裁判例　どのような法律行為が公序良俗に反すると判断されるのか，そのイメージをつかむため，判例・裁判例に現れた例をみると，①配偶者ある男性が愛人関係を維持継続するためにした愛人への財産の遺贈（大判昭18・3・19民集22巻185頁。関連して，愛人の生活の保全のためにされたとして有効とした最判昭61・11・20民集40巻7号1167頁も参照），②娘の酌婦稼働をもって弁済に充てることを約し娘に酌婦稼業をさせる対価として前借金が父親に交付された場合の前借金（消費貸借）契約（いわゆる芸娼妓契約。最判昭30・10・7民集9巻11号1616頁），③賭博の負けを支払うためにその旨を示してなされた金銭の借入（消費貸借）契約（大判昭13・3・30民集17巻578頁，最判昭61・9・4判時1215号47頁），④定年年齢について性別をもって区別し女性の定年年齢を男性のそれよりも5歳低くする（男女別定年制）就業規則の定め（最判昭56・3・24民集35巻2号300頁。関連して，その後の立法である雇用の分野における男女の均等な機会及び待遇の確保等に関する法律6条4号参照），⑤ユニオン・ショップ協定（従業員に特定の労働組合に加入することを義務づけ，組合員資格を失ったときは解雇するという労働組合と使用者の間の協定）において，締結組合から脱退しあるいは除名されて他の労働組合に加入したり新しい労働組合を結成した者につき使用者に解雇義務を課す（協定の）定め（最判平元・12・14民集43巻12号

2051頁。関連して，従業員が特定の労働組合に所属し続けることを義務づけ，当該組合から脱退する権利をおよそ行使しないことを約する従業員と使用者の合意を公序良俗に反し無効とした最判平19・2・2民集61巻1号86頁も参照），⑥証券取引における損失補塡（保証）契約（最判平9・9・4民集51巻8号3619頁，また最判平15・4・18民集57巻4号366頁も参照），⑦ネズミ講（無限連鎖講）の入会契約（長野地判昭52・3・30判時849号33頁。その後の無限連鎖講の防止に関する法律や最判平26・10・28民集68巻8号1325頁も参照），などがある。

　（2）　類型化　　このような判例・裁判例に登場した事例をもとに，どのような法律行為が公序良俗に反すると判断されるかについて，「類型化」の作業が試みられている。①愛人への遺贈は不倫な関係の継続維持のための遺贈という点が，人倫秩序や家族婚姻秩序ないしは性風俗上の道徳規範に反すると判断されたと見ることができる。②酌婦稼働契約前借金は，娘の酌婦稼働契約が長期間にわたってその身柄を拘束するもので，娘の自由を極度に制限し，それと密接に関連して相互不可分である前借金部分についても一体として効力が否定されている（実質は，父親による娘の人身売買に類するとも言える）。③賭博の借財返済資金の消費貸借は，賭博の借財返済という点が，賭博という著しく射倖的な行為を助長するものとして問題視されている。④男女別定年制は，性別のみに基づく（しかも女性に不利な）取扱いで，不合理な差別であり憲法秩序（憲法14条）に反する点が問題視されている。⑤ユニオン・ショップ協定についても，憲法上保障されている労働者の組合選択の自由や（他の）労働組合の団結権（憲法28条）を侵害し，憲法の認める基本的価値に反する点が問題視される。⑥損失補塡（保証）契約は，一部の顧客のみが損をしない仕組みの中で証券取引を行いうるようにすることが，証券取引市場の公正を害し，信頼性を損ね，市場の根幹を脅か

しかねない点が問題視される。⑦ネズミ講は，破綻必至の仕組みで
あって，いたずらに射倖心を煽り，加入者の相当部分に損失をもた
らす仕組み自体の反社会性が問題である。こういった判例・裁判例
の分析から，公序良俗の分類として，人倫に反するもの，正義の観念
に反するもの，暴利行為，個人の自由を極度に制限するもの，営業の自
由を制限するもの，生存の基礎を脅かすもの，著しく射倖的なものとい
った分類が示されている。

　もっとも，公序良俗違反とされる事案は積み重なっており，この
リストは膨張必至とも言える。また，このような作業は，公序良俗
違反の類型化や分類と呼ばれるが，事案の判断にあたって参照可能
な先行する解決例のリストの意味合いが強い。

　（3）　一般条項性　　これは，公序良俗という概念およびそれを中
核とする規律の性格に由来している。すなわち，公序良俗は，その
外延が明確ではない，一般的で裁量の余地の大きい基準である。こ
のような規律は一般条項と呼ばれる（他に，信義則，権利濫用など）。
一義的に明確ではなく裁量の幅が大きい規律であるために，時代や
社会の変化をその内実に反映させることができ（柔軟性・弾力性），
また，実際に反映されてきた。これからも反映されることだろう。
このように，公序良俗概念・規範は，民法が規律の対象とする社会
が複雑化し変化する中で，社会とともに発展を遂げているのであり，
ときに「抽象的であることがその生命である」と言われる公序良俗
概念・規範の活用が，社会の通念を取り込む，他の法領域・法制度
（たとえば競争法など）を取り込む，あるいは民法の他の制度を補完
する，そのための一種の「窓」として機能している。したがって，
日々展開していく公序良俗違反の判断をもとに参照例のリストを作
成するならば，リストはとみに長くなっていく。

Column ⑩　裁判例における公序良俗概念の展開の整理の試み ◆◆◆◆

　こういった**参照リスト**という意味での類型化に対し，分類や整理の立脚点をより明確にした分析もなされつつある。立脚点としては，①公序良俗違反に関する判例・裁判例の展開を時の流れにおいて位置づけ，古典的公序良俗に対し現代的公序良俗として整理するもの，②公序良俗として法律行為の効力への介入が行われる領域（国家，家族，社会，経済）に着目するもの，③公序良俗が守ろうとしている対象に光を当て，秩序であるのか，個人の権利や利益であるのかを軸とするもの，④法技術的な側面，たとえば，効果との結びつき（無効の主張権者の限定・絶対的無効か取消的無効か，一部無効の可否など）を念頭に整理するもの，などがある。これらは，独立しているわけではなく，たとえば，《古典的な公序良俗は国家や家族の秩序に関するものであったのに対し，現代的な公序良俗は，とりわけ経済に関するものが増えており，また個人の権利や利益の保護に関するものが増加し，個人の権利や利益の保護の場合には当該個人以外の者の無効主張が限定されるなど，法的な効果においても違いが生じている》といった言明は，①から④が複合していることを示している。

◆◆

Column ⑪　類型化の視点 ◆◆◆◆◆◆◆◆◆◆◆◆◆◆◆◆◆◆◆◆◆◆

　諸種の分析が展開されている中で，代表的な論者の見解としてあげられる3つの見解を紹介しておこう。第1は，特に契約について，公序良俗の規律を，契約自由と並ぶ契約の公正さ（契約正義）を確保するものと位置づけ，公序良俗の内容を，古典的な「政治的・家族的秩序」（政治的・家族的公序）と，取引における当事者の利益や競争秩序といった「経済的秩序」（経済的公序）とに分類し，公序良俗規範は，政治的・家族的秩序を守るとともに，経済的秩序を保護し，また保護すべきであると論じ，法技術面で，要件における公序良俗判断の総合判断化（契約内容だけではなく契約締結過程の態様や法令違反の有無等をも考慮する），効果における相対無効・一部無効が認められるべきであると説く（「契約正義＝経済的公序論」）。

　第2は，憲法を頂点とする国家法秩序の中で，私的自治・契約自由が憲法13条（幸福追求権）に根源をもつ基本的な自由であることを指

摘し，そのような基本的自由を制約し，それに介入する民法90条がいかに正当化できるのかという介入の正当化根拠の点から，そこに，**基本権の保護**（基本権の侵害からの保護）と**基本権の支援**（基本権侵害がなくとも基本権のより良い実現のための政策的な支援）という2つの正当化根拠があることを示し，「**基本権保護型公序良俗**」と「**政策実現型公序良俗**」の2種を区別する。他方で，特別な法令が存在する場合とそのような特別な法令が存在しない場合とでは，公序良俗規範の役割に違いがありうることに着目し，公序良俗の類型として，特別な法令が存在し，その法令が政策的考慮によるときの公序良俗（当該政策目的によると許されない法律行為をとらえる。「法令型—政策実現型公序良俗」），その法令が基本権の保護を目的とするときの公序良俗（当該基本権を侵害する法律行為をとらえる。「法令型—基本権保護型公序良俗」），特別の法令がない場合の公序良俗（一方当事者の基本権を侵害する法律行為をとらえる。「裁判型—基本権保護型公序良俗」）の3類型を打ち出す（「権利論＝基本権保護請求権論」）。

第3は，公序良俗の類型を「国家秩序」，「市場秩序」，「社会秩序」に三分する。これは，公序良俗の類型論の目的を集積される裁判例およびそこから取り出される判例法理の「検索の枠組み」を用意することととらえ，裁判例の検索枠組みとしての類型化においては，90条の判断の漏れのない類型化が重要であり，権利・利益は秩序に解消できても秩序を権利・利益に解消することはできないことや，同じ権利や利益であっても侵害される秩序の違いが公序良俗の判断を左右することから，侵害される秩序が何かという観点から一元的な分類軸を立てる。第1の見解の「政治的・家族的秩序」と「経済的秩序」という二分に比し，前者を「国家秩序」と「社会秩序」に二分し，後者を「市場秩序」として展開する（背景に，「規制主体としての国家が社会を規制の客体とするが，貨幣による交換に媒介された社会関係が市場として社会から独立する」という「世界観」がある）。

現在の公序良俗論を代表する3つの見解は，いずれも，公序良俗概念の柔軟な展開を素地としている。それは，現在にいたる判例・裁判例の公序良俗の判断を基礎としており，この柔軟な展開は今後も続いていくことだろう。もっとも，仮想的には，公序良俗というのは堅い

ものであって，伝家の宝刀である（したがって，なかなか抜かれない）という概念構築もありうる。その場合には公序良俗論が受けていた展開は他の法理や一般条項（信義則や権利濫用など）で展開していく余地がある。公序良俗が柔軟に用いられていること自体も，必ずしも自明であり唯一の道というわけではなく，それ自体が，日本法の特色と言えるだろう。

Case 6-4

① Aは，借金でがんじがらめになっており，過酷な取立てを一時的にでも逃れたい一心で，返済原資を工面するため，Bから10日で1割（年利365％）の利息の約定のもと，50万円を借り受けた。

② A（58歳）は，配偶者を亡くし，子どもたちが家を出て，心の支えを失い，精神的に不安定な状態となり，休職を経て勤め先を退社した。B社の従業員は，Aに対し，名前が悪い，不幸を呼ぶ，夫の死亡もAの名前のせいであり，息子や娘にも悪いことを招くと述べて，改名を勧め，名前と同じく良い印鑑をもてば運命が開けると述べ，祈禱や印鑑を勧めた。Aは動揺し，不幸を避けるために改名や印鑑の購入や祈禱が必要であると信じ込み，Bとの間で，改名，祈禱，印鑑の購入の契約を次々に締結し，総額150万円を支払った。

> 暴利行為

(1) 暴利行為の意義　暴利行為は，90条により無効とされる。「暴利行為」とは，伝統的な定式化によると，一方当事者が，他方当事者の窮迫・無思慮・軽率・無経験に乗じて過大な利を得る法律行為であり，またそれを90条を根拠に無効とする法理である（前掲大判昭9・5・1，名古屋地判平21・10・23判タ1333号170頁等）。Case 6-4 ①では，Aの窮状に乗じて非常な高利の消費貸借契約が締結されており，暴利行為に該当し，無効である（なお，年利365％は利息制限法違反であるが，利息制限法上は無効となるのは制限利息〔①では18％〕を超える

部分の利息の約定である〔利息制限法1条〕。また，Bが貸金業者であれば109.5％を超える割合による利息の契約を業としてしたときは消費貸借契約全体が無効となる〔貸金業法42条1項〕）。

暴利行為を無効とする法理は，本来は，当事者の主観的判断に委ねられる契約の対価性や価値の評価に対し，一定の客観的な価値の均衡の観点を持ち込むとともに，そのような不均衡の生じる基礎に一方当事者が合理的な判断ができない状況にあり，他方当事者がその状況を利用して，不均衡な契約の締結に至っているという事情を不当視するものである。そのため，意思決定の十全さが確保されていないまま不利益な契約を余儀なくされるときに，相手方の行為態様を勘案して，意思表示・法律行為の効力を否定するものであるから，意思表示についての規律を補完する意味をもっている。

（2）　**暴利行為法理の展開**　　また，暴利行為法理は，特に消費者契約の領域において展開をみせており，表意者が合理的な判断をできない事情，相手方の態様，法律行為の内容のそれぞれにおいて伝統的な定式化からより広がりをみせた適用例が裁判例において展開している（認知症や高齢に伴う売主の判断力の低下に乗じた非常な廉価での不動産取引につき東京高判平30・3・15判時2398号46頁等）。Case 6-4 ②は，Aが精神的に不安定な状態にあることにつけこみ，心理的に動揺させ，（通常に比して）高額の不必要な契約を締結させるもので，「著しく不公正な勧誘行為によって，不当に暴利を得る目的をもって行われた」もので暴利行為として公序良俗に反し無効とされる（大阪高判平16・7・30〔平15（ネ）3519号〕LEX/DB 25437403。2018年改正により新設された，いわゆる霊感商法による契約につき暴利を要件とせずに取消権を認める消費者契約法4条3項8号も参照）。

また，不公正な勧誘については，知識・経験がない個人に危険性

の高い金融取引をその商品特性やリスクについて十分な説明もせず長時間執拗に勧誘する場合に著しく不公正な方法による取引として（暴利を打ち出すことなく）公序良俗違反性が認められている（最判昭61・5・29判時1196号102頁〔金地金の先物取引の例〕）。

Column ⑫　暴利行為規定の明文化の試み ●◆●◆●◆●◆●◆●◆●◆●◆●◆●

　暴利行為規定は，ドイツ法に明文があり，これに示唆を得て学説で論じられ，大審院以来，判例が採用し，展開している。特に，近時は，伝統的な定式には収まらず，より拡張した判断が下級審裁判例において集積されつつあり，現代型暴利行為論と呼ばれている。暴利行為規定の明文化は2017年の民法改正の検討課題の1つであり，たとえば，「相手方の困窮，経験の不足，知識の不足その他の相手方が法律行為をするかどうかを合理的に判断することができない事情があることを利用して，著しく過大な利益を得，又は相手方に著しく過大な不利益を与える法律行為は，無効とする」旨の規定（民法（債権関係）の改正に関する中間試案〔2013年〕第1・2 (2)）などが検討されたが，21世紀の民法典におけるその定式のあり方について意見の一致をみず，明文化は見送られている（なお，この定式化については，「著しく過大な」という点がなお伝統的な定式にとどまっており，現代的な暴利行為類型をとらえきれていないきらいもある。「不当な」という定式の方が適切であるという指摘もある。また，利益・不利益のみへの着目についても，権利の侵害に着目すべきであるなどの指摘がある）。また，消費者契約法において条文化する検討も進められ，個別の規定はいくつか設けられたものの，一般的な規定が置かれるには至っていない。

●◆

　このほか，過大な損害賠償額予定条項や違約金条項について，窮状に乗じて極めて過酷な損害賠償額予定条項を約させた場合に，当該条項を無効（一部無効）とする例もある（大判昭18・5・17法学12巻992頁，東京地判昭28・7・15判タ34号62頁等）。これに対し，これらの特定の条項の効力が問題とされる場合に，債務者の無思慮・窮迫という事情や債権者がそれに乗じたという事情を実際にはほと

んど問題にすることなく，過大さ（のみ）に着目して公序良俗違反とする裁判例もある。フランチャイズ契約における競業避止義務違反の場合のように営業の自由への過度の制約が問題となる場合において端的に予想される損害額との著しい不均衡，金額の過大さのみを打ち出す例もある（神戸地判平4・7・20判タ805号124頁，東京地判平21・11・18判タ1326号224頁等）。一方，在学契約における学納金不返還特約について，公序良俗に反しないとされた（原審は暴利行為で公序良俗に反し無効としたが，最判平18・11・27民集60巻9号3732頁は，授業料の不返還特約は，その目的・意義に照らし，学生の大学選択に関する自由な意思決定を過度に制約するなどの学生の著しい不利益において大学が過大な利益を得ることになるような著しく合理性を欠くものでない限り，公序良俗に反しないとする。なお，別途消費者契約法9条1項1号や10条による無効の余地がある〔最判平18・11・27民集60巻9号3437頁〕）。

Case 6-5—————————————————————
　①　Aは，人を殺すために，B店で出刃包丁を購入した。
　②　Aは，賭博の負けを弁済するために，Bに事情を話し，Bから50万円を借り入れた。

_____

┌─────────────┐
│　　動機の不法　　│
└─────────────┘
　動機のみに公序良俗違反性が存在する場合の公序良俗違反該当性は「動機の不法」の問題として論じられている。たとえば，殺人目的で出刃包丁を購入するCase 6-5①や，賭博の負けを弁済する目的で借財するCase 6-5②の場合には，出刃包丁の売買，金銭消費貸借それ自体では，公序良俗には反せず，その動機のみに公序良俗違反性がある。これらの契約は，①では殺人を幇助する意味をもち，また，②では

そのような金銭消費貸借は賭博の負けによる弁済を可能にし，賭博結果を実現することに手を貸すことになるため，容認すべきではないと考えられる。しかし，動機については相手方からはわからないため，相手方の保護，ひいては取引の安全への配慮が必要となる。うかがい知れない事情によって法律行為が無効となることによる相手方の不測の損害を考えると，相手方がそのような事情・動機を知っている場合や履行前であって損害の程度が小さい場合には，相手方の配慮は問題とならない，あるいは後退する。そこで，相手方がそのような不法な動機を知っている場合には，当該行為も不法性を帯び，公序良俗に反すると言われる。また，相手方が動機を知らない場合であっても，相手方の保護の必要が後退する場合があると言われ（人身売買目的での輸送船の賃貸など），学説では，当該法律行為と動機との間の牽連性の強さと動機の不法性の強さの相関によって決する考え方が示されている。もっとも，法律行為の動機が問題なのであって，意思表示の動機とはずれがあり，具体的には，契約の場合には一方当事者の動機ではなく，両当事者が契約にどのような目的・動機を結びつけていたかが問題とされるから，一方当事者の動機を他方当事者が知らないときは，どれほどその動機の不法性が大きくとも，それだけでは契約は公序良俗違反ゆえに無効とはならないとも指摘されている。

　愛人への遺贈もまた，動機・目的が，公序良俗違反該当性の判断にあたり，重要な役割を果たす場面である（愛人関係維持の目的であるときと，遺言者の死後に遺される愛人の生活の保障を目的とするときとを対比してみよう）。この事案においては受遺者の認識はあまり問題とされていない。遺言が相手方のない単独行為であり，最終意思処分であることから取引の安全を語る必要のない場面と考えられているからであろう。一方，無償処分であることを重視して取引の

安全の考慮が後退すると整理する余地もあり，いずれの視点に依るかで，贈与などの相手方のある無償行為の場合の扱いに違いが生じる可能性がある。

Case 6-6━━━━━━━━━━━━━━━━━━━━━━━━━━━━━━

A証券会社は，B会社との取引を維持するために，B会社の資金30億円を年利8%で運用することを保証し，年利8%の運用益を出せなかったときは差額をA会社が補填する旨の損失補填契約を締結した。その4年後に，損失補填を厳に禁止する旨の大蔵省証券局長通達（当時）が出された。

━━━━━━━━━━━━━━━━━━━━━━━━━━━━━━━━━━━━

> 公序良俗違反性の存在
> 時期

かつては公序良俗に反すると考えられていたものが現在ではさほど問題視されなくなっていたり（たとえば，家族関係に関する社会通念について言われることが多い），逆に，かつては公序良俗に反するとまでは考えられていなかったが，現在では，公序良俗に反すると考えられているものがある（Case 6-6）というように，公序良俗の概念には，時代による変遷がありうる。

公序良俗違反該当性ひいてはそれによる法律行為の無効は，いつの時点の公序良俗概念を基準とするのか。法律行為時であるというのが判例である（前掲最判平15・4・18）。民事上の法律行為の効力についての基本的な考え方（特別規定がない限りは，民事上の法律行為の効力は当時の法に照らして判断される。さらには，特別の規定がない限り，〔事後法に〕遡及効はない）や，後の社会通念の変化・公序良俗概念の変化によって，行為時に無効であった法律行為がその後に有効となったり，逆に，行為時に有効であったものが無効となるのは，相当ではないというのが理由である。法律関係の安定性を重

視するものといえる（前者においていったん効力を否定されたのに，有効であるとして請求がされるようになったり，後者において履行済みであるのに無効だとして原状回復が求められたりする場面を考えてみよう）。

　この立場では，特に，後に公序良俗違反となったとき，そのまま履行請求を認めてよいのか，いまや法が是認しない効果をもたらすことに私法・司法が助力することになることをどう考えるかという問題が残る。学説では，公序良俗違反の法律行為の無効は，違反行為の実現を否定する点にあるとして，履行請求の時点を基準とする見解もある（あくまで履行請求の限りで効力が否定され，すでに履行された行為の効力の覆滅はまた別の問題となりうる）。行為時を基準とする判例の立場によっても，履行請求がそのまま認められるとは限らない。学説では，行為時を基準としつつ，その後の法状況の変化によって履行が不能となったために履行請求が否定されるという見解や行為の基礎の喪失を理由とする見解などがある（契約に内在する履行についての引受として，そこまでの履行は約束されていないという処理の仕方である）。証券会社の損失保証契約について，前記最判平15・4・18は，当該契約締結時には公序違反であるというまでの強い反社会性が社会的認識とはなっていなかったが，現在では公序違反であると評価されている場合につき，当該契約は公序良俗に反しない（契約時の公序概念基準による90条該当性の判断）としつつも，当該契約に基づく履行請求は，証券取引法42条の2第1項3号（現・金融商品取引法39条1項3号。罰則もある〔金融商品取引法198条の3〔3年以下の懲役，300万円以下の罰金，または併科〕〕）の禁止する財産上の利益提供を求めるものであるから，法律上，この請求が許容される余地はないとして，履行請求を否定している（法律行為の効力ではなく，履行請求の当否のレベルでの処理。証券取引法〔当

時〕という他の法令の禁止規定が履行請求を許さないものであるという形で他法令による制約として処理する方法によっている）。

なお，基準時が法律行為時であるということ（公序良俗違反該当性の判断の基準の問題——公序良俗違反の判断基準に変遷があるときに問題となる）と，公序良俗違反性の判断において，法律行為後の事情を考慮すること（判断資料の範囲の問題）とは別問題である。

公序良俗違反性の存在形式

公序良俗は，法律行為の内容に関する有効要件であると言われる。2017年改正前の民法90条は「公の秩序又は善良の風俗に反する事項を目的とする法律行為」を無効と定めていた。「目的」には解釈の余地があるが，一般に，内容を意味すると考えられていた。しかし，公序良俗違反の法律行為は，法律行為の内容そのものが公序良俗に反するものに限られるわけではない。

たとえば，賭博の費用のための借金のように，消費貸借契約の内容自体ではなく，賭博費用のためという動機部分に公序良俗違反性がある場合がある（⇒Case 6-5 ②）。

また，法律行為の内容が不相当であるがそれのみでは公序良俗に反するとは言えず，法律行為の一方当事者の状況や相手方当事者の行為の悪性があいまって，公序良俗違反性が認められる場合がある。暴利行為と呼ばれる類型である（⇒Case 6-4）。

法律行為については，法律行為全体について公序良俗に反する場合のほか，特定の条項が公序良俗に反する場合が認められている（過大な違約金条項を暴利行為として無効とする例や，フランチャイズ契約において競業避止義務違反の場合の違約金条項について一部を無効とする例〔前掲東京地判平21・11・18〕など）。これにより，公序良俗は不当条項規制の（一般規定の）役割をも担っている（消費者契約の条項については消費者契約法10条が，定型約款中の条項については民法

548条の2第2項が，不当条項規制の役割を〔も〕担うため，この面での公序良俗の規律はこれらの規定の適用範囲外の領域を対象とする点でこれらの規定を補完するとともにその基礎を提供する意味をもつ）。

　また，公序良俗違反性は，複数の法律行為にわたって問題になることもある。代表例は，芸娼妓契約の例である（前掲最判昭30・10・7。娘の芸娼妓ないし酌婦稼働契約が公序良俗に反し，それと密接に関連する父親の消費貸借〔前借金〕契約が無効とされている）。近時の消費者契約においては，物やサービスの供給者とそのための資金の提供者が別主体であり，それぞれ別個の契約であるが，一体的に消費者に提供される形態のものが増えており（物やサービスの購入のために信販会社のクレジットを利用する場合など），売買やサービス提供契約の無効が，金銭消費貸借や立替払契約の無効を招来するかが問題になることが少なくない（最判平23・10・25民集65巻7号3114頁。関連して，割賦販売法35条の3の13〜16参照）。

効果——無効　90条の効果は法律行為の無効である。

　伝統的には，その無効は法律行為全体の無効（全部無効）であり，誰からも主張できる絶対的無効である。しかし，公序良俗違反の法律行為の範囲の広がりや公序概念の広がりによって，政治的・道徳的（人倫）・警察的秩序のみならず，特定の主体（たとえば労働者や消費者など）の保護を狙いとした公序が展開すると，当該保護されるべき主体に無効主張を限定する（相手方からの無効主張は認めない）相対的無効の余地が出てくる。この点については，まず，特定の主体の保護が主眼である場合も，特定の主体の保護を通じて，市場秩序・一般秩序の確立や保護を図る場合があり，そのような場合には主張権者の限定されない絶対的無効たりうる。また，特定の主体の保護であっても，公序良俗違反は社会の基本秩序に反する以上，意思能力の規定などとは異なり，基本的に無

効の主張権者に限定はなく，一方当事者からの無効主張を封じる必要のある場合は，権利濫用の有無を問題とすれば足りるとも指摘されている。

　また，特定の条項を公序良俗違反とする場面では，公序良俗違反性は当該条項のみにあり，無効もまたその範囲にとどまる（必要に応じ，その条項が対象とした事項について，任意規定等による補充がされる）。また，過大な損害賠償額の予定条項が，過大な部分のみ無効とされる場合のように，条項自体についても全部無効に対し一部無効がありうる（強行規定では，利息制限法1条〔制限超過利息の約定のある場合，当該利息約定全部［それ自体は金銭消費貸借の一部］ではなく制限超過部分のみを無効とする〕が一例である）。

　複合的な契約の場合には，1つの契約が公序良俗違反とされる場合に，密接に関連する他の契約がともに公序良俗違反と評価される場合がある（前掲最判昭30・10・7。なお，1つの契約が公序良俗違反により無効となる場合に，その契約の存在が他の契約の存立に不可欠であるようなときは，他の契約自体が公序良俗違反と評価されるのではなく，前提を欠くために存続しえずに無効となる場合もある）。

　法律行為が無効とされると，当該法律行為の実現を図る履行請求はできず，またすでに履行された部分があってもそれは基礎となる法律行為が無効であるために，給付を返還し相手方を原状に復させる義務を負う（121条の2第1項）。既履行部分の返還は，法律行為が無効である以上，給付の保持には法律上の原因がなく，不当利得ゆえの返還という性格をもつが，公序良俗に反する法律行為に基づく履行の場合には，不法原因給付として返還が否定される場合がある（708条）。公序良俗違反（90条）と不法原因（708条）との関係については，両者は一致するという考え方もかつてはあったが，公序良俗違反であっても不法原因には当たらないものがあることが認

められており，公序良俗違反の範囲が拡張するに伴い，公序良俗違反と不法原因との間のこの乖離は広がっている（具体的には民法6を参照）。

⑤　消費者契約と信義則，定型約款と信義則

Case 6-7————————————————————

①　Aは，Bの運営するテーマパークの入場券を購入した。入場券の裏面には，パーク内での事故については，Bの故意または重過失によるものとBが判断したときを除き，責任を負わない旨が記載されていた。

②　Aは，B会社との間で，1年後の結婚式場の予約をした。AB間の契約書には，他の客から同日の予約の問い合わせがありそれを断った後のAの解約の場合には，式場代全額をAが支払う義務を負う旨の条項があった。Aの予約の2日後に，他の客から同日の予約の問い合わせがあり，Bはそれを断った。Aの予約の1週間後に，Aは予約をキャンセルしたい旨をBに伝えた。Bは，Aに対し，式場代全額の支払を求めた。

③　AはB私立大学の入試に合格し，入学金と授業料を支払い，入学の手続をした。その後，Aは別の大学に行くことにし，Bに対し，入学を辞退する旨を通知した。Bの募集要項および入学要項には，入学を辞退したときは，入学金および授業料はいかなる理由があれ，一切返還しない旨の条項があった。

————————————————————

（1）　不当条項の効力の否定　　内容の不当な条項について公序良俗違反としてその効力を否定することが認められているが，このような不当条項の効力否定（内容規制）については，元来，法律行為全体を対象として無効とする民法90条よりも，条項規制に特化した規律の創設がふさわしいと指摘されている。

契約条項一般についての規定は存在しないが，民法では，定型約款について，（定型約款の個別条項で548条の2第1項により合意をし

たものとみなされる要件を満たす条項であっても）相手方の権利を制限し，または義務を加重する条項であって，その定型取引の態様・実情，取引上の社会通念に照らして，信義誠実の原則（1条2項）に反して相手方の利益を一方的に害すると認められる条項は，合意をしなかったものとみなされ，効力が認められない。

　また，消費者契約法（⇒2⑥）は，消費者契約の条項について，法令中の任意規定の適用による場合に比して消費者の権利を制限しまたは義務を加重する条項であって，信義誠実の原則（民法1条2項）に反して消費者の利益を一方的に害する条項を無効としている（消費者契約法10条）。任意法規（明文規定に限られず，一般的な法理等を含む。最判平23・7・15民集65巻5号2269頁。消費者契約法10条の前半の例示〔不作為を行為の申込み・承諾擬制条項〕はこのことを含意している）からの逸脱すべてを無効とするのではなく，合理性のない任意規定の修正（信義則に反して一方的に消費者の利益を害するもの）を無効とする。

　(2)　**判断基準**　　いずれも，相手方の権利の制限・義務の加重の条項であって，相手方の利益を一方的に害する条項の効力を否定するものであるが，相手方の利益を一方的に害するかの判断の基準は信義則である（換言すれば，信義則に反する一方性が基準となる）。これは，定型約款のように定型約款準備者の一方的策定にかかり，交渉や異なる合意の余地のない条項については定型約款準備者に，消費者契約のように事業者と消費者の間に情報や交渉力に構造的な格差がある場合には事業者に，相手方の利益に配慮した条項の策定が信義則上課されることを示していると見ることができる。そして，これらの規定の存在は，定型約款による取引や消費者契約に関する公序をなしていると整理することができる（公序の具体化としての消費者契約法10条。もっとも，学納金返還訴訟では，授業料の不返還特

約につき，その目的，意義に照らし，学生の大学選択に関する自由な意思決定を過度に制約し，学生の著しい不利益において大学が過大な利益を得ることになるような著しく合理性を欠くと認められない限り，公序良俗には反しないとされたが，消費者契約法9条該当性〔平均的な損害を超える損害賠償額予定・違約金条項〕の余地は認められている。最判平18・11・27民集60巻9号3437頁等）。

（3）**不当条項のリスト**　　さらに消費者契約法では，個別に不当条項として無効となる条項を定めている（個別条項リスト。同法8条〜9条）。事業者の債務不履行による責任や履行の際の不法行為による責任の全部を免除する条項や故意・重過失による責任の一部を免除する条項，事業者の責任の有無や限度を決定する権限を事業者に付与する条項（同法8条1項，Case 6-7①），事業者の債務不履行により生じた消費者の解除権を放棄させる条項（同法8条の2），消費者の後見開始等のみを理由に事業者に解除権を与える条項（同法8条の3），消費者契約の解除の際に消費者が支払うべき損害賠償額の予定条項または違約金条項であって当該事業者に生じる平均的損害を超える部分（Case 6-7②，授業料につき Case 6-7③。ただし，Case 6-7③は損害賠償・違約金条項ではなく，清算に関する〔不返還〕特約であり，端的に消費者契約法10条該当性の問題となるという指摘もある），契約上の金銭債務の不履行（遅滞）の場合の消費者が支払うべき損害賠償額の予定または違約金条項であって年 14.6% の割合による額を超える部分（同法9条），などである。

◆平均的な損害とは　　同一事業者が締結する多数の同種契約事案について類型的に考察した場合に算定される平均的な損害の額という意味である（消費者庁『消費者契約法逐条解説』〔令和5年2月，消費者庁ウェブサイト〕156頁）。具体的には，解除の事由，時期等により同一の区分に分類される複数の同種の契約の解除に伴い，当該事業者に生

じる損害の額の平均値を意味する。この額はあらかじめ消費者契約において算定することが可能なものである。これは，事業者には多数の事案について実際に生じる平均的な損害の賠償を受けさせれば足り，それ以上の賠償の請求を認める必要はないという考え方に基づく。また，この「平均的な損害」は，当該消費者契約の当事者たる個々の事業者に生じる損害の額について，契約の類型ごとに合理的な算出根拠に基づき算定された平均値であり，当該業種における業界の水準を指すものではない。平均的な損害をめぐっては，**通常生ずべき損害**（民法416条1項）との異同，それに限る趣旨，内容，立証の困難への対応等をめぐって，立法論を含めた議論がある。

　また，端的に無効ではないが，消費者契約法10条の前半要件（第1要件）に該当する不当性の高い条項の例として，消費者の不作為をもって当該消費者が新たな消費者契約の申込みまたは承諾の意思表示をしたものとみなす条項（たとえば，ある商品を購入したところ，その売買契約書中に消費者が不要の旨の連絡をしない限り，毎月その商品の維持や利用のための消耗品を購入する契約を締結したものとみなす旨の条項があった場合など。なお，締結した契約中の条項——そのため契約中の条項として拘束力が問題となる——ではなく，そもそも頼みもしない——何の契約もしていない——のにある商品が送付され，一定期間内に送り返さないときは購入を承諾したものとみなす旨が記された文書が同封されていたというときは，ネガティブ・オプションと呼ばれ，もとより契約は成立しない。ネガティブ・オプションについては特定商取引に関する法律59条も参照）があげられている。

　立法例では，たとえば，事業者の債務不履行により消費者の生命・身体が侵害され損害賠償責任が生じる場合にその一部を免責する条項など，他にも無効とされる条項の例があり，また，合理的な理由がない限り無効となる条項のリスト（グレーリストと呼ばれることがある）を設けている例もある。総体的に，日本の消費者契約法

の不当条項のリストはその薄さが指摘されており，拡充の試み・検討がされている。

2 意思表示の瑕疵

●法律行為の有効要件 2

① 総　説

意思表示は，法律行為の構成要素として，意思どおりの法律効果をもたらすための制度である。意思の存在や形成の過程・前提に問題がある場合には，意思表示は無効あるいは取り消しうるものとなる。そのような意思表示の瑕疵の制度として，民法は，心裡留保（93条），虚偽表示（94条），錯誤（95条），詐欺（96条），強迫（96条）の 5 つの制度を用意している。

表意者保護と相手方（取引の安全）保護

表意者に，法的な効果をもたらす意思（＝効果意思）が欠けている場合には，意思どおりの効果を発生させる制度においてその意思が存在しないという状況でありいわば中核が欠けているから，そのような意思表示に表意者を拘束することは，制度趣旨にそぐわない。しかし，効果意思の欠落は相手方からは判然とせず，意思表示制度が安定した制度として用いることができるようになるためには，相手方の信頼を保護する必要がある。

意思表示の瑕疵の制度は，意思の存在や意思の形成の過程・前提に問題を抱える意思表示について，その拘束力から表意者を解放する要請と，表示を受けそれに信頼を寄せて行動する相手方の正当な信頼の保護の要請との間のバランスで成り立っている。

具体的には，相手方の有無，表意者の行為態様・主観的態様，意思表示の瑕疵の重要性，相手方の行為態様・主観的態様が，要件に

結実している。また，両当事者の間にとどまらず，それを超えて，特に相手方側から第三者が登場するときは，第三者の信頼の保護や取引の安全を図る必要がある。そこで，第三者保護規定がさらに組み合わされることになる。

静的安全（表意者の保護）と動的安全（取引の安全）のバランスの取り方については，時代による力点の変遷もある。

静的安全と動的安全は，具体的な解決の点では相反するが，動的安全が一定範囲で図られることが，制度の利用可能性を支えているため（取引の安全を図ることで，表意者としても取引可能性が広がる），制度の利用者としての表意者としては，意にそまない意思表示に拘束されてしまうことからの救済とともに，意思表示をできるというその機会確保という点での利益もある。その点では，表意者となる者にとって，静的安全の保障さえあればよいというわけではないことに留意しよう。

意思の存在や形成の過程・前提に問題がある場面は，民法が用意する5つの制度に網羅されるわけではない。たとえば，害悪の告知がされ畏怖した（強迫）わけでもだまされたわけでもないが，自宅に押しかけられ再三の退去要請にもかかわらず長時間にわたって居座って商品を勧められたため，とうとう根負けしてとにかく出て行ってくれるならと契約をしたという場合，相手方の行為態様や表意者の意思形成過程から拘束力をそのまま認めることには問題があるが，上記5つのいずれにも当たらない。そのような場面のいくつかは，個別の立法（消費者契約法4条ほか）で手当てがされているほか，民法においては，契約内容面での不合理性や不必要性等とあいまって，民法90条により無効を認める余地がある（裁判例や学説）。意思表示の瑕疵の制度が，表意者の意思における問題性と相手方の行為態様における問題性とのバランスを軸にしているのに対し，民

法 90 条による裁判例や見解は，これら（表意者の意思の不十分さ，相手方の行為態様）に加えて，法律行為の内容面や表意者の判断力を含めた，総合的な枠組みを示しており，このような民法 90 条の展開ないし活用は，意思表示の瑕疵の制度の「硬直性」を補完する機能を営んでいる（反面，予測可能性を損なう面がある）。

| 意思主義と表示主義 |

法律行為が効力を認められるのは，当事者の意思に効力を認めるからである。意思に基づいた法律関係の創設・変更を法が認めるからである。したがって，意思に何らかの不完全さがある場合には，法律行為は有効なものとして意思に基づいた効果が認められない。これを意思主義と言う。法律行為制度の根底にあるのが，当事者の意思の尊重ならば，意思のないところ，法律行為，ひいてはそれによる法律効果なし，というのは当然の帰結であろう。

しかし，他方，意思は表示されなければ意味をなさない。そして，表示された場合，その表示に対する信頼の問題が生じる。相手方や第三者の信頼，ひいては取引の安全の考慮がそこに入ってこざるをえない。取引の安全の考慮は，さらには，取引機会の確保という観点から，再び，意思に基づく法律関係の変動の確保につながる。このため，意思がなかったり，意思に何らかの不完全さがある場合でも，表示に対する信頼の保護の点から，表示に従った効果が認められる場合がある。これを表示主義と言う。

問題は，意思主義と表示主義のバランスをどこでとるかである。民法は，意思表示の節の，93 条〜96 条において，それぞれ，そのバランスを規定している。また，これら 5 つの制度のみを用意すること自体も，それに該当しない場合のリスク分担についての立場を示しているわけであり，すでに 1 つのバランスの体現といえる（それが十全でない場面があるという判断のもと，個別立法や民法 90 条の活用

が展開している）。また，意思主義をとったうえで，相手方の信頼保護は，損害賠償で対処するという立法政策もある。しかし，損害の立証や損害賠償の範囲など相手方の保護として十全ではないことから，無効としないことで保護を図っているのが日本民法の制度ということになる。このことは，民法の意思表示の瑕疵の制度によって保護されない相手方が，不法行為に基づく損害賠償による救済からも当然に排除されるものではないことをも含意している。

意思表示の構造，意思の意義，意思の欠缺と意思表示の瑕疵　伝統的に，意思表示の心理過程を分析する次のような構造が説明に用いられている。

　このような構造理解自体は，19世紀に，当時の心理学の影響のもと，ドイツ法学によって分析されたものである。このような構造理解自体，普遍的なものではなく，現在揺らいでいるが，他方，民法の規定および判例の理解にあたっては，このような構造の理解を頭に入れておくことが有用である（101条1項の「意思の不存在」の理解など）。

図表 6-1　意思表示の構造

たとえば，「○社のコスモスという腕時計を1万円で買おう」という意思表示を考えると，「クリスマス・プレゼントに最適だろう」「やがてプレミアムがついて2倍くらいの価格になるだろう」など「買う」と決めるにあたってはいろいろな動機・縁由がある。このような動機のもと，「よし，コスモスを1万円で買おう」と決心する。この決心・意思が効果意思であり，この意思を相手に伝えようと考えるのが表示意思である。そして，お店で，「この1万円のコ

スモスをください」と言う行為が表示・表示行為である。

このうち，内心の「意思」形成過程では，表示に対応し，法律効果を発生させようという「効果意思」，そのような効果意思を表示しようとする「表示意思」，効果意思の形成の契機となる「動機」（事情の認識・理解）が考えられる。このうち，「意思」とはどれを，あるいはすべてを，指すのか。

伝統的には，「意思」とはこの内心のすべてを指すのではなく，「効果意思」を言うと考えられた。そして，こうして考えたとき，「意思」に問題がある場合としては，表示に対応した効果意思がおよそない「意思の不存在」の場合と，効果意思は存在するがその形成過程に問題のある「意思表示の瑕疵」の場合が存在する（101条1項参照）。心裡留保，虚偽表示，錯誤のうち表示錯誤は，前者であり，錯誤のうち事実錯誤，詐欺，強迫は後者である。おおむね，（より欠落の重大な）意思の不存在には無効という効果が，意思表示の瑕疵には取消しという効果が付与されている。もっとも，無効か取消しかは立法政策の問題とも言え，2017年改正により，以前は無効とされていた錯誤規定は意思欠缺錯誤も含めて効果は取消しとされている。

② 心 裡 留 保

真意ではないことを知ってした意思表示の無効

心裡留保は，表意者がその真意ではないことを知って意思表示をする場合である（93条1項本文）。「真意ではない」とは，表示に対応した法律効果をもたらす意思を有していないことを意味し，表示に対応する意思の不存在の類型である。

意思の不存在の場合には，表意者を意思表示に拘束する基礎を欠くので無効であるが，真意ではないことを自ら知りながら表示をし

た表意者の帰責の大きさと，相手方の保護の観点から，相手方が，表意者の意思表示が表意者の真意ではないこと（対応する効果意思を持たないこと）を知っていた場合，または知ることができた場合には無効とし，そのような相手方の悪意または有過失を，無効を主張する者（＝表意者側）が主張立証責任を負う規律としている。

　また，心裡留保を基礎として法律関係に入った第三者の保護のため，心裡留保による無効は善意の第三者に対抗できない（93条2項）。第三者の保護要件が，善意であって，無過失まで要求されていないのは，真意ではないことを知って意思表示を行っている表意者の帰責性とのバランスによる。

Case 6-8

　①　仕事での不始末に社長がたいへんに立腹していると聞いたAは，先輩の助言を受けて，反省している姿勢を示すために，社長に辞表を提出した。社長は，反省しているんだなと念を押し，辞表は預かっておくと言って，机の引き出しに入れた。Aは，これでこの件は決着したと考えていたが，後日に，辞表が受理され，労働契約は終了したと告げられた。

　②　Aは，競合相手がその場所に店舗を出すのを阻止するために，実際に購入する気は全くなかったが，Bに対して，甲土地の購入を申し入れた。Bは，他社の申し出を断り，Aに対し，甲土地をAに売却する旨を通知した。

| 心裡留保の2類型 |
| ——非真意意思表示と |
| 狭義の心裡留保 |

真意ではなく，それを知りつつ意思表示をする場合には，2つの類型がある。第1は，真意ではないが，相手方も真意ではないことをわかってくれるだろうと期待して行う場合（非真意意思表示・諧謔表示。Case 6-8 ①）と，相手方が真意であると受け取ることを期

待して行う場合とがある（狭義の心裡留保。Case 6-8②）。

　相手方の信頼が保護されるために、相手方の善意のみならず無過失まで要求されるのは、表意者が真意ではないことを知りながら意思表示をしていることとのバランス上、過大であると言えるが、第1の類型については表意者の行為にも宥恕すべき点があり、無過失を要求することにも理由があると言われる。相手方の保護に無過失が要求されているのは第1類型の存在ゆえであると考えられるから、第2の類型については善意のみで足りるとするのが合理的であろう（なお、第三者との関係では、第三者に無過失までは要求されておらず、自ら真意ではないことを知ってした表意者の帰責性の大きさが反映されている）。規定上は、無過失（知ることができたか否か）が要求されているから、その該当性に関してこれらの類型のいずれであるかを考慮しつつ、判断することとなろう。

　なお、教師（授業中の説明としての表示）や俳優（演技としての表示）の行為は、一定の効果意思を推断させるだけの表示としての意味（価値）のある行為に該当せず、そもそも表示行為を欠く（意思表示に当たらない）。

Case 6-9
　Aは、バーで知り合ったホステスBに良く思われたいという気持ちから、まだ会って2度目であったが、Bが独立したいというので、それなら資金を一部出してあげようと言い、その場にあったナプキンに、独立資金として400万円を贈与する旨を記載した。Bはこの申出を喜んで承けた。その後、Aは、Bの要請にもかかわらず400万円を支払おうとしない。

　Case 6-9 のＡＢ間の贈与契約は有効だろうか。Case 6-9 に類似した場合の贈与約束について，任意に履行されれば有効な履行行為として財産移転の効果が生じるが，強制まではできない法律関係（自然債務と呼ばれる）の可能性を示した大審院判決がある（大判昭10・4・25新聞3835号5頁・カフェ丸玉女給事件）。その一方で，同棲相手に別れるに際しなだめるために 1000 万円を贈与する等を記載した念書を交付した事例について，そもそも効果意思がないとする下級審裁判例もある（東京高判昭53・7・19判時904号70頁）。真意ではない意思表示（心裡留保）と法的に弱い効力しかもたない趣旨での意思表示との区別は微妙であり，強制的な履行を求める場面において，自然債務と心裡留保とは競合的な法律構成として現れうる。

　相手方が表意者の真意ではないことについて悪意であるときは，意思表示は無効である。相手方が悪意のときには，相手方が知っているというだけではなく，表意者が相手方と通謀している場合もある。相手方と通謀してした虚偽の意思表示は，虚偽表示として無効である（94条1項）。通謀にまで至らないが悪意の場合には心裡留保だけが問題となるのに対し，通謀にまで至っているときは，心裡留保を理由とする無効（93条1項ただし書）の要件の両方を充足する（心裡留保は「単独虚偽表示」といわれることもある）。

　2017 年改正前は，心裡留保には第三者保護規定（現 93 条 2 項）が存在せず，第三者保護が 94 条 2 項の類推適用により図られていたが，2017 年改正により 93 条 2 項が新設され，この局面で 94 条 2 項に依拠する必要はなくなった。

　表意者の意思表示を起点とするなら，93 条 2 項の新設後は，むしろ 93 条が 94 条を包摂しうる形となっている。もっとも，93 条

と94条とでは要件に違いがあり，94条は両当事者が効力を生じさ
せない合意をしている場面であり合意どおりの効果（＝効果を生じ
させない）を生じさせる場合であるとも言える。また実際に問題と
なる典型的な態様についても違いがある（93条の場合には履行まで
はされず，相手方から履行を求められ，表意者から心裡留保による無効
を主張するという場面が代表的であるのに対し，通謀して虚偽の外形を
作出する94条の場合には不動産取引における登記の移転など一定の履行
行為がなされており，その先に第三者が登場して，第三者から登記の回
復を図るなどのため虚偽表示の無効を主張して回復を請求するという場
面が代表的である）。加えて，94条2項の類推適用として形成・展
開されてきた一種の「外観保護法理」があり，94条は独自の意義を
有している。

適用範囲　　　株式会社における株式の引受けの意思表示
　　　　　　　等（会社法51条1項，102条5項，211条1
項），一般社団法人における基金の引受けの意思表示等（一般法人法
140条1項）については，明文で民法93条1項ただし書（および94
条1項）の適用が排除されており，これらの意思表示については心
裡留保（や虚偽表示）があっても無効とはならない。他に利害関係
人が生じうるため法的な安定性がとりわけ要請されるためである。
　このように明文のある場合のほか，相手方のない意思表示につい
ては適用がないとする見解もある（相手方の存在が書かれざる要件と
考える。相手方がなく意思表示に正当な信頼を寄せた者もないときは93
条1項の適用を原則的に否定して意思表示を無効としてよいという考え
方がこれを支える）。しかし，限定する明文がなく，相手方の存在を
要件としないというのが通説である（相手方のない意思表示は限られ
ており，それらについて安定性を図ることを重視するものと言えよう）。
それによれば，相手方のない単独行為（一般財団法人の設立行為，遺

言など）の場合には，93 条 1 項ただし書の適用の余地がなく，した
がって，常に有効となる。ただし，実質的に相手方を想定できる場
合（たとえば，共有者の 1 人が持分の放棄をそれによって利益を受ける
他の共有者と通謀して行った場合）には，94 条 1 項の類推適用によ
り無効とされる余地があり（最判昭 42・6・22 民集 21 巻 6 号 1479 頁），
また，そうであれば，93 条 1 項ただし書の類推適用の余地もある。

　また，養子縁組など家族法上・身分関係上の意思表示についても
議論がある。これらについては一般に，「真意の重視」が説かれる。
それによれば，本条の適用を否定し，真意に基づかない行為は無効
とされるが，本条の適用の有無を含め，問題となる事項に即してよ
り具体的に検討されるべきものである。

Case 6-10————————————————————————

　A は，贈与するつもりはなかったが，恋人を装うために B に対し，A
の所有する宝石を贈ると申し出て，B は A が本気ではないと薄々感じて
いたが，喜んで申出を承けると述べて，その旨を書面にしてもらい，さら
にその宝石を C に売却した。C は，A が真にその宝石を B に与えたもの
と信じていた。

| 第三者の保護 | 93 条 1 項ただし書の規定による無効は，善意の第三者に対抗できない。 |

　第三者とは，たとえば，贈与意思がないにもかかわらず，贈与の
意思表示をし，相手方が贈与意思のないことを知っていた，あるい
は知ることができたが，目的物を受け取った後，第三者に売却した
場合における買主（Case 6-10 の C）のように，心裡留保による意
思表示の有効性を基礎として，新たに法律関係に入った第三者をい
う（⇒③無効と第三者の保護）(3)）。

	表 意 者	相 手 方	(相手方からの)第三者の保護要件
心裡留保	知	善意・無過失のとき相手方保護	善 意
虚偽表示	知	知（通謀）	善 意
錯　　誤	不知・無重過失		善意・無過失
	不知・重過失	善意・無重過失，かつ，共通錯誤なしのとき相手方保護	
詐　　欺	不　知	欺　罔	善意・無過失
	不　知	第三者の欺罔・相手方が善意無過失のとき相手方保護	
強　　迫	知・畏怖	害悪告知	第三者保護規定なし
	知・畏怖	第三者の害悪告知（相手方の善意悪意を問わず保護なし）	

　表意者と第三者との衡量という点で，真意でないことを知りながら意思表示をしたという表意者の事情から，その保護の要件は，善意であり，無過失を要しない。ここにいう**善意**とは，表意者がその真意ではないことを知って意思表示をしたことについて知らないことを言う。

|　心裡留保規定の実際　| 　頻繁に裁判例に登場して用いられるのは，93条1項本文よりもただし書であり，93条1項ただし書（2017年改正前は93条ただし書）の類推適用が，法人の理事の場合，任意代理の代理人の場合，法定代理の代理人の場合に代理人の権限濫用の処理として，認められていた。2017年改正により代理権濫用の規定が創設され（107条），立法的に手当てが図られたため，この点での93条1項ただし書の意義は減じている。

③ 虚偽表示

Case 6-11

　①　Aは，その所有する先祖伝来の甲土地について債権者による強制執行を免れるために，所有権を移転するつもりはないが，登記上の所有権者名義のみを変更するために，Bに事情を話して，甲土地をBに売却する契約をし，甲の所有権移転登記手続をした。

　②　Aは，甲土地をBに贈与することを申し入れ，Bもこれを了承したが，税金対策上，取得額でBに売却する旨のAB間の売買契約書が作成され，A・Bはこれに署名捺印し，また，甲土地の所有権移転登記手続がされた。

相手方と通謀して行った虚偽の意思表示

　（1）　虚偽表示とは　　心裡留保は一人の問題である。これに対し，相手方と通じて，真意と異なる「意思表示」（表示行為／外形的意思表示）をする場合がある。これを虚偽表示，通謀虚偽表示という。たとえば，税金対策や相手方に信用を与える方便として，あるいは，執行逃れの方途として不動産の所有者Aが相手方Bと通謀のうえ，AB間で売買契約をして登記をBに移転する。これらの場合，AB間ではそのような法律行為の効果を生じさせる意思はなく形だけそうしておくという場合には，効果意思を伴わない（あるいは虚偽とする旨の効果意思を伴う）「虚偽の」売買契約であって無効である（94条1項）。当事者も仮装のつもりであるから無効という効果は当事者の意思に即していると言える。また，当事者が通謀して行っている以上，心裡留保のような相手方保護とのバランスからの要件の限定の必要もない。無効という効果は，当然といえば当然である。

このとき，AB間の契約が有効でBが有効に甲土地の所有権を取得していると信じてBから買い受けたC（善意の第三者）が現れた場合には，取引安全という別の配慮が働くため，その無効は，善意の第三者に対抗することができない（94条2項。⇒後述 <u>無効と第三者の保護</u>）。

　虚偽表示の場合，相手方と通謀しており当事者双方が効力を生じさせる意思はないから，その当事者間では有効とする必要はなく，「意思なきところ効力なし」の原則どおりであるが，そのような，（意思表示の）虚偽の外観を信じて取引に入った第三者が登場すると，表示に対する信頼の保護の要請が生じ，そもそも，わかっていながら虚偽の外観を作り出した当事者側に比し，善意の第三者の保護に傾くため，（無過失を要せず）善意の第三者に無効を主張できないこととされている。さらに言えば，1項の無効は当然であると考えられることからすれば，2項を引き出すために1項の意味があるとも言える。

　(2)　隠匿行為　　通謀虚偽表示には，虚偽表示とは別に本来意図した行為がある場合とない場合とがある。たとえば，Case 6-11の①債権者からの執行を免れるために，売買を仮装して登記を移転した場合，②税金対策のために贈与契約をしたが売買を仮装して登記を移転した場合を考えると，①においては，意思表示はされたが効果意思を欠くため，売買は無効である（が，第三者保護が問題となる）。これに対し，②においては，意思表示は実は2つある。1つは，本来の贈与契約であり，もう1つは，仮装の売買契約である。本来の贈与契約は贈与契約として成立し，効力を認められる（本来意図した，しかし，隠された行為のほうを「隠匿行為」と呼ぶ）。一方の仮装の売買契約は無効である（無効な売買契約を基礎として登場した第三者の保護が問題になりうるが，有効な贈与契約によって所有権が移

転し所有者からの権利取得者である以上は，特別の第三者保護規定を必要としない。なお，①においても，当事者間には，法律行為としての効果を発生させないという合意があると見，これを隠匿行為と見ることもできるが，別の合意の存在というより，むしろ効果意思の不在として虚偽の法律行為自体に組み込まれていると見るわけである）。

　当事者は贈与契約を意図していたところ，契約書は「売買」の契約書が使われていた（代金支払いの項目などは無用だが入っていたなど）という場合，このような記載が「誤り」であるなら，誤った表示がされているだけであって，その契約は両当事者が一致して理解したところに従って内容が確定され，その結果，贈与契約がされただけということになる（「誤表は害さず」という格言がある）。これに対し，当事者があえて贈与ではなく「売買」という形をとろうとしたときは，通謀虚偽表示となる。基礎にある「隠匿行為」たる贈与契約の有効性はその場合にも妨げられない。

Web 通謀虚偽表示と詐害行為取消権・債権者代位権 ❖❖❖❖❖❖❖❖❖
　Case 6-11 ①のように債権者からの執行を免れるために，売買を仮装するのではなく，現実に売買をしてしまうことがある。仮装であれば虚偽表示で無効であるのに対し，仮装ではなく売買がされたのであれば（それが債権者を害するときは）詐害行為取消権（詐害行為取消しによって効果を否定し財産を回復する。424条以下）の問題となる。実際には，仮装かどうかがはっきりしないことも少なくない。そのため，現実の争いでは虚偽表示であるとして無効を主張し，債権者代位権（423条）により，財産返還を求めるとともに，また仮装でないときには，詐害行為取消権による取消しおよび財産回復の請求をすることが少なくない。

❖❖❖❖❖❖❖❖❖❖❖❖❖❖❖❖❖❖❖❖❖❖❖❖❖❖❖❖❖❖❖❖❖❖❖❖

（3）　不実の登記　　債権者からの執行を免れるためには，不動産について売買契約を仮装するだけではなく，当該契約に基づいて所

有権移転登記をすることまで必要となる（そうでなければ差押債権者に対抗できない。なお，虚偽表示の場合には，通謀して虚偽の意思表示をするからにはそれに基づく履行行為もなされていることが典型的であり，そのため，第三者保護が問題となることが多い。心裡留保との現れ方の違いである。⇒②虚偽表示と心裡留保)）。この場合，売買契約という法律行為（ひいてはそれを構成する意思表示）自体が虚偽であるとともに，登記もまた虚偽つまり真実と異なる登記である。第三者保護が問題となるとき，第三者は，登記に基づいて，その原因となった法律行為の存在を信頼するのが一般である。虚偽の外観としては，虚偽の法律行為（売買）が存在するのだが，それ以上に，不実の登記が，（意思表示の存在よりも，登記名義人が権利者であるという外観についての）第三者の信頼を惹起する外観となっており，登記自体への信頼の保護が 94 条 2 項（その類推適用や「法意」の援用）を通じて図られている面がある（動産の場合は占有につき 192 条がある）。

Case 6-12
　①　Ａは，甲土地について，債権者による強制執行を免れるため，Ｂに諮ることなく，ＡＢ間の売買契約書を作成し，甲土地についてＡからＢへの所有権移転登記手続をした。
　②　Ａは，内縁の夫ＢがＡＢ間の売買契約書を偽造して，甲土地についてＢへの所有権移転登記手続をしていたことを知った。Ａは，Ｂに抗議したが，Ｂが甲土地に抵当権を設定してＣから金銭を借り入れるに当たり，甲土地がＢの所有であることを認めるような言明を行ったので，Ｃは甲土地がＡからＢに売却され，Ｂの所有であると信じて，抵当権の設定を受け，Ｂに融資をした。

相手方との通謀が要件である以上，相手方が必要である。もっとも，必ずしも積極的な協力関係を要しない（最判昭31・12・28民集10巻12号1613頁。単独行為の場合）。単独行為でも，相手方のあるものには適用の余地がある（たとえば，解除〔前掲最判昭31・12・28〕，他の共有者と通謀してなす共有持分権の放棄〔類推適用。前掲最判昭42・6・22〕）。

合同行為にも適用される（財団法人設立のための「寄附行為」〔最判昭56・4・28民集35巻3号696頁〕。これに対し，明文の除外として，会社法51条1項・102条5項・211条1項，一般法人法140条1項）。

通謀は，民法94条1項による無効（相手方の保護必要なし）を基礎づけるものであるが，通謀の要件，意思表示の要件は相当に緩和されている。さらに，94条1項は通謀して虚偽の（意思）表示をすることを要件としているが，権利者・表意者の虚偽の（意思）表示や外形の作出への関与は，通謀に至らない程度の場合にも，それと同様に評価できる事情があるときは，94条の類推適用が認められている。たとえば，Case 6-12 ①のように通謀はないが，権利者の行為によって虚偽の外観が作出される場合（成人の子の名義で所有権保存登記をするなど）に，本条の類推適用が認められている。また，権利者の積極的な行為によって外観が作出されたのではない場合でも，権利者が承認したような場合，さらには事後的な承認（最判昭45・4・16民集24巻4号266頁）や黙示の承認（最判昭45・9・22民集24巻10号1424頁）による本条の適用・類推適用が認められている（Case 6-12 ②）。

（1）当事者間での無効　　通謀虚偽表示に該当する意思表示や法律行為は無効である（94条1項）。したがって，当事者間においては履行を請求すること

はできないし，たとえば登記を移転しているような場合にはその抹消を求めることができる（なお，708条の不法原因給付に当たるかという問題がある。原則として通謀虚偽表示だというだけでは当たらないというのが一般的な見解である〔最判昭41・7・28民集20巻6号1265頁等〕）。

　(2)　第三者に「対抗することができない」の意味　　「第三者」が登場すると，通謀虚偽表示ゆえに無効であることは，善意の第三者に対抗することができない。取引において，前提となった法律行為，たとえば，AからB，BからCへとA所有の甲が売却されたとき，CはAB間の売買（によるBの所有権）を前提としてBから甲の所有権を買い受ける契約をしており，AB間の売買契約が有効ならば，順次，AからB，BからCへと甲の所有権が移転し，Cは甲の所有権を取得するはずであるが，AB間の売買契約が通謀虚偽表示ゆえに無効であるときは，AB間の売買契約が無効である以上それに基づいて甲の所有権が移転することもなく，したがって，Bは無権利者であって，Cは，無権利者との間で売買契約を締結したことになる。BC間の売買契約自体は虚偽でも何でもないから有効であって，Bは甲の所有権を取得してCに移転する義務をBC間の契約上負うのであるが，Bが甲の所有権者でない以上は，甲の所有権をCに移転することはできず，Cは甲の所有権を取得できない。

　しかし，Cにとっては，AB間の売買契約が通謀虚偽表示であるかどうかはうかがいしれないことであり，その無効をAはCに主張することができないとすることで，Cを保護するわけである（その効果について，「対抗することができない」とは無効主張が認められず，返還を請求できず，その結果として，あたかも甲の所有権がA，B，Cと順次移転したものと扱われるのか〔無効主張否認説〕，それとも，第三者保護のために第三者の権利取得を認めるものであり，Cが権利を取得

することでＡが権利を失うという関係を導くものであるのか〔法定効果説〕の見解の対立がある）。「対抗することができない」とは虚偽表示の当事者が第三者に主張することができないという意味であって，第三者のほうから無効を主張することは封じられない。

　(3)　「第三者」の意義　　第三者とは，一般的な定義は，当事者およびその包括承継人以外の者を指すが，さらに，各規定の趣旨から絞り込みが行われる。94条2項の第三者とは，虚偽表示による法律行為の存在を前提として法律上利害関係を有するに至った第三者をいう（大判大9・7・23民録26輯1171頁，最判昭45・7・24民集24巻7号1116頁）。具体例として，通謀虚偽表示であるＡＢ間の売買契約により所有権を買い受けた虚偽の外観を有するＢからの譲受人やＢから抵当権の設定を受けた者（大判昭6・10・24新聞3334号4頁），目的財産を差し押さえたＢの差押債権者（最判昭48・6・28民集27巻6号724頁）などが「第三者」に該当する（なお，代理人が相手方と通謀虚偽表示をした場合の本人は，「第三者」に当たらない）。

　(4)　善意の第三者　　無効を対抗できない第三者は，「善意の」第三者である。一般に「善意」とは，知らないことを意味するが，場合によっては信じたことを意味することもある。94条2項については，前者と解されている。つまり，「善意」とは問題となる事実や事情について知らないことを言う。この場合の善意の対象は，通謀虚偽表示であることである。すなわち，通謀虚偽表示であって無効であるが，通謀虚偽表示であるとは知らず（したがって有効な法律行為があったことを疑うこともなく，有効な法律行為があったと考えているのが通常であるが，そのように信じたことまでは要求されない），その法律行為の存在を前提として利害関係に立った第三者を，実はその前提となった法律行為が無効であったことから保護するのが，94条2項の規定である。もっとも，94条2項は，不動産取引にお

いて，登記に寄せられた信頼を保護する制度として機能している面があり，94条2項の文言上は善意の対象は，通謀虚偽表示であることを知らなかった点であるのに対し，通謀虚偽表示による譲受人が有効に権利を取得しており，真の権利者であると信じたことを，「善意」の内容としてとらえる向きがある（⇒後述 94条2項の類推適用）。94条2項や110条との類推適用や法意の援用）。このようなとらえ方からは，94条2項は，権利者であるかのような外観が作出され，その外観を信じた者の保護を図る規定として展開することになる。

善意かどうかは，第三者が法律上利害関係を有するに至った時点を基準として判断される（最判昭55・9・11民集34巻5号683頁）。第三者として保護されるための利害関係がどの段階までに至っている必要があるのかに関して，予約のような場合に予約成立の時か，予約完結の時かといった問題がある。判例は予約成立時でなく予約完結権の行使により売買契約が成立した時としている（最判昭38・6・7民集17巻5号728頁）。

善意の主張・証明責任は，第三者にある（最判昭35・2・2民集14巻1号36頁）。

(5) **無過失の要否**　　取引上要求される水準の行為をしていた第三者を保護するという観点から，無過失まで要求されるのかが問題となりうるが，第三者が保護を受けるには善意者であれば足り，無過失，すなわち，知らなかっただけでなく，知らなかったことに過失がなかったこと，たとえばしかるべく調査を尽くしたことなどは，要求されない（大判昭12・8・10新聞4181号9頁）。無過失までは要求されないことは規定上も明らかである（95条4項などと対比）。真の権利者の不利益・犠牲のもとで，第三者の保護・取引の安全を図る（これは個別の第三者の保護であるが，同時に，そのような第三者と

なって取引をする者一般の保護でもある）制度であるから，第三者に要求される水準も真の権利者の帰責の程度との相関が働く。通謀虚偽表示の場合には，権利者・表意者が通謀して虚偽の意思表示をしており，権利者・表意者の帰責が大きいため，それとのバランスから第三者には，善意のみが要求されている（そうだとすると，権利者・表意者が通謀という程度ではないが，外形の作出に関与したというように，その関与の度合いが小さく，あるいは，受動的になるときは，第三者の保護のための要件として無過失を要求するという考え方が出てくることになる。⇒後述 94条2項の類推適用））。

　(6)　登記の要否　　不動産の取引の場合には，登記の重要性に鑑み，登記まで得ていてはじめて保護に値する第三者となるのではないかが論じられている。登記すら備えていない，不動産取引としてはひととおりの行為を終わっていない第三者を，権利者の犠牲・不利益のもとで保護すべきかを問うたとき，登記までしてはじめて第三者として保護に値するという考え方も出てくる（権利保護を受ける資格要件としての登記を解釈上要求する見解）。しかし，ここでも，権利者・表意者の帰責が大きいことから，登記までは必要がないと解されている（最判昭44・5・27民集23巻6号998頁）。これは通謀虚偽表示の当事者（A）と第三者（C）との関係においてであり，仮に，通謀虚偽表示の当事者からさらに第三者が登場した場合のそのような第三者との関係では（たとえば，Aから買い受けたDが登場したような場合にDとの関係では，Cは）登記を要するとされている（最判昭42・10・31民集21巻8号2232頁参照）。

転得者の扱い

　(1)　転得者の「第三者」該当性　　A所有の甲不動産についてBへの売買が通謀虚偽表示により仮装され，Bへの所有権移転登記がされ，Bから甲をCが買い受け，さらに，CからDが買い受けた（さらにはそこから

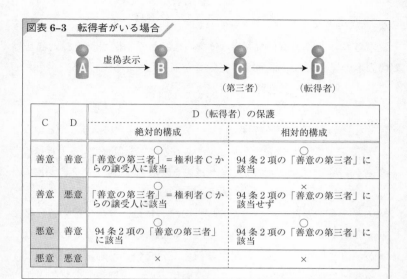

図表 6-3　転得者がいる場合

C	D	D（転得者）の保護	
		絶対的構成	相対的構成
善意	善意	○ 「善意の第三者」＝権利者Cからの譲受人に該当	○ 94条2項の「善意の第三者」に該当
善意	悪意	○ 「善意の第三者」＝権利者Cからの譲受人に該当	× 94条2項の「善意の第三者」に該当せず
悪意	善意	○ 94条2項の「善意の第三者」に該当	○ 94条2項の「善意の第三者」に該当
悪意	悪意	×	×

順次買主や譲受人が登場した）という場合，Cは「第三者」であるが，Cからの転得者D（およびそこからの順次の譲受人）もまた，94条2項の「第三者」に該当する。Cが悪意であってもDが善意であれば，Dは「善意の第三者」として保護される（前掲最判昭45・7・24参照）。善意者を保護して取引の安全を図る趣旨は，この場合のDの保護にも妥当するからである。

（2）善意者からの悪意の転得者——相対的構成 vs. 絶対的構成
　これに対し，Cが善意であってDが悪意であった場合については，大別して2つの考え方がある。第1は，Dは「善意の」第三者ではない以上保護はされないという考え方である。この考え方によれば，Cの段階ではAは甲の登記の回復を求められないが，Dになると求めることができ，さらにたとえばDから善意のEが登場したような場合は再び登記回復はできなくなるといったように，転得者が登場したとき，保護されるかどうかはそれぞれの善意・悪

意によることになる（相対的構成）。第2は，いったん善意の第三者が登場した以上は，それ以後の譲受人等は完全な権利者からの譲受人であって，無権利者であるが善意の第三者として保護されるかという問題に該当せず，善意・悪意を問わずに権利を取得するという考え方である。この考え方によれば，Cの段階でAが甲の登記の回復を求められなくなると，それ以後の譲受人（転得者）との関係でも登記の回復を求められなくなり，いったん善意の第三者が登場すると以後はそれぞれの主観を問わず一律の法律関係となる（絶対的構成）。判例は，絶対的構成を取っていると言われる（大判昭10・5・31民集14巻1220頁）。取引の混乱，法律関係の複雑化をさけるためと言われる。

　権利者と各転得者との個別のバランスという観点からは相対的構成が帰結の相当性という点で長じるが，これに対しては，権利者としてはCの登場によって権利を失う（あるいはもはや権利主張ができなくなる）ところ，次にDが登場することで権利を回復できるようになることにそれほど保護の必要性はないという指摘もある。むしろ，94条2項の主眼である「善意の第三者」の保護に着目し，その趣旨の貫徹という点で絶対的構成が適切であると主張されている。絶対的構成の側から「善意の第三者」の保護の必要があるとして指摘されるのは，CがDから契約責任を問われる可能性のほか，虚偽表示が周知になったような場合には悪意者ばかりとなってCの権利移転の機会が奪われるという問題である。契約責任についてはD自身が悪意ゆえに甲の所有権を取得できなかったのであり，みずからの帰責によるものであってCに対する契約責任の追及は封じられるとの指摘があり，場面としては限定的なはずながら，善意の第三者の保護という趣旨の貫徹としては後者の点のほうが問題視されている。他方で，悪意者が善意の第三者を意図的に介在させ

ることで，権利取得を図る濫用的な場合が絶対的構成によると懸念されるが，これについては，悪意者が善意者をあえて介在させたような場合（傀儡としての利用。「わら人形」と言われる。〔丑の刻参りではない〕）には，悪意者による主張は権利濫用として封じられる（1条3項。一般法理による対応）。

Case 6-13

① Aは，甲土地について，債権者による強制執行を免れるため，Bに諮ることなく，AB間の売買契約書を作成し，甲土地について所有権移転登記手続をした〔Case 6-12 ①〕。その後Bの債権者が甲土地を差し押さえた。

② Aは，内縁の夫BがAB間の売買契約書を偽造して，甲土地についてBへの所有権移転登記手続をしていたことを知った。Aは，Bに抗議したが，Bが甲土地に抵当権を設定してCから金銭を借り入れるに当たり，甲土地がBの所有であることを認めるような言明を行ったので，Cは甲土地がAからBに売却され，Bの所有であると信じて，抵当権の設定を受け，Bに融資をした〔Case 6-12 ②〕。

③ Aは，取引先の信用を得るためと懇願されて，所有する甲土地についてBとの間で売買予約契約をしたことにして，仮登記をすることに同意した。Bは，本登記をしたうえで，甲土地をCに売却した。

④ Aは，所有する不動産の管理をBに委ねていたが，Bから賃貸借等に必要であると言われて実印，印鑑証明書等を交付し，さらに言われるままに，中身を見ることもなく，AB間の甲土地の売買契約書に署名し，BがAの実印を押すのを漫然と見ていた。Bは甲土地について，AからBへの所有権移転登記手続をし，直ちに甲土地をCに売却し，所有権移転登記をした。

（1）　通謀以外の権利者の関与　　甲不動産の所有権を取得したAが，Bの了解をとらずに登記名義をBにしていたところ，Bの債権者が甲不動産を差し押さえたという場合（Case 6-13①），甲不動産の所有者Aの了解を得ずに，Bが売買契約を仮装して甲不動産の登記をAからBへと移転したが，その後そのことを知ったAがそれを承認する言動をしていたため，CがBから甲不動産について抵当権の設定を受けたという場合（Case 6-13②）のように，必ずしも厳密な意味での法律行為が存在しなかったり，AB間に通謀がなかったり，しかし，虚偽の意思表示や虚偽の外観・外形が作出されているという場合に，自ら外形を作出したり，作出された外形を承認して維持するなど権利者であるAが積極的に関与して虚偽の意思表示や虚偽の外形を作出した場合には，94条2項の類推適用により，善意の第三者の保護が認められている。通謀虚偽表示がない以上は，94条1項の要件に該当しないが，通謀虚偽表示と同等の権利者の積極的な関与がある場合には，善意の第三者保護・取引の安全が図られるべきであるという考え方に基づく。

（2）　不動産取引と94条2項類推適用　　動産の取引においては，即時取得制度が用意され，取引の安全が図られているが（192条），不動産の取引においては，そのような制度はなく，また，登記による権利の公示は，あくまで権利の所在と内容を知らせるためのものであって，登記があるところに権利があるという公信力までは有していない。そのため，登記があるがそれに対応する権利がなく，しかし，登記を信じて取引をすることが行われ，取引の安全や第三者の保護が問題となる。94条2項の類推適用は，元来は，法律行為の有効性に関する制度であるが，むしろ，不動産登記を信頼した第三者の保護のための法理として活用されるにいたっている。また，

その第三者保護の範囲についても，特に表意者の帰責を緩やかに解する方向で判例が展開している。すなわち，自らが虚偽の外形を作出した（あるいは不実の登記を作出した）場合のみならず，外形が作出されたことについて承認を与え外形の維持に一役を買った場合（Case 6-13 ②，前掲最判昭 45・9・22），さらには，このような権利者の意図的な関与がないときであっても権利者が著しい不注意によって外形作出を可能ならしめた場合（Case 6-13 ④）にも，積極的に外観の作出に関与した場合やそれを知りながらあえて放置した場合と同視しうるほど帰責の程度が重い場合には，第三者保護が認められるに至っている（最判平 18・2・23 民集 60 巻 2 号 546 頁）。

（3）第三者の無過失　94 条 2 項の類推適用の場合には，通謀虚偽表示の要件を欠くことから，第三者の保護要件として無過失を要求すべきではないかが論じられている。判例は，94 条 2 項の類推適用においてはなお第三者の要件は善意で足りるとしているが，権利者の帰責が相対的に弱い場合，すなわち，権利者が関与しあるいは承認した事項を超えた外形が作出されたような場合（最判昭 43・10・17 民集 22 巻 10 号 2188 頁。Case 6-13 ③では予約・仮登記の同意に対し外形は本登記であり，外形は権利者が端的に意図したものではない）には 94 条 2 項，110 条の法意に照らし，権利者に意思的な関与がなく著しい不注意によって外観の作出を可能とした場合（Case 6-13 ④）には 94 条 2 項，110 条の類推適用により，というように，民法 110 条の法意や類推適用を 94 条 2 項の法意や類推適用とあわせ，第三者の無過失を要求している。

Column ⑬　不動産取引の安全の図り方 •━•━•━•━•━•━•━•━•━•━•━•
　　94 条 2 項による第三者保護を特に不動産取引において広く展開していく判例の傾向は，登記に対する信頼保護のための新しい法理の作出であると言われている。これに対してはその評価として，権利者が

意思的な関与なく権利の喪失を余儀なくされる場合（Case 6-13④）をも認める点において正当化が困難であるという批判がある。ここには，不動産取引の安全をどのような手法や法理で図るべきかというより一般的な問題が横たわっている。必ずしも民法の規律のみが対処策ではなく，登記制度のあり方にも関わるし，司法書士等の専門家の積極的な関与などの方法もある。判例による94条2項の規律の拡大・活用の評価もそういった全体像の中で行う必要がある。

④ 錯誤——無意識での効果意思の欠落や誤認に基づく意思決定

Case 6-14————————————————————

① パーティ会場を予約するのに9月29日と言うべきところ，8月29日と言い間違えて，8月29日の会場予約をした。

② パーティの開催は9月29日であるのに8月29日と誤解していたため，8月29日の予約をするつもりで実際にも8月29日の会場予約をした。

③ AとBとの間で，「10万ドル」で甲を売買するという契約が締結された。Aは，カナダドルを考えており，Bは香港ドルを考えていた。この契約の解釈により，同契約は10万香港ドルでの売買だと判断された。

————————————————————————

錯誤の意義

心裡留保や虚偽表示は，表示に対応した意思が存在しないことを表意者が認識している場合であった。これに対し，表意者が表示に対応した意思が存在しないことを認識しないまま，意思表示をする場合には，錯誤による意思表示となる。言い間違いなどの例がそうである（Case 6-14①）。また，契約内容として確定された内容と異なる理解をしていた場合も，表意者がそうと認識しないまま表示に対応した意思が欠けていた場合となる（Case 6-14③。⇒**第4章 3 ②**参照）。また，錯

誤による意思表示には，表示に対応した意思を欠く場合のほか，意思形成の過程で意思形成の基礎とした事実・事情に誤認があり誤った意思が形成されたという場合がある（Case 6-14 ②）。Case 6-14 ①，②はいずれも，8月29日のパーティ会場の予約をしたという場合であるが，Case 6-14 ①は8月29日の予約の意思はそもそもなく，誤った表示がされた場合であり，これに対し，Case 6-14 ②は8月29日の予約の意思はあるが，その意思形成が誤解に基づいてなされた場合である。

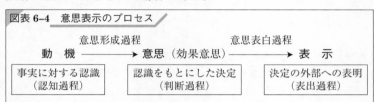

図表 6-4　意思表示のプロセス

日常的な用語で言えば，「錯誤」とは，意思の形成・表示という一連の過程における表意者が気づかなかった誤りである（Case 6-14 ①にあっては誤りは表現の仕方にあり，Case 6-14 ②にあっては誤りは前提の事実の認識にある）。そのような誤りがなければ，あるいは誤りに気づいていれば，表意者はそのような表示（意思表示）をしなかったという場合が錯誤に基づく意思表示であり，本来の意にそわない意思表示に拘束されることから表意者を解放するのが錯誤に基づく意思表示の取消し（95条）である。相手方の利益保護との調整から，そのような意思表示の取消しがあらゆる錯誤について認められるわけではなく，一定の要件のもとで表意者の（自己の誤りの結果からの）救済が図られる。

　◆動機の錯誤へのアプローチ　本文で記載したのは，表意者の意思表示という観点から，その過程の分析を土台として，整理・説明したものである。特に，**事実錯誤・事情錯誤**は，意思決定の前提となった

事実・事情についての認識の誤りであるが，意思表示のプロセスから
は，法律効果を発生させようという意思（効果意思）そのものではな
く，その形成にいたる「動機」に錯誤（事実誤認）があった場合であ
り，従前，「動機の錯誤」と呼ばれて，整理され，論じられていた。
このような動機の錯誤には，様々なものがある。また，そのとらえ方
についても，意思表示のプロセスという観点から意思表示そのもので
はなく動機にすぎないものが意思表示ひいては法律行為の効力を否定
して表意者を法律行為の拘束力から解放するのはどのような場合かを
問う理解の仕方（「意思表示アプローチ」）のほか，法律行為（特に契
約）に着目して，契約の外部の事情についての事実誤認としてとらえ，
それが（例外的に）法律行為（契約）の効力に影響し，効力の否定に
つながるのはどのような場合かを問う整理の仕方（「法律行為アプロー
チ」）がある。前者が，意思表示の過程分析を土台とするのに対し，
後者は，法律行為（特に契約）の効力・拘束力は何によってもたらさ
れるのかという法律行為の構造の把握を土台とする。

　錯誤の分類には，人の錯誤・物の錯誤，属性や同一性についての
錯誤，数量の錯誤など，様々な分類があるが，錯誤取消しが認めら
れるための要件について，95条は取消しが認められる錯誤を，意
思表示に対応する意思を欠くという錯誤（効果意思欠落型錯誤・意思の
不存在）と法律行為の基礎とした事情についての認識が真実と違っ
ていたという錯誤（基礎事情誤認型錯誤・認識の誤り）の2つに分けて
いる。両類型に共通する要件が，①意思表示が（それぞれの）錯誤
に基づくものであること（錯誤と意思表示との「因果関係」といわれる），
②その錯誤が重要なものであること（錯誤の重要性），③表意者に重
過失がないこと（さらに一定の例外事由がある）である。基礎事情誤
認型錯誤の場合には，これらに加えて，④その事情が法律行為の基
礎とされていることが表示されていたこと（「表示要件」と呼ぼう）
が，要件に加わる。

① 1株を62万円で売却すると入力するつもりで1円で62万株を売却すると入力して注文をしてしまった。

② 1グロスは10ダースだと思って「1グロス」を売ると述べた。

③ 1ケース10本入りの商品を，24本入りだと思って，1ケースを注文した。

④ 国産原料の食品だと思って，注文したら，輸入原料の食品だった。

**効果意思欠落型錯誤と
基礎事情誤認型錯誤**

意思表示に対応する意思を欠く錯誤（効果意思欠落型錯誤）には，1株を62万円で売却すると入力するつもりで1円で62万株を売却すると入力して注文をしてしまったという場合（Case 6-15 ①）やノートブックを3万円で売り出すつもりで「万」を書き落としてしまった場合など，表示の仕方を間違える表示上の錯誤のほか，表示の意味に関する錯誤（内容の錯誤とも言う）がある。1グロスは10ダースだと思って（実は12ダース）1グロス売るという場合（Case 6-15 ②），1インチは10分の1フィートで約3センチ（実は12分の1フィートで約2.5センチ）だと考えて5インチと言った場合，表示において誤記も言い間違いもないのだが，その意味を誤解していたため，表示が「1グロス＝12ダース」，「5インチ＝約12.5センチ」であるのに対し，それに対応した意思がない（意思は，それぞれ，10ダース，15センチ）から，効果意思欠落型に分類される。

では，1ケース24本入りだと考えて1ケース注文したら10本入りであったという場合（Case 6-15 ③）や国産原料食品だと考えて注文したら輸入原料食品であったという場合（Case 6-15 ④）はどうだろうか。「1ケース」「その食品」という表示に対してそれぞれ，「1ケース」「その食品」と理解しているから，その点で表示の意味

において上記のような誤解はない。「1 ケース」の売買のなかみは，10 本の売買だったのか，それとも，24 本の売買なのか。また，国産原料の食品であることまで約束されているとみられるのか。これらは，売買契約の債務内容が何かに関わる。法律行為における債務内容になっているかどうかは契約の解釈によって確定される。それぞれ「24 本入り」，「国産原料食品」という点が法律行為の内容，つまり売買契約における債務内容になっているどうかにより，錯誤の有無やいずれの類型に該当するかが異なりうる。法律行為の解釈によって，債務内容が，「24 本入り」，「国産原料食品」であるとなれば，意思表示と意思とは対応しており，効果意思欠落型の錯誤はなく，債務不履行の問題となる（もっとも，この場合に「10 本入り」「輸入原料食品」しかなく 24 本入りや国産原料食品では別物になるというとき，基礎となった事情の誤認として 95 条 1 項 2 号の錯誤が認められる余地があるかどうかは，見解が分かれる）。これに対して，債務内容は，「1 ケース＝10 本入り」，「輸入原料食品（あるいは国産原料かどうかを問わない）」であるとすれば，債務不履行の問題にはならず，錯誤の問題が生じうるのみである。このときの錯誤の類型については，「1 ケース＝10 本」という意思表示に対し「1 ケース＝24 本」という意思であって，効果意思欠落型の錯誤，あるいは意思表示の内容についての誤認とみることもできる。一方，「24 本入り」商品であることや「国産原料食品」であることが前提であり，そうでなければ注文はしなかった（その値段で買おうとはしなかった）というときは，基礎事情誤認型の錯誤であり，法律行為の基礎とした事情，その旨の表示の有無がさらに問われることになる。

　このように，目的物の性質や同一性について誤認があるとき，効果意思欠落型であるのか，基礎事情誤認型であるのか，2 つの類型の区別はときに曖昧である。

Case 6-16

① Aは，失くしたと思って新しく万年筆を購入した。

② Aは，近くに新駅ができると聞いたので，土地甲を購入した。

③ Aは，安心の日本製だと思って，電化製品甲を購入した。

基礎事情誤認型錯誤に
特有の要件——表示要
件

（1）**表示要件の趣旨**　民法95条の「表意者が法律行為の基礎とした事情についてのその認識が真実に反する錯誤」（1項2号）という類型の錯誤については，その錯誤に基づく意思表示が取り消しうるものとなるためには，「その事情が法律行為の基礎とされていることが表示されていたとき」でなければならない（2項。「表示要件」）。

相手方からすればいずれの錯誤であれ同様にうかがいしれないにもかかわらず，効果意思欠落型錯誤には表示要件が課されず，基礎事情誤認型錯誤のみに課されているのは，前者にあってはおよそ効果意思がない以上は，重過失のない限りは，無意識で誤った表意者を法律行為の拘束力から解放する選択肢を用意することが適切であると判断されるのに対し，効果意思の形成過程における誤認については，重過失のない表意者であっても，効果意思はあったのであり，本来は，意思形成のために必要な情報の収集や分析は自己責任であることから，取消しによって法律行為の拘束力から逃れて，そのような形で誤認によるリスクを相手方に転嫁するには，さらに一段の要件が必要であると判断されていると見ることができる。

そのさらなる一段の要件として設定されているのが**表示要件**である。この要件は2017年改正前の判例の「趣旨」を明文化したものであるが，何がこの表示要件に該当するかについては一義的に明確ではない（ここには，そもそも2017年改正前民法95条のもとで議論が

分かれ，判例の理解をめぐっても見解が一致していなかった等の状況から，玉虫色の表現に帰着したという経緯がある）。

Case 6-16 ①～③においてそれぞれ，万年筆の遺失，新駅の計画，製造国情報が契約締結を決めた決定的契機であるとしても，それが内心にとどまるのでは「表示されていた」とは言えずこの要件を充足しない。

表示の対象は，当該事情が「法律行為」の基礎とされていることである。取消しによって望まない法律行為から表意者を解放する反面，法律行為を望む相手方からその利益を奪うことになり，そのような相手方の不利益を勘案して，相手方としてもそのように表示されていたなら，リスクを甘受するべきである，換言すれば，そのように表示されていなかったのであれば相手方の表意者による表示に対する信頼が保護される。

(2) 表示要件の意味　このように相手方の保護とのバランスをこの表示要件が図っているのだが，具体的にどのようにバランスを図っているのかについては，いくつかの考え方がある。1つは，相手方の認識可能性を必要とするもので，「表示されていた」という要件を重視するものである（2017年改正前の議論では，認識可能性の対象を，表意者が錯誤に陥っていることに求める見解と表意者が当該事項を重視していたことに求める見解があった）。これに対し，「法律行為の基礎とされている」点を重視し，表示はいわばその前提であると見る見解がある（特に契約の場合，「意思表示」の基礎ではなく「法律行為」の基礎であり，表意者が基礎としたとは明示されず，法律行為の基礎とされているとして両当事者によることも含みうる表現となっていることに留意したい）。また，このほか，「表示されていた」を「意思表示がされていた」という意味ととらえる見解もある。

(3) 事実としての表示と表示要件　そのリスクを相手方に転嫁

することを正当化する要件であるから，「法律行為の基礎とされていることが表示されていた」という点は，単に表意者の主観的・個人的な事情が明らかにされていたことで足りるのではなく，それを相手方に引き受けさせることを正当化する，客観性や特別な事情が必要であり，2項の「表示」の有無は，事実として表意者がその旨を表明する行為をしたという意味で表示したかどうかにとどまらない（言えばいいというものではない）規範的な判断を含むものである。

　たとえば，失くしたと思って新しく万年筆を買うという場合（Case 6-16 ①），「失くしたから購入するのであって失くしていなければ購入しない」ことを明言したとしたら，その事情が「法律行為の基礎とされている」ことを表示したと言えるか。言えるとすれば存否不明の事情につき解除条件を付す（将来の成否不確実の事実でなく現在の存否不明の事実にかからしめるものである）のと同様となるが，一方的に契機や理由を説明しても解除条件を設定することはできず，それには合意が必要である（そして解除条件が合意されたときの誤認の判明は表意者を契約の拘束力から解放するが，それは錯誤取消しではなく，条件成就による）。表意者が自らの意思表示の契機や理由を説明しさえすれば，あらゆる事情について「法律行為の基礎とされていることを表示した」と評価されてその点の誤認によるリスクを意思表示の取消しによる契約の無効という形で相手方に負担させることが直ちに正当化されるわけではない。事情の性質や種類によっては表意者が自らがその事情を基礎としていることを明らかにしたとしても，なおその誤認のリスクは表意者が負担すべきものがある。上記の万年筆の紛失はその一例だろう。

◆2017年改正前の判例　　判例（最判平28・1・12民集70巻1号1頁）は，2017年改正前の95条の解釈論として，動機の錯誤について，因果関係のほか，それが表示され，法律行為の「内容」となっていた

ことが，要素の錯誤として無効主張を可能にするためには必要であり，動機が表示されていても法律行為の内容となっていない限りは要素の錯誤に該当せず，また，法律行為の内容となっていたかどうかは当事者の意思解釈によることを明らかにしている。なお，この場合の法律行為の「内容」とは，代金を支払うなどの給付内容となっているという意味ではなく，また，当事者が契約の（解除）「条件」としたというような場合でもなく，法律行為の「内容」となっていたとは，法律行為の前提となっていたとか，基礎となっていたという意味である。

　95条2項は従来の判例にいう，表示され法律行為の内容となっていたという判断を体現するものであり，またそのようなものとして解釈されるべきである。すなわち，「表意者が」「基礎とした」だけではなく，「**基礎とされていることが表示されていた**」と評価されること，つまり，相手方がそのリスクを引き受けるのが相当と言える場合であることが必要であると解される。相手方がそれを引き受けていると言える典型例は条件が付されている場合（万年筆が見つかったときは契約を失効させる旨合意されているなど）であるが，このときの法律行為の失効は当事者の合意そのものであり，錯誤取消しによるものではない。条件に至らなくとも相手方がそのリスクを引き受けるのを正当とする事情があるときが，この要件に該当する。

（4）**考慮要素**　　相手方が引き受けたとみられるかどうかの判断は，事案の総合判断であって，2項の表示の有無はこのような総合判断の受け皿となる規範的なものである。総合判断の考慮要素として，対象となる事情（動機等）の種類や性質，対価性，当事者の属性（事業者・専門家・消費者など），正しい情報へのアクセスの難易などをあげることができる。とりわけ重要なのは，契約類型がどのようなものかであり，たとえば，売買のような有償の契約であるときは対価性に関わる事情は，法律行為の基礎とされていることが表示されていたと判断されやすい。逆に，無償の契約（財産分与や保証）であるときは，無償ゆえの限界付けを超えるような場合（財産分与で分与財産とは別に手元に残した財産をはるかに上回る税負担を

負うことなど。最判平元・9・14家月41巻11号75頁参照）かどうか
などが，重視される。Case 6-16 の３つの売買をみると，万年筆の
遺失のような表意者のごく個人的な事情はたとえ表意者が遺失がな
ければ売買契約を締結していなかったと明示していたとしても相手
方にその誤認リスクを転嫁できる性質のものでなく条件とするとい
った合意を要しよう。新駅の計画といったより客観的な事情につい
ては価格に反映しやすく，価格等によってはそれが契約の前提とさ
れていたとみられる場合があろう。製造国情報は目的物の性状に関
わるもので端的に債務内容ともなりうる（日本製である電化製品の給
付が契約・債務の内容となっていたなら債務不履行責任の追及が可能と
なるが，その場合に錯誤取消しも認められるかは両論がある）。

　また，「表示されていた」というのは，明示であることを要せず，
黙示でもよい（前掲最判平元・9・14参照）。両当事者が暗黙のうち
に前提としていたという場合も含まれうる。

　(5)　相手方による錯誤の惹起　　相手方が錯誤を惹起した場合
（相手方の虚偽の説明によって誤認が惹起された，不実表示による誤認の
場合など。たとえば，個人の住宅の売買において，眺望を重視している
と告げたところ，販売業者から，隣地は緑地で保持されますから眺望は
問題ありませんと説明があったので，眺望のよい物件と考えて購入した
が，当時すでに高層ビルの建設が予定されており，その後計画どおり高
層ビルが建設された場合）のように，法律行為の基礎とした事情に
ついての表意者の認識の形成に相手方の誤った言明が決定的な影響
を与えていたような場合には，相手方は表意者の錯誤を知っていた
ときはもとより，錯誤を知らないときでも，また相手方もそう考え
ていた（たとえば販売業者も緑地として維持されると考えていた）とし
ても，（それが重要なことを認識していた）相手方に帰責されるべき
場面であるから，法律行為の基礎とされている旨の表示があったと

判断されることが多いだろう。

| 「因果関係」 |

意思表示が，95条を根拠に取り消しうるものとなるためには，当該錯誤に基づく意思表示である必要がある。錯誤の有無にかかわらず意思表示がされたというときは，この要件を欠く（「錯誤に基づく」とは言えない）。たとえば，米国産牛肉と思って買ったがオーストラリア産であった。しかし，オーストラリア産でも構わなかったという場合である。この場合は，錯誤が重要ではない場合とも言えるが，重要性以前の問題とも言える。

これに対し，効果意思欠落型錯誤の場合は，錯誤に基づく意思表示ではあるが，意思表示そのものが錯誤であり，錯誤があったから意思表示をしたという厳密な意味での因果関係の問題は生じない。むしろ95条1項1号に該当するときは，「錯誤に基づく」という要件を自動的に満たすと言える。

Case 6-17

①　Aは，Bに，Aの所有する甲自転車を20万円で買わないか，代金の支払いと甲の引渡しは「B」宅で，と書き送り，Bが承諾する旨の返事をしたが，Aは，「A」宅でというつもりで，場所を書き間違えていた。

②　ドイツ製をうたう商品を購入したが，メーカーがドイツの会社であるが，産地はブラジルであった。

③　国が相手であるからそれなら売却しようと考えて，保安林の売却を承諾したが，全くの民間団体が相手であった。

| 重 要 性 |

錯誤に基づく意思表示が取り消しうるものとなるためには，その錯誤が重要なものでなければならない。Case 6-17①では引渡債務の履行地について，

Case 6-17 ②では製品の製造地について，Case 6-17 ③では相手方について錯誤がある。それらの錯誤の重要性は，法律行為の目的および取引上の社会通念に照らして判断される（95 条 1 項）。

　法律行為の目的は，当該法律行為の当事者を基準とするもの（契約であれば両当事者である），取引上の社会通念は，より客観的な考慮要素である。

　◆法律行為の目的と取引上の社会通念　　もっとも，両者の関係は，はっきりしない面がある。一般に，契約の場合に契約の目的というと，一方の当事者である当該表意者の有していた目的を指すのではなく，両当事者の目的を指す。そうすると，「法律行為の目的」に照らして，というのは，契約の場合であれば，相手方を含めた当該両当事者（の契約）にとって重要な事項となる。そうであるならば，それに加えて一般的にも重要かを問題にする必要はなく，客観的な重要性を問わずに，取消しの要件の充足を認めてよいと考えられる。実は，2017 年改正前の動機の錯誤に関する判例の定式は，表意者にとっての重要性を因果関係の問題としたうえで，契約の内容化の要件のもと，要素の錯誤性を認める定式をとっており，客観的な重要性，通常人にとっての重要性は，正面から要件とはしていなかった。客観的・類型的な観点としては，たとえば，売買契約であれば目的物や代金のような中核的な事項は一般に重要であるから，これについての錯誤は重要性を有すると考えられる。この限りでは当該契約当事者いかんとは別に，当該法律行為が類型的に有する特性から重要性が判断される面はあるが，しかし，それも「法律行為の目的」の範疇に思われる。このように考えるならば，結局，要件としては「法律行為の目的」に照らして重要であることで足りるとも言える。

　とはいえ，取引上の社会通念に照らしての重要性判断は，特に相手方の立場を慮って，一般にも重要であることが求められる，そのための考慮要素・指針であるとともに，法律行為の当事者も通常は，取引上の社会通念と合致する考慮であることが多いであろうから，それをさしあたりの基準とするという意義もある。たとえば，建物

賃貸借の賃借人や贈与の受贈者が誰かは，類型的に重要であるのに対し，売買の買主はそうではないから，買主が国かそうでないかは類型的には重要でないが，個別事情下で当事者が重視する場合には重要性を満たすことになる（Case 6-17 ③，最判昭 29・2・12 民集 8巻 2 号 465 頁）。

| 表意者の重過失 |

表意者に重大な過失があるときは，取消しはできない（95 条 3 項）。表意者に重大な過失があるときは，相手方の犠牲（法律行為が取消しにより無効となることによるリスクの甘受）のもとに表意者を保護する必要および正当性が欠けるためである。重大な過失とは，通常人（類似の立場にある普通の人）を基準として不注意の程度が甚だしい場合（そのために錯誤に陥った場合）を言う（大判大 6・11・8 民録 23 輯 1758 頁）。一般に，重大な過失には，故意に準ずる（故意の立証緩和）という場合と，過失の程度が甚だしいという故意とは別類型とがあるが，錯誤については表意者の認識しない誤認である以上，前者の意味ではなく，後者の意味である。

電子的な取引の場合，たとえば，コンピュータの画面上で，1 個注文するつもりで，キーを長く押したために 111 個注文するという表示をしてしまったといったように，表示に対応する効果意思がなく錯誤ではあるが，重大な過失と見られる場合がある。この場合も，消費者が行う契約締結の意思表示の場合には，相手方である事業者が画面上に確認のための措置を講じているか，その消費者が確認措置が不要であるという意思を表明したという場合を除き，95 条 3項の規定は適用されない（電子消費者契約に関する民法の特例に関する法律 3 条）。重大な過失があったとしても，なお錯誤取消しが可能となる。電子的な取引における消費者の意思表示の場合には，このようなミスもおこりやすく，システム上，それに対し確認等の措

置が組み込まれて，予防する，あるいは消費者にいっそうの注意を促す仕組みがとられていないときは，表意者と相手方とのリスクの分担のあり方として，なお表意者を保護するというものである。

　表意者が重過失のときに錯誤取消しが否定されるのは，相手方の利益との関係上，表意者をそこまで保護することに必要性や正当性がないという判断に基づくものであるから，相手方の利益を考慮する必要性や正当性がないときには，この制限は働かない。具体的には，相手方が表意者に錯誤があることを知っていたか，または重大な過失によって知らなかったとき（95条3項1号），相手方も表意者と同一の錯誤に陥っていたとき（共通錯誤と言う）（95条3項2号）である。前者については，表意者保護に秤が傾くためであり，後者については，相手方も同一の錯誤に陥っている以上は相手方の利益の配慮を要しないと判断されるためである。

Column ⑭　共通錯誤 ・━・━・━・━・━・━・━・━・━・━・━・━・━・━・━・━・

　共通錯誤の場合にも，(i) 両当事者が高名な画家の絵であると信じて売買をしたが実は贋作であった場合や，(ii) 信用保証協会が主債務者が信用保証を受ける資格のある事業者である（反社会的勢力ではない等）と信じて銀行との間で信用保証契約を締結したが，実は資格がなかった（反社会的勢力であった等）場合のように，両当事者がともに当該契約の無効を望むわけではなく，表意者（絵の買主や，信用保証における信用保証協会）は取消しによる無効を，相手方（絵の売主や，信用保証における銀行）は契約の維持を望む場合がある。これらの場合については，重過失による取消し否定以前に，95条1項・2項に該当するかどうかが問題となる。その該当性は，当事者の属性や契約の種類，契約条項，背景事情等に左右される。たとえば，絵の売買について，売主が画廊であって買主が個人の場合には，贋作のリスクは画廊がとる，言い換えれば，買主の錯誤取消しが認められうるのに対し，のみの市であればそのリスクは買主がとることが一般であろう（一方，画商間の売買の例に東京地判平14・3・8判時1800号64頁がある）。また，

信用保証協会による保証については，特別の契約条項があればそれによるがそれがないときは，当事者の意思解釈の問題として，錯誤の問題としてはそのリスクは信用保証協会がとるという判断がされている（信用保証に関する基本契約上の付随義務として調査義務の問題，銀行が調査義務を尽くさなかったときの保証人の免責の問題が残る。前掲最判平28・1・12）。

◆◇◆

　表意者に過失があるが，**重過失ではないという場合**（軽過失と言う）は，なお錯誤取消しができる。ただし，意思表示の取消しによって法律行為が無効となる結果，相手方が損害を被ることがあり，表意者の過失（軽過失・重過失を問わない）により，相手方に損害を与えたときは，**損害賠償責任（709条）**を負いうる（責任が発生するかどうかは709条の要件が充足されるかによる）。表意者としては，意思表示を取り消すことによって法律行為の拘束力からは逃れられるが，相手方に対し損害賠償責任を負う形で，金銭的な調整が図られる（法律行為は無効であるから，法律行為が実現されるのと同じ利益〔「履行利益」と言われる〕が損害賠償で保障されるわけではなく，法律行為の有効性を信じたために支出を余儀なくされた費用など，法律行為が有効であると信じなければあったであろう状態の回復〔「信頼利益」と言われる〕が，賠償されるべき内容となる）。

　これに対し，表意者に重過失があるものの，95条3項各号に該当するために，表意者がなお錯誤取消しができるとき，相手方としては表意者の重過失を理由に取消しを否定することはできないが，損害賠償責任の追及まで封じられるわけではないと解される（709条のもと過失相殺〔722条2項〕などの調整の余地がある）。

| 第三者との関係 | 錯誤による意思表示の取消しは，善意無過失の第三者には対抗することができない |

（詳細は⇒第7章 **4**）。

⑤ 詐欺・強迫——不当な情報操作・干渉に基づく意思決定

> 総説

(1) 詐欺による意思表示・強迫による意思表示の意義　詐欺または強迫による意思表示は，取り消すことができる（96条1項）。「詐欺による」意思表示，「強迫による」意思表示とは何かについて，その定義規定はない。一般に，「詐欺による」意思表示とは，違法な欺罔行為により錯誤が惹起ないし強化され，その錯誤に基づいて意思表示がされた場合であって，かつ，違法な欺罔行為は，対象者を錯誤に陥らせることと，それにより意思表示をさせることの両方を意図してなされた場合（「二段の故意」と言われる）を言う。また，「強迫による」意思表示とは，害悪の告知により畏怖を惹起しその畏怖心ゆえに意思表示がされた場合であって，対象者を畏怖させること，それにより意思表示させることの両方を意図してなされた場合（「二段の故意」）を言う。定義がない以上，たとえば，過失による詐欺はありうるかなど解釈の余地がありうるはずであるが，伝統的に形成された相当に確固とした概念として詐欺や強迫の概念が確立し共有されている（刑法の影響があるとも言われる。もっとも，たとえば，二段の故意と言われる事柄のうち，後者の意思表示をさせることについての故意は，因果関係の問題として扱うべきであり，またそれで足りるとする見解も有力である。また，意思表示の獲得については，認容で足りるとする見解も示されている）。

　詐欺による意思表示の場合は，表意者は錯誤に基づいて意思表示をしており，錯誤がなければ当該意思表示をしなかったという場合であって，表意者の意思決定にゆがみがあり，かつ，それが他者からの意図的な不当な働きかけによって引き起こされている（なお，効果意思はあるから，95条1項1号には該当しない。95条1項2号の類型の

場合には 95 条の要件を満たせば錯誤を理由とする取消しが可能である）。強迫による意思表示の場合は，表意者は畏怖心から意思表示をしており，畏怖心がなければ当該意思表示をしないという場合であり，意思表示のゆがみがあり，かつ，それが他者からの意図的な不当な働きかけによって引き起こされている点で，詐欺による意思表示と共通する。

　他者からの不当な働きかけによる意思決定のゆがみをとらえ，法律行為（の拘束力）からの解放という表意者の救済を図る制度が，詐欺による意思表示の取消し，強迫による意思表示の取消しである。他者からの強制を受けない自由な決定を保障する意味をもつ。

　（2）　詐欺や強迫以外の意思決定のゆがみ　　逆に言えば，民法上は，これらに該当しない意思決定のゆがみ（たとえば，畏怖までには至らない困惑をもたらしてそれにより意思表示をさせた，あるいは意思表示がされた場合とか，当事者の依存等の関係から意思決定の自由が欠けていると推認される状態を利用して，あるいはあえてそれを作り出して意思表示をさせた，あるいは意思表示がされた場合など）については，95 条等の要件を満たす場合は別としてそうでない限り，（法律行為に拘束されるという点で）表意者がそれによる不利益を負担するという規律となっている（不当な働きかけをした者に対する損害賠償責任の追及などは別途ありうるが，意思表示の取消しという救済は与えられない）。しかし，詐欺による意思表示，強迫による意思表示に該当しない意思決定・意思表示のゆがみについて，表意者をその意思表示に拘束する形で放置する（等閑視する）ことが問題である場面も少なからず生じている。そのため，詐欺や強迫に至らない意思決定のゆがみについては，一方で，消費者契約法等の特別法による手当て（消費者契約法 4 条等）を生み，他方で，相手方の行為態様や法律行為，特に契約の内容の不当性を加味した総合考慮的対応を

公序良俗（民法 90 条）等の一般条項を用いて図る手法を生んでいる（立法例では，経済的強迫，不当威圧，状況の濫用などの法理による契約の拘束力からの解放がある）。契約締結過程における不当な働きかけの場合には，不法行為による損害賠償を通じて，支払額を損害として塡補する形で，実質的には原状回復をもたらす手法も（原状回復的損害賠償），金融取引等において見られる。

（3）効果意思形成過程の問題　詐欺，強迫のいずれも，表示に対応する意思はあるが，その形成過程に問題がある場合である。つまりだまされたり（詐欺），おどされたり（強迫）して，その効果意思が形成されている。詐欺の場合に表示に対応した効果意思があることは疑義がないだろう。これに対し，強迫による場合，表意者は，本当はそのような意思表示はしたくないから，表示に対応する意思がないのではという疑問が生じるかもしれない（心裡留保に類する状況であるとして，93 条 1 項ただし書の類推適用を説く見解もある。故意や違法の要件を欠き 96 条の要件を欠く場合にも，相手方が悪意ないし有過失ならば，意思表示の無効を認め表意者を解放することを認める）。しかし，表意者としては告げられた害悪が実現するよりはまだ意思表示をし法律行為をするほうがましだと考え，次善の策として意思表示をしているのであって，対応する（効果）意思はやはりあるのだが，そのような意思の形成がゆがめられていることになる。その意味で，表意者の選択の結果である。これに対し，畏怖ゆえに自由な意思がおよそ奪われている・完全に選択の自由を失った事態となっていた場合（殴られて全く抵抗できない，恐怖のあまり抵抗できないなど）は，効果意思が存在せず，（あるいは行為性を欠き —— 手をとって書かされたのと同じ，などと言われる）無効となると解されている（東京高判昭 52・5・10 判時 865 号 87 頁参照）。

（4）異同　詐欺による意思表示と強迫による意思表示とでは，

後者のほうが，表意者の保護に厚い。具体的には，相手方ではない第三者が欺罔行為や害悪の告知行為をした場合，詐欺を理由とする意思表示の取消しは，相手方がその事実を知っていたまたは知ることができたときに限りできる（96条2項）のに対し，強迫による意思表示についてはそのような限定がないため，たとえ相手方が第三者の強迫の事実を知らず，知らなかったことに過失がなくとも，取消しができる（96条1項の詐欺や強迫には欺罔行為や害悪告知行為の主体の限定がない）。また，詐欺による意思表示については第三者保護規定が設けられており，意思表示の取消しによる法律行為の無効を善意無過失の第三者には主張できないのに対し，強迫による意思表示にはそのような規定はないため，一般則により，その結果，法律行為の無効ゆえに第三者が無権利者であることを主張できる（ただし，即時取得など他の規定による保護は妨げられない）。欺罔されて錯誤に陥って意思表示をした場合と，害悪を告知されて畏怖しそれにより意思表示をした場合とでは，後者の方がより保護に値するというのが96条の基礎にある考え方である（ときに，だまされるうっかり者よりも畏怖してしまう気の弱い者のほうを保護するものと言われることがある）。

　詐欺に該当する欺罔行為，強迫に該当する害悪の告知行為は，いずれも故意の不法行為であって，709条に基づく損害賠償責任を生じさせる（錯誤や畏怖が生じなかったとしても不法行為たりうるが，錯誤や畏怖が生じなかった，いずれにせよ意思表示はしたというときは，損害がないことが多いだろう）。

Case 6-18

　① Aは，経済的に窮境にあり，代金を支払える見込みがなかったが，地上に建物を建築してその売却代金で十分に支払えると説明して，Bから，

B所有の甲土地を買い受けた。Aは，Aの債権者Cに対して，甲土地を代物弁済として譲渡した。

　②　Aは，開発計画があり近々値上がりすると述べて，Bに原野にある甲土地を300万円で売りつけた。開発計画の事実はなく，甲土地は使い道のない土地であって，評価額は数万円であった。

詐欺による意思表示

　(1)　要件　　詐欺による意思表示として取消しができるようになるためには，「詐欺」があり，それ「による」意思表示がされたことが必要である。前者は，故意の違法な欺罔行為の存在，後者は因果関係の存在である。したがって，詐欺による意思表示に該当するためには，①違法な欺罔行為，②欺罔行為者の故意，③当該欺罔行為による表意者の錯誤，④当該錯誤による意思表示，が要件となる。

　欺罔行為は，相手方をだます行為であるが，虚偽の事実を告げるほか，誤った評価や判断を告げる場合でも欺罔行為に該当しうる（実はそうではないのに「100万円相当」であるなどと意図的にゆがめた評価を告げるなど）。また，積極的に虚偽の事実を表明するなどの行為に限らず，沈黙も，信義則上相手方に告げる義務（情報を提供する義務）がある場合には欺罔行為に該当しうる。したがって，信義則上の情報提供義務（これがどのような場合に認められるか自体が問題であるが）の存在は，一方で，その違反に対する損害賠償責任を生じさせるとともに，他方で，詐欺による意思表示（や錯誤による意思表示）を通じて意思表示の取消しをもたらしうる。

　(2)　第三者詐欺　　欺罔行為の主体は，だまされて意思表示をする者（表意者）の相手方のほか，第三者のこともあるが，このときには，相手方の保護の観点から，相手方が，意思表示について第三者が詐欺を行った事実を知り，または知ることができた場合に限

り，取り消しうるものとなる（96条2項）。

　第三者が詐欺を行った場合に該当するかどうかに関し，代理が絡む場合について，代理人が代理行為の相手方を欺罔する行為をした場合は，第三者による詐欺ではなく本人による詐欺と扱われる（AがBを代理して，Cを欺罔して，Cと契約を締結したときは，Bによる詐欺と扱われる）。一方，代理人（A）が本人（B）をだまして，契約を締結させた場合は，第三者詐欺である（法律行為の相手方Cの主観が問題となる）。代理人（A）の欺罔により代理権授与をさせたときは，端的に代理権授与行為の相手方＝代理人（A）による詐欺（被欺罔者は本人B）となる。

　また，第三者のためにする契約のように，契約から直接権利を得る第三者による詐欺も，相手方の保護の観点においては同様に考えられるため，第三者詐欺の類型となろう。

　欺罔行為は，違法であること，つまり社会的に許される限度を超えた行為であることが必要である。ときに，セールス・トークや駆け引きとして許容される範囲の虚偽の事実の告知は許されるなどと言われる（「こどもだまし」などの表現は，違法には至らない誇張表現や錯誤に陥るべきではない表現の存在を社会的に認めているように見受けられる）。意思表示の効力を否定するという観点から，どこまでが許容されるかの判断が必要となるが，この判断を体現するための受け皿として言われるのが「違法」という観念である。当事者の地位や知識，具体的状況等が考慮される（なお，この判断は，不法行為の成否とは一致しない。詐欺による意思表示の取消しに至らなくとも不法行為となる場合もある）。

　欺罔行為者の故意はだまして錯誤に陥らせようという故意とそれにより意思決定・意思表示をさせようという故意の「二段の故意」が必要とされる。後者は目的である。学説では後者を因果関係の問

題とする見解もある。また，故意と欺罔行為の違法性の関係について，欺罔行為者の故意の要件を満たす場合にはその行為は法的に「無価値」と評価されるため欺罔行為の違法性の要件は不要であるという考え方もある。

　故意要件は，そもそも故意は内心の問題であるため立証に困難があるうえ，二段の故意の要求は，その立証負担をいっそう重くしている。

Case 6-19

　Aは，BからA所有の甲土地を売却するよう強く要請され，断ったものの，Bが「実はこういう者だ」と所属組織の身分証明書を見せ，「組織を動かせば手を汚すことなく，人を消すこともできる。あんたくらい簡単だ」とすごみ，また，Aの孫の学年を尋ね「今誘拐事件がよくある。資産家のAさんは気をつけないといけないな」と述べたため，Aは恐ろしくなって甲土地を300万円でBに売却する契約を締結した。

| 強迫による意思表示

　強迫とは，他人に害意・害悪を示し，畏怖の念を生じさせ，意思表示をさせようとする行為である。強迫による意思表示とは，そのような強迫行為によって，畏怖した相手方がそれにより意思表示をすることを言う。強迫による意思表示と認められた例として，損害賠償債務を負う相手方に準消費貸借の借用証書を差し入れさせるために，警察に依頼し，依頼を受けた警察官が令状なしに警察署に引致し，借用証書の差し入れを強要し，応じなければいつまでも留めおくことになるか，検察に送致して重罪に処すなどの脅しをした結果，損害賠償債務の承認・借用証書の差し入れが行われた場合（大判大14・11・9民集4巻545頁）や，戦後の混乱期に会社を解雇された工員らが労働組合の支援

を得て40名以上で，工場事務所に押し寄せ，会社社長に対し，居住している社宅の売り渡しを請求し，狭い事務所の一隅で取り囲まれて身動きとれず，怒号が渦巻く中で顔面を殴打されるなどした社長が，相談のためにその場をいったん逃れた後に再び事務所に戻って交渉を続け，平静化したもののなお多くの者に囲まれた中で長時間の交渉の末，恐ろしさから社宅の売買予約を締結した場合（最判昭33・7・1民集12巻11号1601頁）などがある。

強迫行為もまた，**違法であること**，つまり社会的に許される限度を超えた行為であることが必要である。害悪をもたらす旨の言明であっても正当な権利行使がある（「債務を履行しないなら提訴する」，「賃上げに応じないならストを行う」，「この契約条項を受け入れるのでなければ取引はしない」など）。社会的に許容される限度内かどうかは，目的および手段の双方において相当性があるかが重要となる。

強迫があっても畏怖がなければ，それは，強迫による意思表示とはならない。また，強迫ないし畏怖は，明示または暗黙に告知される害悪が客観的に重大か軽微かを問わず，これによって表意者が畏怖し，畏怖の結果意思表示をしたという関係が主観的に存すれば足りる（前掲最判昭33・7・1）。したがって，通常は畏怖しないような害悪告知でも，特異な人（気弱な人）が畏怖して意思表示をすることがあるが，これも強迫による意思表示として取消しができることになる。これは取引の安全を害することになりそうだが，害悪告知の違法性や強迫についての故意が要求されているため，相手方が強迫行為をしているときはその取引の安全を保護する必要はなく，第三者の行為の場合には相手方の保護を後退させても仕方がないと考えているということだろう。

害悪の告知・害悪を示すといっても，明告である必要はなく，態度によることもある。沈黙も，状況により，強迫行為となりうる。

害悪の生じる先は当事者のこともあれば第三者のこともある（「家族がどうなってもいいのか」など）。

第三者による強迫行為の場合にも，相手方の知不知を問わず，意思表示は取り消しうるものとなる（詐欺と異なり96条2項のような特則がない）。

強迫行為も故意が必要である。いわゆる「二段の故意」については，詐欺の場合と同様の理論的問題（二段の故意，特に意思表示をさせる点の故意の位置づけ）・実践的問題（それが厳格に要求されることによる救済範囲の狭隘化）がある。故意の要件ゆえに行為の違法性の要件は不要であるとする見解があることも，詐欺についてと同様である。

取消しと第三者の保護　詐欺による意思表示，強迫による意思表示に該当すると，その効果は，取消しである（当該意思表示は取り消すことができるものとなる）。詐欺による意思表示の取消しは，意思表示が詐欺によるものであることについて善意無過失の第三者には対抗できない（96条3項）。これに対し，強迫による意思表示については，このような規定がないため，第三者に対抗することができる（詳細は⇒第7章4）。

詐欺の場合，だまされた方にも落ち度があり，取引の安全を一定程度優先させているが，強迫はそれに比し，脅された側の落ち度はより少ないと評価されるため，表意者保護を優先させている。

⑥　消費者契約法による意思表示の取消し等

Case 6-20
① Aは，Aの希望を聞いて，周辺の緑地は公有地なので，ずっと緑豊かな環境にあるという不動産業者Bにすすめられ，マンションの一室甲をBから購入する契約をした。ところが，Bもそのことを把握していな

かったが，甲のあるマンションの西側の緑地については開発計画が進行中であった。

　②　Aは，不動産業者Bから，10年間で，最低〇〇円の家賃収入が確実に見込めると聞き，Bから投資用に賃貸アパート甲を購入した。しかし，その後，近隣に競合する物件が次々とでき，甲の部屋はなかなか埋まらなかった。

　③　Aは，海外旅行に安く行けるという雑誌の広告を見てB社に連絡し，事務所に赴いたところ，旅行のために必要だと英会話の受講と教材を勧められ，必要ないと断ったものの，そう言わずにと引き留められ，6時間あまり勧誘を受けた。もう帰りたいというと，これだけ説明させて帰るとは何事かと怒鳴られた。深夜に至り，このままではずっとここにとどめられたままだと疲労困憊したAは，帰りたい一心でBの示す英会話の受講および教材の売買の契約書面に署名した。

民法の想定する人間像と消費者契約

民法においてメンバーシップを認められる主体は，その知識・経験，判断能力，財産状況等千差万別である。民法は，私法上の法律関係を規律するにあたり，現実の様々な差異を捨象して対等な人を軸とし，一定範囲で，つまり，判断能力の点で民法が想定する一定線に達しない者（低年齢の未成年者や精神上の障害による事理弁識能力の不十分な者など）や，社会的な経験において類型的に民法が想定する一定線に達しない者（高年齢の未成年者）は，制限行為能力者として保護者を付す制度を設けたり（5条，7条，11条，15条），具体的事情下において，意思表示が判断能力を欠く中でされたり，意思決定が必要な情報の認識・理解を欠いたままなされたときに，引き返すための制度を設けたり（意思能力〔3条の2〕，錯誤〔95条〕，詐欺〔96条〕），脅され畏怖して意思表示をしたり，思慮・経験・知識の不足や経済的に窮境であるなどの状況につけいられて不利益な

内容にもかかわらず意思表示へと追い込まれるといった場合に引き返すための制度を用意している（あるいは，そのようなものとして制度運営が行われている。強迫〔96条〕，公序良俗違反・暴利行為〔90条〕）。また，信義則（1条2項）や不法行為（709条）などの一般条項において，具体的状況下の具体的な人の特徴や事情を考慮する余地もある（知識や経験の不足，判断力の不十分，言語や文化・慣習，取引に不慣れであるなど）。このように，類型的な保護措置や，具体的・個別事情ごとの考慮措置があるとはいえ，それに該当しない場合は，たとえば，株式会社と一自然人との取引であっても，対等性を前提とした規律が基本となっている。しかし，現代の社会においては，そのような民法が想定する抽象的な人では，法律関係を規律する道具立てとして相当でない場面が少なからず存在する。**消費者法や消費者契約**（事業者と消費者との間の契約）は，生身の人間としての人に光をあて，その知識や経験，情報が，取引社会においては，構造上，事業者との関係では劣位にあること，また，その合理的判断にはどうしても限界があること，生身の人間ゆえに取引に投入できる資源は法人に比べてより限定的であること，生身の人間ゆえに損害に対して脆弱であること（生命や身体の損害を想起するとわかりやすいが，経済的なダメージも通常は相対的に大きい）などの特色がある。とりわけ，取引においては，消費者と事業者との間には，構造的に情報の質・量（さらには情報の理解力・分析力），交渉力の点で格差があり，その格差はもはや座視できないとして，**消費者契約法**をはじめとする特別法が展開している。

中でも，消費者契約法は，消費者契約一般を対象として，意思表示の取消しと消費者契約中の条項の無効を定め，民法を補完している。

（1）　事業者の不当行為による誤認・困惑

意思表示の効力に関して，民法上は意思表示の取消しや法律行為の無効が認められない，あるいは解釈上は可能であっても不透明である場合について，事業者と消費者の間の上記の構造上の格差を見据え，事業者の一定の行為によって消費者が誤認をして意思表示をした場合や，事業者の一定の行為によって消費者が困惑して意思表示をした場合，消費者が合理的に判断できない状況にあるのを利用して事業者が不必要な契約を締結させるに至った場合について，それぞれ限定的な場面設定をしつつも，意思表示の取消しを認めている（消費者契約法4条）。たとえば，事業者が重要な事項についての不実のことを告げ，それによって消費者がそれが真実であると誤認して意思表示をしたときは，その取消しができる（同法4条1項1号。Case 6-20 ①）。詐欺であれば事業者の故意が必要であるが，消費者契約法による**重要事項不実告知**の場合には事業者の主観は要件ではない。事業者自身も真実であると信じていた場合も消費者は取消しができる。情報優位にある事業者に自らの行為によって消費者を誤認させた場合にそのリスクを負担させる趣旨である。

また，執拗な勧誘に根負けして契約締結に同意したような場合（Case 6-20 ③），害悪の告知と畏怖という強迫には当てはまらないが，自由な意思決定が，**不当な勧誘行為**によってゆがめられ，それによって契約締結へと追い込まれているという事態である点で，強迫と問題状況の根底は共通する。民法であれば，そのような根負けは救済の対象とならない（自ら負担すべきリスクである）が，消費者契約にあっては，実際にもそのような勧誘がみられ本心ではしたくない契約を次善の策として締結せざるをえない精神状態・心理状態に追い込まれて契約するという消費者被害が多発しているという社

会的事情を背景に，意思表示の取消しが認められている。すなわち，事業者が自宅に押しかけて購入を強要し，帰ってほしいと伝えても帰らないという不退去や，勧誘場所から帰してほしいと伝えても帰してくれず執拗に勧誘を続けるという退去妨害のために，困惑して，それにより契約を締結する意思表示をした場合には，消費者はその意思表示を取り消すことができる（消費者契約法4条3項1号・2号）。事業者の故意を要しない。

　（2）　類型　　消費者契約法制定当初は，意思表示の取消しは，不実告知（同法4条1項1号），断定的判断の提供（同2号。Case 6-20②），不利益事実の不告知（同条2項。事業者の故意・重過失を要する）による誤認類型と，不退去または退去妨害による困惑類型（同条3項1号・2号）にとどまっていたが，その後の見直し・改正により，それぞれの内容（たとえば，重要事項の範囲や故意要件など）が見直されるとともに，正面からは意思表示のゆがみを要件とはしないが，合理的な判断をできない状況に事業者がつけこむ場面の一つと目される過量取引（同条4項）が加えられ，また，実際の消費者被害を念頭に，困惑類型が各種，加えられている（同条3項3号～10号）。退去困難な場所に同行しての勧誘や威迫的な相談の妨害の場合，社会経験の乏しさにつけこみ消費者の不安をあおる告知行為による場合や，恋愛感情に乗じるデート商法と言われる行為やその他の人間関係を濫用する行為，加齢等による判断力の低下につけこむ行為，いわゆる霊感商法による契約，先行行為や履行行為を消費者の求めもなく行って契約を迫る場合などである。過量取引や困惑類型の各種は，かなり具体的な消費者被害場面を念頭においたリストアップであるが，このように，具体的な被害事例をもとに個別の不当勧誘行為をリストアップしていく手法には，いつまでも被害の後追いになることや，規律がかえって複雑になるなどの限界があり，包括的

な規定を模索すべきであるという議論も根強く主張されている。

　誤認や困惑による意思表示の取消しは，事業者（側）の勧誘行為に着目した詐欺・強迫類型の拡張と言われていたが，消費者の事情のとりこみなど詐欺・強迫よりも判断力に着目した類型や霊感商法の場合など元来の区別と対応しない類型（困惑類型だがむしろ誤認や幻惑の実をもつ）も登場している。また過量取引は，誤認等の意思決定・意思表示のゆがみを要件としない類型である。その他の理論的な位置づけの問題も生じている。

　（3）　**特則**　　意思表示の取消しについては，①第三者の行為についての規定（事業者以外の主体による行為であっても，その行為者が，事業者から契約締結について媒介の委託を受けた者であるなどの場合には，同様に意思表示の取消しが認められる。消費者契約法5条），②短期の取消権の期間制限（追認可能時から1年，契約締結時から5年。同法7条。なお霊感商法類型には特則が設けられている），③取り消され契約が無効となったときの消費者の返還義務の範囲（現に利益を受けている限度に縮減される——そうではなく全部返還となると，結局現存しない部分は価額返還になり契約をしたのと同様の結果になりかねないことなどが考慮されている。同法6条の2）について，個別に規定がある。たとえば，②については，民法96条による取消しに比し，短期となっているが（民法126条参照），これは，取り消しうる場面を民法96条から拡張することとのバランスで，行使期間を限定するものと説明されている。

＿＿＿＿＿＿＿＿＿＿＿
| 不当条項の無効 |
￣￣￣￣￣￣￣￣￣￣￣
事業者と消費者との間のこのような情報および交渉力の格差は，契約内容にも表れる。民法の想定するハードルをクリアする限り，判断力のある人が自由な意思決定に基づき締結した契約はその者を拘束するが，実際には，契約内容形成の自由を有しているのは，事業者と消費者との間の消

費者契約にあっては事業者のみであるという事態が生じている。そのように，契約当事者の一方が契約内容形成権能を有する場合には，その者つまり事業者に一方的に有利で相手方である消費者に一方的に不利な内容の条項が入り込みやすい。消費者契約法は，このような事情に着目して，当該条項がないときに比して消費者の権利を制限し，または消費者の義務を加重する条項であって，信義誠実の原則に照らしそれに反すると評価される程度に一方的に消費者の利益を害するものは，その効力を認めないこととしている（無効，消費者契約法 10 条）。また，このような一般的な規定と並べて，個別に，たとえば，事業者の債務不履行に基づく損害賠償責任を免除する条項や，債務不履行責任の有無を決定する権限を事業者に与える条項など，無効とされる条項をリストアップしている（同法 8 条，9 条）。**一般条項と個別不当条項の組合せという手法である。個別不当条項のリスト化により明確性・予測可能性を高めつつ，一般条項によって，不当条項に網羅的に対応するものである。個別不当条項のリストは，徐々にではあるが，充実が図られている（⇒1 ⑤）。**

消費者団体による差止請求

事業者が，消費者契約法上の意思表示の取消しの要件となる不当な勧誘行為を不特定多数の消費者に対して現に行っている，または行うおそれがあるときは，消費者団体は，事業者に対し，その行為の停止や予防等を請求することができる（消費者契約法 12 条 1 項）。また，事業者が，消費者契約法上無効となる契約条項を用いた契約の締結行為（申込み・承諾）を不特定多数の消費者との間で，現に行い，または行うおそれがあるときは，消費者団体は，事業者に対し，その行為の停止や予防等を請求することができる（同条 3 項）。

意思表示の取消しや契約条項の無効は，個々の消費者の事後的な

救済を可能とする。しかし，消費者被害は，多数にわたり，また，泣き寝入りや諦めも少なからずありうる。このため，個別の消費者の事後的な救済（契約の拘束力からの，あるいは，特定の条項の拘束からの解放）と並んで，事前の予防措置，被害発生の防止措置が求められる。これに応じるのが消費者団体の差止請求権である。差止請求権を有するのは，内閣総理大臣の認定を受けた適格消費者団体に限られ（同法 13 条参照），適格消費者団体について，不特定多数の消費者の利益のために適切に差止請求権を行使することを確保するための規律が置かれている。

　なお，このような事前予防に対し，事後的な救済の方はどうかといえば，その実効性確保のために，集団的な被害回復訴訟を可能とするべく，**消費者被害回復法**（消費者の財産的被害の集団的な回復のための民事の裁判手続の特例に関する法律）が用意されており，適格消費者団体のうちさらに内閣総理大臣の特定認定を受けた「**特定適格消費者団体**」（同法 65 条以下）が被害回復関係の業務を行うこととされていることにも注意しておこう。

消費者・消費者契約と民法	消費者契約法の規定が適用される「消費者契約」とは，消費者と事業者との間で締結される契約を指す（消費者契約法 2 条 3 項）。

消費者とは，個人（自然人を意味する）であるが，事業としてまたは事業のために契約当事者となる場合は「事業者」となり，消費者から除かれる。「**事業者**」とは，法人その他の団体，そして，事業としてまたは事業のために契約当事者となる場合の個人である。この定義上，法人であれば常に事業者となるのに対して，個人については常に消費者というわけではなく，個人事業者ということがありうるし，また，個人事業者の場合には，事業者となるときもあれば，消費者となるときもあることになる。

およそ自然人（個人）は，すべてが消費者契約における消費者た
りうる（個人事業者も，事業と関係のない場面では消費者である）。ま
た，消費者契約の定義をふまえると，契約は事業者間契約，消費者
と事業者との間の契約である消費者契約，消費者間契約という 3 つ
に分類できるが，件数上多くを占めるのは消費者契約である。この
ような事情を考慮すると，生身の人間に光を当てた規律を，民法の
特別法として民法典の外に置いておくことが，現代社会における民
事基本法，市民社会における基本法たる民法典として適切なのか，
むしろ，民法典の中に取り込むべきではないかという議論もある
（2017 年民法改正において，消費者や消費者契約に関する規定を設ける
ことや，消費者契約のほか，情報や交渉力に格差がある当事者間の契約
については信義則〔1 条 2 項〕，権利濫用〔1 条 3 項〕その他の規定〔一
般条項〕の適用においてその格差の存在を考慮しなければならないとの
規定を設けることがその検討過程で論じられたが，採用されるには至っ
ていない）。

　消費者契約法が，消費者と事業者との間の構造的な情報の質・量，
交渉力の格差をとらえるのに対し，実は，消費者の中でもいっそう
傷つきやすく抵抗力の弱い消費者（「脆弱な消費者」と言われることが
ある。加齢および社会的事情により判断力の低下した高齢者や，社会的
に経験の乏しい若年の成年者，日本語以外を母国語とし言語や慣習面で
理解力に不十分な者など）があり，それを正面から法律関係におい
てとらえるべきことが論じられている。

第7章 無効と取消し

これまでの章で，成立した法律行為が無効となったり（意思無能力，公序良俗違反，心裡留保，虚偽表示），法律行為や意思表示が取り消すことのできるものとなる（制限行為能力，錯誤，詐欺，強迫）場合があることを見てきた。無効の場合や取り消すことができる行為となったときにどのような法律関係となるのか。本章では，無効および取消しについての一般的な規律を見ていこう。

1 無効と取消し

<u>総　説</u>　　意思能力がない者が意思表示をした場合には，その法律行為は「無効」である（3条の2）。また，未成年者が法定代理人の同意を要する行為についてその同意をえずにした法律行為は「取り消す」ことができる（5条2項）。強迫による意思表示は，「取り消す」ことができる（96条1項）。このほかにも法律行為の無効や意思表示・法律行為の取消しという効果をもたらす制度が様々にあるが，無効となった場合や，取り消すことができる法律行為の場合にどのような法律関係となるのかの一般則が，第1編第5章「法律行為」の第4節「無効及び取消し」（119条以下）に置かれている。

なお，無効については，代理に関して代理権を有しない者がした契約は「無効」であると言われることがあるが，この場合の「無効」は，代理という制度が他者の行為によって行為者以外の者（本人）に有効に法律効果を帰属させる制度であり，有効な代理として

の効果が生じないという意味であるから，本人への効果不帰属を意味し（113条1項参照），法律効果としても本人による追認や無権代理人の責任など，代理制度特有の法律関係を生じさせるもので，本章で扱う「無効」とは異なる（⇒第8章4◆無権代理行為の無効の特殊性）。このほか，取消しについても行為の「取消し」を裁判所に請求しうる詐害行為取消請求権（424条1項）などがあるが，それも特有の制度であって，本章で扱う「取消し」とは異なる（本章で扱う取消しは，制限行為能力を理由とする取消し，錯誤・詐欺・強迫という意思表示の瑕疵を理由とする取消しである。120条参照）。

　また，無効や取消しの概念としては共通であるが，婚姻等の家族関係・身分関係にかかわる法律行為については特有の規律がある（742条以下，詐欺・強迫による婚姻の取消しについて747条，このほかの婚姻の取消しを含め748条，802条以下，詐欺・強迫による縁組みの取消しについて808条1項）。

| 無効と取消しの違い |

　無効とは当初から無効，つまり法的な効果がその法律行為には生じないことを言う。したがって，仮に，その法律行為に基づいて金銭の支払や物の引渡しなどの履行がされていれば，それはもとの法律行為が無効である以上，その給付を保持する法律上の原因を欠くため，元の状態への巻き戻し（原状回復）が必要となる（121条の2）。

　これに対し，取り消すことができる法律行為は，取消しによって，初めから無効であったものとみなされる（121条）。取消しがされるまでは，取り消すことのできる法律行為は有効であり，取消しによって遡及的に無効と扱われる（無効と扱われると，無効の場合の原状回復などの法律関係の問題となる）。取消し（取り消すことができる意思表示ないしは法律行為を取り消す行為）は，意思に基づいて遡及的に無効という効果を発生させるものであり，それ自体が意思表示で

あり（123 条参照），単独行為である。無効は当初より無効として法律行為の効果を確定させるのに対し，取消しは，取消しをすることができる者（取消権者）の判断に最終的な効果（有効・無効）を委ねるものと言える。いわば再考の機会を与えるものである。このように一方的な意思表示によって法律関係を変動させるため，取消しのできる主体（取消権者）が限定され（120 条），その行使には期間の制限があり（126 条），また，取消権を行使しないことを確定させる追認の制度があり（122 条），追認の要件・主体・方法（124 条，123 条），さらには追認とみなされる場合（法定追認，125 条）に関する規律がある。

Case 7-1————————————————————————

① ＡはＢとの間でＡ所有の甲土地をＢに売却する契約を締結したが，Ａは，契約締結当時，意思能力を欠いていた。

② ＡはＢとの間でＢ所有の甲土地を購入する契約を締結したが，甲土地は使い途のない二束三文の土地であり，ＢはＡが取引に不慣れなのをよいことに，言葉巧みに勧誘し，市価の何十倍もの価格でＡに売りつけていた。

③ Ａ証券会社は顧客であるＢ社との間で，証券取引においてＢが損失を被ったときはそれを補塡する旨を合意した。

————————————

絶対的無効と相対的無効（取消的無効）

取消しの規律と対比すると，無効の場合は，当初より無効であって，誰かの意思表示によって法律関係を変動させるものではないから，誰からも主張でき，取消権のような期間制限もないし，取消権の不行使を確定させる追認のような制度もない（119 条参照）のが典型ということになる。

しかし，たとえば，意思表示の時点で意思能力を欠いていた者が
その後意思能力を回復し，自らはその法律行為の無効を主張するつ
もりがないのに，相手方が意思無能力者の意思表示であったことを
理由に無効を主張することは適切ではないと考えられる。そのため，
解釈上，無効であっても，相手方からは主張ができないというよう
に主張権者が限定されることになる。これは，意思能力の制度が意
思無能力者の保護を目的とするものであることによる。また，この
ように無効の主張権者が限定されると取消しに類してくるため，無
効主張がいつまでもでき，すでになされた給付につきいつまでも原
状回復が認められるというのも適切ではないことがある。このため，
無効の主張についても信義則による制限や取消権の期間制限（126
条）の規律の類推適用などが論じられている。このような無効は，
典型的な無効の場合と異なり，およそあらゆる人との間で無効とい
うわけではなくなることから「相対的無効」と呼ばれたり，取消し
に類似することから「取消的無効」と呼ばれ，これに対比して典型
的な無効は「絶対的無効」と呼ばれる。

　絶対的無効は公序良俗に反する法律行為のように社会の秩序や正
義の観点から法が許容できない場合（いわば公益的見地からの無効）
に妥当し，相対的無効は意思能力のように個人の利益擁護を目的と
した無効の場合（いわば個人的利益保護の見地からの無効）に妥当す
る。もっとも，公序良俗に反する法律行為であっても暴利行為のよ
うに個人的利益保護の見地と見られるものもあるため，両者が制度
ごとにすっきりと分かれるわけではない。

　また，無効と取消しは，いずれも法律行為による法律効果の発生
を阻止・否定する制度であり，いずれの効果であるかは条文上明定
されている（法律行為の内容の不確定ゆえに無効など，無効について
解釈上のものもある。たとえば，意思無能力者のした法律行為が無効で

あることは，2017年改正前は規定がなく，解釈上認められていた）。無効と取消しのいずれの効果が付されるかは理論面と立法政策の観点の双方による。概括的に言えば，公益的見地からの阻止・否定か個人的利益保護の見地からの阻止・否定か，「瑕疵」の重大性・その大小など（たとえば，およそ意思の不存在の場合と意思形成の過程に瑕疵〔きず〕がある場合など）が考慮されている。とはいえ，公序良俗違反とされる場合でも個人的利益の保護の見地から説明されるものもあるし，錯誤のように2017年改正前は無効（相対的無効と解釈）であったものが取消しとなっているように，両者の区別は，必ずしも明白であるわけではない（たとえば，2017年改正の検討の過程では，意思無能力の場合を取消しとするという議論もあった）。

無効と取消しの二重効　　制限行為能力者が意思能力のない状態で意思表示をした場合のように，ある行為について無効原因と取消原因の両方が備わっている場合には，主張をする側の選択によりいずれを主張することもできる。論理的には，そもそも無効な行為を取り消すことができるかが問題となりうるが，無効といっても法的な評価の問題であり取り消すことができる行為として取り消すことの障害にはならない。

2 無効の効果

Case 7-2—————————————————————————————————

①　AはBにA所有の自転車を5万円で売買する契約をし，その場で，自転車を引き渡し，Bから5万円を受け取ったが売買契約時にAは意思能力を欠いていた。

②　①において，AはBから得た5万円でサッカーくじ（ロト）を買

ったが，どれもはずれだった。

法律行為の履行と原状
回復

（1）　無効の場合の権利義務　　無効な法律
行為については，その法律行為に基づく法
律効果は発生しない。したがって，たとえ
ば，取消しや契約の解除，相殺など，意思表示のみで法律効果の発
生・実現が完了する場合には，その効果は生じない（取消しの意思
表示が無効であったときは取消しの効果は生じず法律行為は有効なまま
となる。相殺の意思表示が無効であったときは相殺による債務消滅の効
果は生じず債務が存続したままとなる）。また，法律効果の発生を前
提にさらなる行為を要する場合に，その法律行為の実現（たとえば，
契約の履行つまり契約により生じる債権債務の実現・履行。物の売買契
約が無効な場合にその契約に基づく物の引渡しや代金の支払など）を求
めることはできない。

　無効な法律行為に基づき法律効果を実現する行為がすでにされて
いたときも，外形上は法律行為に基づくものとみえても，大本の法
律行為が無効である以上は，それらの実現行為や実現結果の維持に
は法律上の基礎づけがないため，元の状態つまり法律行為がなかっ
た当初状態（原状）に戻すこととなる。無効な法律行為に基づく債
務の履行として給付がされた場合，給付を受けた者は，相手方を原
状に復させる義務を負う（121条の2第1項。原状回復義務，巻き戻
し・清算）。

　たとえば，自転車1台を5万円で売買する契約がされ，自転車の
引渡しと5万円の支払がともにすでにされたが，売買契約が無効で
あったときは（Case 7-2①），自転車の引渡しを受けた買主，5万
円の支払を受けた売主は，それぞれ，自転車，5万円を失っていな
い契約当初の地位へ相手方を回復させる義務を負う。

（2）原状回復の内容　　原状回復の内容に関し，その方法は，ま
ず，給付の巻き戻し，つまり，受け取った自転車および5万円の返
還である。自転車については所有権に基づく返還請求ができる。自
転車の返還は当該自転車を引き渡すことになる（現物返還義務）が，
買主が自転車を他人に贈与したなど現物を返還できないときは，価
額で（つまり金銭の支払によって）返還することになる（価額償還義
務）。自転車が新車であって，当初契約において種類のみで特定さ
れていた場合（不特定物・種類物。その種類に合うものであればどれで
もよいが，引渡し段階までにこれと特定がされる）において，他から
同種の自転車を購入可能な場合も，他から購入してまで物の返還を
する義務はない（株式と不当利得について最判平19・3・8民集61巻2
号479頁参照）。金銭については，（究極の種類物・不特定物・代替物
であるが）受け取った金銭それ自体を返還する必要はなく，同額の
金銭の支払が原状回復の方法となる。

（3）原状回復の範囲　　原状回復の範囲について，自転車や5万
円が返還されても，契約当初の状態が回復されるわけではない。た
とえば，新品の自転車の売買であったときは，自転車は中古品とな
って帰ってくるためである。使用価値あるいは果実に対応する利用
による利益を金銭で返還することになる。また，5万円についても，
契約時点で5万円をもっていた地位を回復するには，5万円が支払
われた時点から現時点までの5万円が生んだ利息分も補う必要があ
る（5万円を持っていればそれによって生じた利息分も回復されなけれ
ば，当初状態が回復されないからである）。したがって，5万円につい
ては，受領時から返還時までの利息が返還範囲に入るのが原則とな
ると考えられる（解除の場合という局面の異なる場面についてである
が，545条2項参照）。また，対応して，金銭以外の物について受領
時から返還時までの間に果実が生じた場合（家畜の売買で子が生ま

れていた場合など）には，一般に，その果実の返還も原状回復の対象
となる（解除の場合につき，545条3項参照）。もっとも，解除の場合
のような明文が無効・取消しの場合には設けられておらず，解釈問
題となる（無効・取消しの場合には，原状回復を請求する者が強迫者で
あるなど，そのまま全面的な原状回復を認めるのが適切か問題となる場
面もあるため，解釈に委ねられている）。

　たとえば，食品の一部を寄付したところ，その寄付（贈与契約）
が無効であったが，食品の一部はすでに費消されていたという場合，
残部のみを返還すれば足りるか，それとも費消した部分の価額償還
も必要になるだろうか。受領時に無効原因や取消し原因を知らずに
受領した場合には，自己の財産として自由に処分することができる
と考えて然るべきであるから，無効であることや取り消しうる行為
であることを知らずに給付を受けた受給者は，その行為によって現
に利益を受けている限度で返還の義務を負う（善意者保護）。ただし，
有償行為の場合には，両当事者の均衡という観点があり，これがよ
り重視されるため，善意者保護が働くのは無償行為による場合とな
っている（121条の2第2項）。また，意思無能力者や制限行為能力
者については，その保護の要請が高いため，善意悪意を問わず，返
還の範囲はその行為によって現に利益を受けている限度においてと
なる（121条の2第3項）。消費者契約法においても，消費者契約法
上の取消権を消費者が行使した場合の消費者の原状回復の範囲につ
いて同様の範囲縮減がある（消費者契約法6条の2）。特に役務提供
の場合に，契約の実現と同じ結果をもたらしかねないこと（押しつ
けられた利得の問題），取消権の実効性確保などの観点を勘案したも
のである。

　(4)　「現に利益を受けている限度」　「その行為によって現に利益
を受けている限度」については，得た代金を使って他の物を購入し

た場合，浪費をした場合，必要な費用に充てた場合，いずれも受け取って金銭は使ってしまっているが，それを用いて購入した財産がある場合は現に利益を受けている状態となる。また，浪費したときは費消してしまって利益はないが，必要な費用に充てたときは本来自身の財産から支出するはずの分を免れ財産減少を免れている点で利益を受けていることになる（大判昭 7・10・26 民集 11 巻 1920 頁）。

(5) **当事者双方が原状回復義務を負う場合**　売買契約において双方が履行済みであった場合のように当事者双方が原状回復義務を負う場合には，両者の原状回復義務は同時履行の関係に立つ（民法533 条の「準用」・類推適用。最判昭 28・6・16 民集 7 巻 6 号 629 頁〔未成年者取消しの事案〕）。公平の見地からである。

公平の見地からの規律であるとすると，たとえば，相手方の詐欺によることを理由に意思表示を取り消す場合には，欺罔した相手方と表意者との間では，欺罔した相手方が返還請求に対して同時履行を主張してこれを拒むことを認めるのは，公平に資さないと考えられる（295 条 2 項参照。判例は，第三者詐欺の場合に，同時履行関係を認めている。最判昭 47・9・7 民集 26 巻 7 号 1327 頁）。

また，有償契約において双方が原状へ回復されること，両者の均衡が，善意者保護よりも重視されるとはいえ，詐欺や強迫による意思表示の取消しの場合に，特に一方当事者が欺罔者や強迫者であるときに，金銭の受領時からの利息を付すことや，受領後に生じた果実の返還などを求めうるかについては，これを否定する考え方もある。この見解によれば，善意・悪意は問わないが，悪性を問うということになろう。このように解釈の余地があるため，121 条の 2 においては，原状回復は定められているものの，利息や果実，使用利益等の返還は規定が置かれていない（利息や果実について定める 545条 2 項・3 項と対比）。

AB 間の売買契約が無効であったり，取り消された場合に，目的物が B からさらに C に転売されていた場合，AB 間の契約が無効となるため（なお BC 間の契約は有効である），目的物の所有権は A にとどまり，A は C に対して所有権に基づく返還請求ができるが，第三者の取引の安全を図る見地から，個別に第三者保護規定が置かれている（心裡留保につき 93 条 2 項，虚偽表示につき 94 条 2 項，錯誤取消しにつき 95 条 4 項，詐欺取消しにつき 96 条 3 項）。

Case 7-3————————————————————

A は，B から 50 万円を弁済期 1 年後，利息年 2 割の約定で借り受けた。1 年後，B は，A に元金 50 万円および利息 10 万円の支払いを求めた。

———————————————————————

全部無効と一部無効

利息制限法の禁止に反して高利の約定で金銭を貸す場合，非常な高利の場合には公序良俗に反して契約が無効となりうるが（民法 90 条），その無効の範囲は，金銭消費貸借全体が無効（契約の全部無効）であるのか，それとも利息の約定のみが無効（利息の約定のない消費貸借となる。契約の一部無効・利息条項の全部無効）なのか，それとも，利息の約定中制限を超える部分のみが無効（制限を超えない範囲の利息の約定のある消費貸借となる。契約の一部無効・条項の一部無効）となるのか。この金銭消費貸借が貸金業者が年 109.5% を超える利息で貸す契約である場合は，金銭消費貸借契約全体が無効となる（貸金業法 42 条 1 項）。これに対し，年 20% の約定で 10 万円を貸す場合には，制限利率である 18% を超える部分（超過部分）が無効となる（利息制限法 1 条 2 号）。

このような数量的な一部のほか，民法 678 条に反してやむを得ない事由があっても脱退を認めない組合契約について，組合契約全体ではなく，当該脱退を認めない約定部分が無効であるとされる（最判平 11・2・23 民集 53 巻 2 号 193 頁）など，いわば質的な一部の無効の例もある。

このようにそもそも法律行為の一部に無効原因が存する場合に，その部分だけが無効となるのか全部無効となるのかという無効の範囲の問題がある。同じ無効であっても，全部無効と一部無効とでは機能が異なる。全部無効は法律行為全体の効力を否定して，当事者を法律行為の効力・拘束から解放するのに対し，一部無効は，当事者を法律行為の拘束にとどめたまま一部について修正を図る。

法律行為自由の原則や，契約の尊重からすると，無効の原因が契約の一部にとどまり，残部でなお契約を維持できるなら維持するという発想になる。したがって，残部で契約を維持できないときは全部無効，維持できるときは一部無効となる。残部で維持できるかどうかは，当事者が残部のみでなお法律行為をしたかどうかであるが，その判断においては，契約目的が重要であり，また，取引上の社会通念が参照されて，判断される。

さらに，一部無効となることで，法律関係に欠落が生じる場合には，その欠落の補充の問題が生じる。慣習や任意規定等によって埋められることとなる。

◆消費者契約における条項の無効の範囲の問題　　たとえば消費者契約のように事業者と消費者との間に構造的な情報および交渉力等の格差がある場合や，約款による契約のように一方当事者が準備をし，他方当事者には契約内容形成権が実質的にはない場合に，ある条項について無効原因があるとき，条項の全部無効か一部無効かが論じられる（消費者契約法 10 条は条項の全部無効・一部無効がありうることを前提としている）。この場合には，契約や合意の尊重という観点から，残部

で維持できるなら残部をもって契約や合意を維持するという考え方は必ずしも妥当しない。なぜなら，これらの場合には，両当事者の合意の実質はなく，合意の尊重という視点が必ずしも当てはまらないからである。また，一方当事者に条項の内容の決定権が事実上あるために，一部無効の処理は，当該当事者に一方的に有利な内容・相手方に一方的に不利な内容の条項（消費者契約法10条，民法548条の2第2項参照）でも，裁判となれば許容できる範囲まで縮減・修正して適用がされることになるのでは，予め適正な標準の条項を策定しようとする努力を怠らせ，そして裁判とならない（多くの）場合には適切でない内容の条項が事実上適用される事態となりかねないためである。そのため，これらの場合には，不当な内容の条項の無効は，原則は全部無効と解すべきであると論じられている（もっとも，条項の「全部」「一部」をいかにして決定すべきかはときに難しい。数量的なものはわかりやすいが，過失免責などの条項のようないわば質的なものについては，条項の単位の取り方に複数の取り方があるためである）。

複数の契約から成る法律関係における一部の契約の無効　一部に無効原因があり，残部のみでは目的を達成できない場合には，無効原因のある部分にとどまらず全体が無効になるという考え方は，複数の契約が共通する目的のために複合して法律関係を形成していたり，あるいは目的が相互に密接に関連づけられていたりする場合に，1つの契約に無効原因があり，そのために他の無効原因のない契約も無効となるという形でも，発現しうる。

　昔の例だが，娘が酌婦として稼働し，その支度金として父親が金銭消費貸借契約を締結し，娘の酌婦稼働による報酬をこの前借金の弁済に充てることを約したという場合（いわゆる芸娼妓契約の事案類型）に，娘の酌婦としての稼働契約は自由を著しく害するもので公序良俗に反して無効とされ（90条），それとともに，密接に関連して不可分の関係にある父親の消費貸借契約も無効とされた（最判昭30・10・7民集9巻11号1616頁）。また，リゾートマンションの区

分所有権の売買契約と同時にスポーツ施設を利用する会員契約が締結された場合に，形式は売買契約と会員契約であっても，その目的が相互に密接に関連づけられて，社会通念上，いずれかの契約だけでは契約を締結した目的が全体として達成されないような場合には，売買契約に無効原因があって売買契約が無効となった場合には会員契約も無効となることがありうる（債務不履行による契約の解除に関し，最判平8・11・12民集50巻10号2673頁参照）。もっとも，このような関係を，複数の契約から成る法律関係と見るのか，それとも，複合的な内容の1個の契約の一部に無効原因がある場合と見るのか，契約の個数の問題がある。

| 無効行為の追認 | 意思能力を欠く状態でした法律行為を後に意思能力を回復した状態のときに，その効 |

力を認めて，有効な行為にすることができるだろうか。無効な行為は，追認によっても，その効力を生じず，ただ当事者がその行為が無効であることを知って追認をしたときは，新たな行為をしたものとみなされる（119条）。

　無効な法律行為は初めから無効であり，取消しのように取消権の不行使を確定させて無効となる余地を封じる追認という概念があてはまらない。そのため，追認はできず，ただ当事者が無効であることを知って行為をしたときは新たな行為をしたものとみなされる。

　したがって，この規律によれば，意思無能力の状態でした法律行為について追認によって当初より有効とすることはできず，後日，新たに同内容の法律行為をしたことになる。このとき，すでにしていた履行行為を巻き戻してまた新たに履行行為をするのは迂遠であるし，さらに，すでにしていた履行行為を巻き戻すにあたり，当事者間で清算に関する合意をして，新たな履行行為に充てることを取り決めることもできるから（たとえば，意思無能力の状態で締結した

売買契約によってすでにその履行として目的物を引き渡し，代金を支払っていたとき，その後，意思能力が回復して「追認」をすると新たに売買契約をしたことになるが，いったん最初の売買契約による履行については原状に回復したうえで，再度，目的物の引渡しや代金の支払をするのではなく，合意によってそのまま保持することができる），その意味で，実質的には当事者が契約の効力を過去に遡らせ追認と同様の効力を招来しうることになる。そのような両当事者の合意によるのではなく，意思無能力の状態でなされた法律行為について，意思無能力という最低限の判断能力が欠けていたという意思表示の瑕疵を，当該表意者が意思能力があり判断能力のある状態で追認することで，治癒することができないか。意思能力の制度が，表意者の保護にあり，相対的無効，取消的無効といわれる性格をもつことを勘案するならば，保護の図られる，それゆえに無効の主張権者たる表意者から，もはや無効を主張しないという意味での追認が認められてしかるべきと考えられる（取消しに類似する性格であることを理由として122条を類推する）。この限りで，119条の射程は限定されることになる。

　また，119条の追認は，新たな行為をしたものと擬制されるのだが，新たな行為がそのまま効力をもつことまでの結果をもたらすものではない。公序良俗に反する内容の法律行為は，その後に同じ内容の法律行為をしても，公序良俗の概念が変遷しておりもはや公序良俗に反しないというのでない限り，やはり公序良俗に反して無効となるからである（これを，そのような行為は119条ただし書の適用範囲に入らない，つまり，有効になしうる行為〔無効原因のない形でなしうる行為〕のみが新たな行為と擬制されると言うこともできる）。また，方式不備のために効力が認められない法律行為については，方式を具備する必要があり，それがない状態では新しい行為としても

効力は認められない。

　なお，無効行為の追認については，無権代理行為（その効果は「無効」と言われる）の追認の規定があるが（113条，116条），これは，本人への効果帰属の部分を承認するものであり，119条の無効とは異なる（⇒ 1）。また，他人物売買において，目的財産の権利者が追認をするという場合もあるが，これは，売買契約自体は有効であるが，売主に処分権がないため，その履行ができないところを，権利者が認めることで売主の処分権についてその欠落を治癒するものであって，遡及的に処分権を与える効力を持つ（116条の類推適用。最判昭37・8・10民集16巻8号1700頁）。これも，法律行為（契約）が無効であるときの追認（119条）とは局面が異なる。

無効行為の転換

意思表示や法律行為が当事者の企図したとおりの法律効果を生じない場合に，その行為が他の法律効果を生ずる要件を備えるとき，この他の行為として有効とすることが，認められている（**無効行為の転換**）。たとえば，秘密証書遺言についてその方式を欠く場合に自筆証書遺言として効力が認められることがある（自筆証書の方式は充足している場合。971条）。父が婚姻外で設けた子について嫡出子として出生届出をし受理された場合につき，認知届出としての効力が認められている（最判昭53・2・24民集32巻1号110頁）。これに対し，他人の子を自己の嫡出子として届け出た場合について，養育がされている場合であっても，養子縁組として効力を認めることはできないとされている（最判昭25・12・28民集4巻13号701頁）。もっとも，長年，親子として事実上関係を築いてきたのに，それが根底から覆されることには問題があるため，その無効主張が権利濫用となる場合もある（最判平18・7・7民集60巻6号2307頁）。

　無効行為の転換は，当事者がある法形式を選択したのにもかかわ

らず，別の法形式での効力が認められるため，一種の書き換えとな
る。そのため，当事者が別の法形式としても効果をもたせることを
欲したということが必要となる（そうでなければ，裁判所による合意
内容の修正となるが，これは，効力を否定するにとどまらず，積極的に
別の行為を選択させるのは，当事者に別の行為を強制することになり，
法律行為自由の原則という法律行為の根本に牴触する）。

◆**法的性質決定との関係**　　このように当事者意思に反しないことを
要求するときには，**法的性質決定との関係**が問題となる。たとえば，
当事者は賃貸借という法形式で合意をしていたが，その合意の内容か
らすると（負担はあるものの対価性はなく）使用貸借であると認定さ
れるというのは，当事者が用いた文言にとらわれずに，合意の内容から
その性質を決定するというものであって，当事者意思の修正ではなく
むしろ**当事者意思の尊重**である。無効行為の転換も，当事者の意思の
実質をとらえるものと言えなくもない。無効行為の転換が語られるの
は要式行為の場合で身分行為の場合が典型的であるが，これは，方式
の要件がないときは，当事者意思として処理すれば足りるという面が
あるところ，身分行為で要式行為のときは当事者意思による処理では
限界があるから無効行為の転換が語られるとも言える。たとえば，
「嫡出子としての届出」の意思という選択を当事者がしていても，そ
の内実は婚姻外の子であるが，親子関係を創設するという意思である
から，非嫡出子としての認知の意思であるという性質決定をすること
ができようが，方式を要するため，無効行為の転換として問題が設定
されていると言うこともできる。また，それだけに，方式や他の要件
（たとえば養子縁組であれば，その旨の届出のほか，家庭裁判所の許可
〔798条〕などの要件もある）の充足をどのくらい重視するかによって，
無効行為の転換として効力を認めるかどうかが左右されうる（当事者
意思だけを認定すれば足りるわけではない）という事情も認められる。

　無効行為の転換が認められる場合は，当事者が追認するというも
のではない。追認をしても，第三者との関係で遡及させられるわけ
ではない。当事者の追認（あるいは再合意）では治癒できないよう

な場合に意味がある。

　無効行為の転換においては，制度趣旨を潜脱するような場合はもちろん認められない（たとえば，方式要件を満たさないなどにより保証契約〔446 条〕としては無効のため，引受人の負担部分をゼロとする併存的債務引受〔470 条〕として有効とするなど）。したがって，無効行為の転換が認められるには，転換後の行為として効力を認めても，元の行為が無効とされる趣旨を潜脱しないこと，転換後の行為として効力を認めることが当事者の意思に反しないこと（あるいは，なるべく法的効力を認めることになり，それが当事者の意思にかなうこと）が必要である。

3 取消権の行使

取消権の行使の効果

　取消し原因のある行為は，取り消すことが「できる」行為であって，取消しがされるまでは有効であり，取消しがされると，初めから無効であったものとみなされる（遡及効。121 条）。

　取り消すことのできる行為として，法律行為の場合（制限行為能力の場合。5 条 2 項，9 条本文等）と，意思表示の場合（錯誤・詐欺・強迫。95 条，96 条）とがある。後者については，意思表示を取り消すことで意思表示が無効となり，それを中核的構成要素とする法律行為が無効になるというメカニズムである（論理的には，契約の場合，一方の意思表示が取り消されて無効となることで意思表示を欠くことになって不成立という可能性もあるが，一般に，法律行為自体も無効となると解されている）。

　初めから無効とみなされると，当該行為の履行行為を求めることはできず，すでに履行行為がされているときはその結果について，

原状回復義務が生じる（121条の2）。無償行為に基づく善意の給付受領者，制限行為能力を理由とする取消しの場合の制限行為能力者については，返還の範囲は現に利益を受けている限度に縮減される（121条の2第2項・3項）（詳細は，⇒2)。なお，無償行為に基づく善意の給付受領者の善意は，給付を受領した時点での善意であるが，善意の内容は，取り消しうる行為の場合は，無効であることではなく，取り消しうる行為であることについての善意となる（121条の2第2項かっこ書。かっこ書は，給付を受けた後に取消しがされた場合という限定をしているが，給付前に取消しがされているときは，通常，給付自体がその後にされる場面は考えにくく，仮に自動引き落としなど処理が間に合わなかったなどのことがあって取消し後に履行行為がされるときも取消し後であるために無効であることについて悪意となるので同項の規律は妥当しない)。

取消権の行使方法 取り消すことができる行為の取消しは，取消しの意思表示によって行う。取消しの意思表示は，行為の相手方が確定しているときは，相手方に対する意思表示による（123条）。

取消権の主体 (1) 取消権者の限定 取消しの意思表示ができる主体，つまり取消権者は限定されている。行為能力の制限によって取り消すことができる行為の場合は，制限行為能力者本人，またはその代理人（親権者や後見人。なお，代理権を付与された補助人は代理人だが，そもそもその場合は本人の行為能力が制限されないので該当しない)，承継人，同意権者（保佐人，同意権を付与された補助人）に（120条1項)，錯誤，詐欺，強迫によって取り消すことができる行為の場合は，瑕疵ある意思表示をした表意者本人，または，その代理人か承継人に限られる（120条2項。承継人には，相続などの包括承継の場合の承継人と，契約上の地

位の移転を受けた場合のように特定承継の場合の承継人との両方が含まれうる）。

　取消権者が複数ある場合に，1人が取り消すと（別の者は取消しを望んでいないときでも）法律行為は無効となる。

　(2)　制限行為能力者である法定代理人による代理行為　　制限行為能力者が他の制限行為能力者の法定代理人の資格でした行為については，当該他の制限行為能力者も，取り消すことができる（120条1項かっこ書）。代理人については行為能力は要求されておらず，制限行為能力者が代理人としてした行為は，行為能力の制限を理由として取り消すことはできないが，制限行為能力者が他の制限行為能力者の法定代理人としてした行為については，取り消すことができる（102条）。保佐開始の審判を受けた父親（被保佐人）が未成年（たとえば15歳）の子どもの親権者として和解をするなどの場合には保佐人の同意が必要であり（13条1項5号・10号），同意なくして行った代理行為は取り消すことができる。また，13条2項で審判によって付加された行為について，親権者（法定代理人）として法律行為をする場合や，補助開始の審判を受け，かつ補助人に同意権を付与する審判がされた者が，当該同意を要する行為について，未成年者の親権者として法律行為をした場合，その行為は，取り消すことができる（102条ただし書）。これらの場合，取消しの主体は，制限行為能力者によって（法定）代理のされる本人（この場合には未成年者・子）も取消権者となる。

　(3)　原状回復請求　　取消しがされると法律行為は当初より無効となり，無効な行為に基づき債務の履行として給付をしていたときは，原状回復を請求できる（121条，121条の2第1項）。取消権者のうち，本人や本人の代理人，本人の承継人は，原状回復請求ができるが，同意権者は，取消権があるとはいえ，取消しの結果としての

原状回復を本人に代わって請求するためには本人を代理する必要があるが，代理権は当然にはない。取消権が付与された趣旨は，その効果としての原状回復についても権能を与えるのでなければ貫徹できないとして，取消権付与の趣旨から取消しに伴う原状回復についての代理権が法律上当然に付与されるという考え方がある一方で，明文なしに代理権の付与を認めることには困難が伴うため，保佐人や補助人（同意権者）など，同意権しかない者の場合にも，個別に代理権付与の審判を受ける途があり，それによるとする考え方もある。

Case 7-4

①　AはBとの間でB所有の甲土地を 200 万円で購入する契約を締結し，200 万円を支払い甲土地の登記の移転と引渡しを受けた。1 年後，Aは，騙されたことに気づいたが，取り消すかどうか逡巡しているうちに日が経ち，契約から 5 年半が経過した時点で，AはBに対し取消しの意思表示をし，さらに，その 1 年後に，支払った 200 万円の返還を請求した。

②　AはBとの間でB所有の甲を 200 万円で購入する契約を締結した。AはBに騙されたことに気づいたが，Bから請求がないのでそのままにしておいたところ，さらにその 6 年後にBが甲を提示してAに代金 200 万円の支払を請求した。AはBに対し取消しの意思表示をして，支払を拒絶した。

期 間 制 限

（1）　意義　取消権は，追認をできるときから 5 年間行使しないときは時効によって消滅する。行為の時から 20 年を経過したときも同様である（126条）。取消権は，その行為によって有効な行為を遡及的に無効な行為に転じるもので，取消権が行使されないままの状態が長期に続く

ことは法律関係を不安定にするため，その行使には期間の制限が設けられている。取消権が消滅すると，もはや取消しはできなくなるため，法律行為は有効なものとして確定する。

(2) **対象範囲**　　取消権の行使の結果，原状回復請求権が生じる場合（121条の2），5年，20年という期間は，取消権の行使のみを制限するのか（取消権の行使がその期間内になされればよい），それとも原状回復請求権も含めて期間制限にかかるのか（取消権の行使がその期間内にされても原状回復請求がその期間内にされないときは原状回復請求権が消滅する）について議論がある（Case 7-4 ①では詐欺に気づき取消権を有することを知った時から4年半で取消権を行使しているが，原状回復請求である代金相当額の支払請求は5年半が経過した時点までされていない）。取消しがされるかどうかの不確定な状態をその期間内に確定させるのであれば，取消権の行使をその期間内にすれば足り，それによって生じた原状回復請求権は，取消しによりはじめて生じるものであるから別個独立に消滅時効にかかるので，その時点（取消権行使の時点）から債権の消滅時効の一般則により，5年または10年の期間内に行使すればよい（166条1項）。これに対し，浮動的な状態の解消だけではなく，取消しの効果としての原状回復についてもまとめて早期決着を図る趣旨であるとすると，原状回復請求権の行使も126条の期間内にされる必要があることになる（この見解によれば，Case 7-4 ①の場合もはや返還請求は期間制限にかかっていてできないことになる）。判例は，前者の見解をとっている（解除に関してであるが，大判大7・4・13民録24輯669頁。取消しに関して大判昭12・5・28民集16巻903頁）。

(3) **性質**　　期間制限の性質に関しても，消滅時効か，除斥期間かの議論がある。取消権自体については，裁判外での意思表示で行使ができ，また，行使をすればそれで目的が達成される形成権であ

るために，債権のように権利者の側から完成猶予や更新の措置をとることが想定されないため，完成猶予（ただし，158条から161条までについてはその法意が及びうる）や更新のない期間制限，つまり除斥期間であると解する見解が有力である（⇒第12章）。

　(4)　起算点　　期間制限のうち5年の期間制限の起算点は，追認することができる時からである。取消しの原因となった状況が消滅し，かつ，取消権を有することを知った時となる（124条1項参照。もっとも後者については解釈の余地がなくはない〔⇒後述 <u>法定追認</u>〕）。取消権者が複数存在するときは，各自の追認することができる時が異なり，そのため，ある取消権者については5年が満了しているが，他の取消権者についてはそうではないことが生じうる。制限行為能力を理由とする取消しについては，法定代理人や同意権者について取消権が消滅すると，本人（制限行為能力者）の取消権も消滅すると解釈されている。本人の保護としてそれで十分であり，それ以上に不確定な状態を長期化させる必要はないというのが理由である。

　(5)　防御的な取消権行使　　取消権は積極的に原状回復を請求するために行使されることもあれば（Case 7-4 ①），防御的に相手方からの請求を拒むために行使されることもある（Case 7-4 ②）。後者にあっては積極的に取消権を行使する必要がないまま期間が経過し，取消権者も請求はされないものと期待しその期待が不合理とも言えない。このとき，相手方からの履行請求自体が消滅時効にかかっていたり，権利失効の原則が働くことがありうるが，それと並んでこのような防御的な取消権の行使は，その期間制限にもかかわらず制限されない（換言すれば126条の期間制限は積極的な取消権の行使についてのものであり防御的な行使には及ばない）と論じられている（抗弁権の永久性と呼ばれる。他の形成権にも妥当する。⇒第12章 5 ②）。

Case 7-5

① 未成年者Aは法定代理人の同意を得ずに，Bとの間でB所有の甲を5万円で購入する契約を締結した。後日，Bからの照会に対し，Aの法定代理人が追認する旨を述べた。

② 未成年者Aは法定代理人の同意を得ずに，Bとの間でB所有の甲を5万円で購入する契約を締結した。後日，Aからその事実を聞かされたAの法定代理人は，問題がないと考え，Aの名で，B指定の口座に5万円を振り込んだ。

③ Aは，Bに騙されて，B所有の甲を5万円で購入する契約を締結した。Bからの請求を受けて，Aは5万円を支払ったが，その後，Aは，Bの欺罔に気づき，AB間の意思表示を取り消すことをBに告げて，Bに対し，5万円の返還を求めた。

> 追認

(1) 総説　取り消すことのできる行為は，追認権者が追認をした後は取り消すことができない（122条）。追認は，取り消しうる行為についてもはや取消しはせず，有効な法律行為として確定させる旨の意思表示であり，その実質においては，取消権の放棄である。

追認権者は，120条に規定する者，つまり，取消権を有する者である（122条）。したがって，制限行為能力を理由とする取消しのときは，制限行為能力者，制限行為能力者の代理人，制限行為能力者の承継人，制限行為能力者についての同意権者である。錯誤・詐欺・強迫を理由とする取消しのときは，表意者，表意者の代理人，表意者の承継人である。

追認は，取り消すことができる行為の相手方が確定しているときは，相手方に対する意思表示によって行う。

(2) 追認ができる時期　追認は，取消しの原因となっていた状況が消滅し，かつ，取消権を有していることを知った後にしなければ，

効力を生じない（124条1項）。追認は取り消すことができる行為を取消しのできない行為にするものであって，たとえば，なお行為能力の制限があるままで追認をしても，あるいは脅迫（強迫）を受けた状態の中で追認をしても，追認自体が取り消しうる行為となってしまい，法律関係の不確定さが継続するうえ，かえって複雑な法律関係をもたらしかねない（追認の意思表示が取り消されたという場合を想起しよう）し，また，取消原因のある状態において取り消すことのできない行為にしてしまうことは，そもそも取り消すことができる行為にした意義が損なわれるからである。また，追認は，取消権の放棄の実質をもつから，取消権を有することを知ってでなければ，権利放棄と認められないように，取消権を有することを知った後でなければすることができない（124条1項）。

（3）　制限行為能力の場合　　したがって，制限行為能力を理由とする取消しについては，取消原因である制限行為能力の状態が続いている限り（当該行為について行為能力を回復しない限り），取消原因の状態は消滅しないから，追認はできないが，例外として，2つの場面がある。第1に，法定代理人や同意権者（保佐人，補助人とあるが，補助人については代理権しか有しないときはそもそも取り消しうる行為とならず，また，取消権者・追認権者に該当しない）が追認をするときは，制限行為能力者が制限行為能力者のままであるときでも，追認ができる（124条2項1号。Case 7-5 ①）。追認によって法律行為を有効なものとして確定させることが望ましいという判断をこれらの者がする場合であり，制限行為能力者の保護に欠けるところがなく，また，むしろそれが制限行為能力者の利益にかなうと考えられるからである。第2に，制限行為能力者が，法定代理人，保佐人，補助人の同意を得て，追認する場合には，制限行為能力者のままで追認ができる。ただし，成年被後見人は除かれる（124条2項2号）。

成年被後見人は，法定代理人たる後見人の同意を得ても行為ができないためである（9条本文参照）。他の制限行為能力者は，同意権者の同意を得て行為ができるので，同意権者の同意を得て追認ができることとして，制限行為能力者の保護に欠けることがないと考えられるのは第1の場合と同様である。

(4) **取消権を有することを知っていること**　これらの例外は，取消原因となる状況の存在についての例外であって，これらの例外の場合にも，取消権を有することを知ってすることが必要となる。第1にあっては，法定代理人等の追認をする者が取消権を有すること，取り消しうる行為であることを知っている必要がある。第2にあっても，同意権者および制限行為能力者がそのことを知っている必要がある。

複数の追認権者があるとき，追認の意思表示は各人ができる（無効行為の追認とは異なる）。取消権の放棄であるから，追認した者はもはや取消しができない。制限行為能力者の場合，法定代理人や保佐人，補助人が追認をしたときは，制限行為能力者の保護は図られており，法律関係の不安定さや複雑さを回避する点からも，もはや制限行為能力者も追認はできなくなる。

| 法定追認 |

(1) **意義**　追認（の意思表示）をしないときも，一定の行為をしたときは，追認とみなされる（法定追認。125条。Case 7-5 ②）。一定の行為とは，全部または一部の履行，履行の請求，更改，担保の供与，取り消すことができる行為によって取得した権利の全部または一部の譲渡，強制執行である。これらの行為は，いずれも，取り消すことができる行為が有効であることを――取り消されるまではもとより有効であるが――前提にして，さらに履行行為をしたり，処分をしたり，履行を確実にするための措置を講じたり，強制的な実現を図ったりする

ものであって，追認の意思を推認させるものであり，その後に取消しをすることは矛盾した行為となりかねず，相手方に不測の損害を被らせることにもなりかねないためである。このような行為がされたときは，黙示の追認があったとみられる場合も少なくないが，黙示の追認の有無を問わず（その証明を要せず），当然に追認があったものと扱われる。

◆弁済の受領　　全部または一部の履行や，担保の供与については，それをすることと，それを受けることが考えられ，法定追認行為にはこれらの履行受領行為や担保取得行為も含まれ，また立法論としてその旨を明記すべきだという見解がある（弁済の受領について，自ら履行する場合だけでなく相手方の履行を受領する場合を含むとする大判昭8・4・28民集12巻1040頁）。しかし，弁済の受領については，金銭の支払債務につき振込があったという場合や，商品が配送されていたという場合などの受動的な場面で，受領者側に法定追認を認めてよいかはなお問題である。特に，消費者契約において消費者の取消権を奪うことになりかねないとして懸念が示されている（⇒(5)）。受領とは物理的に金銭や商品の交付があったというのではなく，あえて債務の履行として受け取ったという場合を想定していると考えられる。類型的に黙示の追認の意思表示とも言える実質，追認の意思を推認させる実質を備えているかという点から考えることになろう。

(2)　**異議をとどめたとき**　　異議をとどめたときは，法定追認の効果は生じない。これらの場合には追認がされたものと扱われないので，その後取消権を行使することは妨げられない。異議をとどめていれば，当該行為が追認ではないことが明らかになり，相手方に不測の損害を被らせることもなく，また，取り消しうる行為であり，取消権の行使の可能性があることを留保して，当該行為をすることが不合理とは言えない場合もありうるからである。

(3)　**時期**　　これらの行為は追認をすることができる時以後になされる必要がある。したがって取消原因たる状況が消滅した後に

なされなければならない（その前の行為によっては法定追認の効果は生じず，その後の取消権の行使は封じられない。Case 7-5 ③）。この点は，追認について同じ要件が課されるのと同趣旨である。

　(4)　取消権を有することを知っていること　　これに対し，法定追認の場合に取消権を有することを知った後に当該行為をすることが要求されるかについては解釈の余地がある。条文の文言上は追認をすることができる時とは124条1項の取消原因たる状況の消滅かつ取消権の認識の両方が備わった時以後と解するのが素直である。にもかかわらず議論があるのは，2017年改正前の125条は「前条の規定により追認をすることができる時以後に」と定め，追認の時期的要件を満たすことが法定追認においても前提とされていたが，「前条」たる124条について，取消権を有することを知った時以後という要件が明文化されていないもとで，未成年者につき，取消し可能なことを知らずに一部弁済がされた事案において，取消権を有することを知っている必要はないとする判例（大判大12・6・11民集2巻396頁）があり，2017年改正では解釈余地を残すため「前条の規定により」が削除されたからである。追認自体の前提要件を満たさないときに追認擬制・法定追認が認められるのが適切なのかは，取消権の付与による保護に対して相手方の信頼の保護と法律関係の早期安定という法定追認の趣旨をどこまで重視するか，取消権を知らないことを一般に表意者の帰責とみることができるかによる。

　(5)　消費者契約の場合　　消費者契約においては，法に詳しくない消費者が，民法125条各号の行為をし，そうと意図しないまま取消権を行使できなくなってしまうことがあることが問題視されている。このため，消費者契約法の規定に基づく意思表示の取消しについては，法定追認の規定の適用についてこれを制限する特則を設けるべきであるという考え方がある。

4 取消しと第三者

Aは，その所有する甲土地をBに売却し，所有権移転登記手続をした。

① さらに，Bは甲土地をCに売却した。Aは，その後AB間の売買を取り消した。

② Aは，その後AB間の売買を取り消したが，AがBに対し登記の抹消を請求する前に，Bは甲土地をCに売却した。

取消しの遡及効と第三者

意思表示が取り消されると，当該意思表示，ひいてはそれを構成要素とする法律行為は当初より無効であったとみなされる（121条）。Case 7-6 ①の場合，AB間の売買契約が遡及的に無効となることにより，甲土地の所有権の移転（176条参照）も遡及的に効力を生じないことになるため，Bは甲土地の権利を有せず，Cは無権利者との間で甲土地の売買契約を締結したことになり（BC間の売買契約自体は無効となるわけではない〔561条参照〕），Cは甲土地の所有権を有しない。そのため，Aは，所有権に基づいて，すでにCが所有権移転登記を経ていれば，その登記の抹消や回復を求めることができ，また，Cが甲土地を占有しているときは甲土地の明渡し・返還を請求することができる（所有権に基づく物権的請求権）。

Cからすれば，Case 7-6 ②の場合は，CはBC間の契約の時から無権利者と契約したわけであるが，これに対し，Case 7-6 ①の場合は，Bと甲土地の売買契約を締結した時点ではBが甲土地の所有者であり，所有者からの譲受人としてCは甲土地の所有権を取得していたところ，取消しの遡及効によって，無権利者からの譲受

人に転じてしまう。これは取引の安全を害するため，一定の場合にこのような遡及効による不利益に対しCの保護が図られている。Cの保護が図られるべき一定の場合に該当するかどうかは，Aの保護の要請との均衡に基づく判断が基礎となっている。制限行為能力を理由とする取消しは制限行為能力者の保護の要請の方が取引の安全の要請を上回る。これに対し，錯誤の場合や詐欺の場合には，取引の安全がより重視され，善意無過失の第三者には，取消しを対抗できない（95条4項，96条3項。消費者契約法4条6項も参照）。強迫についてはそのような第三者保護規定がなく，欺罔された表意者と脅された表意者とで要保護性が異なるという判断を体現している（消費者契約法については民法からの拡張とのバランスと説明される）。

なお，取消しに対する第三者保護規定の有無にかかわらず目的物が動産のときは即時取得の制度（192条）が用意されてそれにより取引の安全が図られている。制限行為能力や強迫による取消しの場合にも同条により第三者が保護されうる。

取消しの遡及効からの保護——錯誤・詐欺の場合

（1）第三者の保護　Aの取消しが錯誤や詐欺を理由とする場合，Cが錯誤や詐欺の事実について善意無過失であるときは，Aは意思表示の取消しをCに主張できないため，Cに対して甲所有者としての権利行使もできなくなる。なお，このときAB間ではBに対する不当利得の返還請求（703条，704条）や，詐欺の場合にはAからB（または欺罔者）に対する不法行為による損害賠償（709条）が問題となる。

（2）取消し前の第三者　これらの規定（95条4項，96条3項）による保護は，取消しの遡及効から生じる不利益を回避するものであるから，これらの規定により保護されるのは，取消し前に，取り消しうる意思表示を構成要素とする法律行為から生じた法律関係に基

づいて新たに利害関係を有するに至った（法律行為により取得された権利につき新たに利害関係に入った）第三者であると解されている（最判昭49・9・26民集28巻6号1213頁参照）。したがってCase 7-6①のCは該当するがCase 7-6②のCは該当しない。

　(3)　**権利内容**　　第三者は物権の取得者には限らない。たとえば，AB間で農地の売買がされ，所有権移転に知事の許可を要するため知事の許可を条件とする所有権移転仮登記を経た買主Bがその権利をCに譲渡し，Cが仮登記の附記登記を経由し，その後にAが詐欺による意思表示を理由にAB間の売買契約を取り消し，Cに対して附記登記の抹消手続を請求した事案において，仮登記移転の附記登記を経由した第三者Cは，AB間の売買につき知事の許可がありBが当該農地の所有権を取得した場合には，その所有権を正当に転得することのできる地位を得たものと言え，96条3項の第三者に当たるとする判例がある（前掲最判昭49・9・26）。

　(4)　**善意無過失**　　取引の安全を図る観点から，取消事由が存在することについての悪意者は保護に値せず，また一般に要求される注意・調査を尽くせばわかるはずであった過失のある者も保護に値しないため，第三者には**善意無過失**が要求される（これも，表意者との均衡が基礎にある。心裡留保や虚偽表示の場合の第三者保護規定の要件は善意であり，無過失は要求されないこと〔93条2項，94条2項〕と対比）。

　(5)　**登記**　　では，錯誤や詐欺による意思表示を構成要素とする法律行為により取得された権利につき新たに利害関係を有するに至るという場合，第三者たるためにはその権利取得につき**対抗要件**を備えていることが必要かどうか，たとえば，不動産の売買契約が締結されていればよいのか（Bの甲所有権は売買契約によってCに移転し，その時期は，特約がなければ契約時であると解されている），そ

れとも所有権を確実にすべく所有権移転登記もされていること（対抗要件）が必要なのかは，議論がある。Cは無権利者Bからの譲受人でありAC間は対抗関係ではなく，ここでの登記は「対抗要件」としてではなく「権利保護資格要件」として位置づけられ，そのようなものとして登記まで具備していることが要求されるかである。表意者の帰責性が93条や94条の場合よりも小さいことの権衡での第三者の要保護性の観点から権利取得に高度の確実性を要求することが考えられるとして，対抗要件（登記）具備を要求する見解も有力である。

　判例は，上記の農地に関する最高裁判決があり，仮登記移転の附記登記を経由した第三者が96条3項に該当するとしたが，この判決の理解が分かれている（登記の具備を要せず第三者は保護されるとしたものという理解と附記登記まで，つまり登記関係ですべきことをすべてしていたのであって登記をした第三者が保護されることを前提としたものという理解がある）。このような理解の分かれ方は，類似する場面において，94条2項に関して登記不要とする判決（最判昭44・5・27民集23巻6号998頁）と，545条1項ただし書に関して登記必要とする判決（最判昭33・6・14民集12巻9号1449頁）があり，錯誤者や被欺罔者たる表意者の帰責性が，通謀虚偽表示と債務不履行解除との中間に位置づけられるという事情にもよる。

取消し後の第三者——
錯誤・詐欺の場合

Case 7-6②の場合には，取消しによってすでにAB間の売買契約が無効となり，CはBが甲土地について無権利者となっていた段階でBと売買契約を締結しているので，Aの取消しにより，その前後でCの地位が大きく変動を受けるという場面ではないから，95条4項や96条3項の場面ではなく，一般的に，無効な法律行為（AB間の売買）を有効と信じ，Bが権利者であると信じて，

法律行為をした者の保護の問題となる。取消し後の第三者について
も，錯誤・詐欺の事実や錯誤・詐欺による意思表示の取消しの事実
を知らずに，登記名義もＢのままであり他に疑う事情がなかった
などから，Ｂが甲の権利者であると信じて，Ｂとの間で売買契約を
締結する場合があり，取引の安全を図る必要性がある。動産の場合
には，善意無過失で目的物の占有を開始したＣについては192条
による保護が働く。これに対し，不動産の場合にはそのような特別
の明文の保護規定はない（Ｃが占有を開始し，継続していれば，取得
時効による保護がありうるが，長期間の占有が必要である）。

　判例は，取消し後に登場した第三者について，取消しによる遡及
効を貫徹せず，あたかも，Ａの取消しによってＢからＡへと甲土
地の所有権が復帰し（復帰的物権変動），その後に，ＢからＣへの甲
土地の譲渡がされ，これをＢを起点とする二重譲渡類似の関係と
みて，民法177条による解決をしている。民法177条に関する判例
によれば，ＡとＣとの間の甲土地の所有権をめぐる争いは，Ｃが
悪意者であっても原則として先に登記を備えた方が甲土地の所有権
を取得する（ただし，Ｃが177条の第三者に該当しないいわゆる背信的
悪意者であるときは，Ｃが先に登記を備えてもなおＡが優先する）。

　判例は，（Ａの）登記可能性を重視していると考えられる。意思
表示を取り消したＡは自己の名義へと登記を回復すべきところそ
れを怠ったＡの責任を177条の登記懈怠の責任と同視する（取消し
前は登記の可能性がなく取消し前の第三者との関係ではＡに登記の懈怠
はない）。しかし，取消し前と取消し後とで取消しの効果の法律構
成が異なることや取消し後の第三者が悪意者でも保護されること
（177条の判例の問題でもある）には批判が強い。学説では，取消し
前の第三者の場合との法律構成における一貫性（取消しの遡及効の貫
徹），悪意者が保護されることの問題性などから，虚偽の外観を信

じて取引をした者の保護として，94 条 2 項の類推適用によるとする見解も有力である。また，95 条 4 項や 96 条 3 項の第三者を取消し前の第三者に限る（遡及効からの保護とする）のではなく，取消し前・取消し後の両方に適用されるという見解も出されている。

制限行為能力・強迫の場合

　　　　　　制限行為能力や強迫による取消しの場合は，第三者保護規定がない。そのため取消し前に登場した第三者に対して，A は取消しの効果（遡及的無効）を主張でき，Case 7-6 ① において C が善意であり登記を得ていたとしても，C は無権利者であるとして A は登記の抹消（回復）や甲の返還を求めることができる。一方，取消し後の第三者については，取消原因が何であれ，取消し後は登記ができたにもかかわらずそれを怠った責任は錯誤・詐欺の場合と変わるところはないから，判例の立場によるなら 177 条の問題（不動産の場合）として扱われ，それに対する批判と遡及効を貫徹して 94 条 2 項の類推適用によるべき等の学説の議論が同様に妥当することになる。

　　たとえ自分のことであってもすべてを自分一人で決定することは難しく，他人の判断に頼らざるを得ないこともある。代理とは，法律行為をする際に他人（代理人）に判断してもらう制度であり，行為能力が制限されている者などを保護する場合（⇒第1章）のほか，複雑な事務などを専門家（弁護士など）に依頼する場合などに使われる。もっとも，全然関係ない者が代理人と称して無断で法律行為をするという紛争もあり，適切な解決が必要となる。

1 代理の意義と仕組み

① 代理の意義

代　理

　「代理」とは日常よく使う言葉であり，「誰かに代わって何かをすること」であろう。民法は財産取引に関する法律であるから，民法で言う「代理」とは「誰かに代わって財産取引（法律行為）をすること」である。A（本人）の代理人であるBがC（相手方）と法律行為をした場合にはBのした法律行為は法律的にはAがしたものとみなされ，その行為による権利や義務はAとCとの間で生じる（99条）。

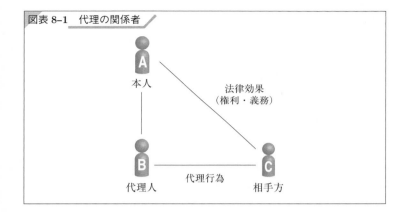

図表 8-1　代理の関係者

A　本人

法律効果
（権利・義務）

B　代理人　　代理行為　　C　相手方

Case 8-1
　B が A を代理して C から物を買った場合に，
　①　代金を支払う義務を負うのは誰か。
　②　買った物の所有権は誰に帰属するか。

　このケースの場合には実際に取引をしたのは代理人 B であるが，代金の支払義務を負うのは本人 A であり買った物の所有権も A に帰属する。

　実際に取引をしたのは B であるということは，「買う」という意思決定をしたのは B だという意味である。A が意思決定をして B はそれを C に伝えるだけの場合は「使者」と呼んで代理とは区別する（⇒5 ②使者）。

② 代理の仕組み

任意代理と法定代理

　99 条は代理権があることを当然の前提としており，どのような場合に代理人としての関係が生じるのかについては触れていない。通常は，A が信頼

する友人Bに頼んで代理人になってもらうなどであろう。このような代理を「任意代理」という。しかし，法律上当然にBに代理権が与えられる場合もあり，たとえばAが未成年者であるときにはAの親BにはAを代理する権限が法律の条文（824条）によって当然に認められる。これを「法定代理」というが，このときはAがBに頼んで代理人になってもらったわけではない。

代理の趣旨 ╲　任意代理と法定代理とでは制度の趣旨がやや異なる。任意代理の場合には，Aの活動の範囲を拡大するために代理が使われている。たとえばAは大阪在住の商人で，大量に物を売っていたとしよう。Aの商品はよく売れるので今度は東京でも売りたいが，しかし，その都度Aが東京まで出張するのは大変である。このようなときは，Aは，東京に住んでいる信頼できる友人Bに代理人になってもらえばよい。Bのした取引は法律的にはAの取引と同視されるのであるから，Aは，大阪にいながらにして東京でも商品を売ることができる。

　また，このように「空間的に」活動の範囲を広げるだけではなく，「領域的に」広げることもできる。たとえばAは鉄道会社を経営していたが「鉄道営業と不動産業をセットにすれば儲かるのではないか」と思い付いたとしよう。しかし，鉄道営業一筋のAには不動産業をするような知識もコネもない。このようなときには，不動産業界に詳しい友人Bに代理人になってもらって不動産部門の営業を任せればよい。Aは，Bの知識やコネを利用できることになる。

　法定代理では，話はやや異なる。前述した未成年者の例でも分かるように，取引をするだけの精神的な能力（知識や経験）が本人Aにない場合に——Aを保護するために——Aの取引をする資格を制限し，その代わりに代理人Bを付けてAの財産を管理させるのである。したがって，法定代理は，既に学んだ制限行為能力者制度

（⇒第1章 *8*）とセットにして理解すべきものである。

◆**任意代理と法定代理との違い**　任意代理と法定代理とは異なる制度であるが，代理人Bが法律行為をすればその法的効果（権利や義務の変動）は本人Aに生じるという点では共通しているので，99条以下でまとめて扱われている。しかし，この2つの違いは常に意識していなければならない。特に重要なのは，任意代理の場合にはAがBをコントロールできるが法定代理の場合にはコントロールできない点である（未成年者が親をコントロールできるわけはなく，むしろ親が子をコントロールすることが期待されている）。したがって，法定代理の方がAの利益の保護をより考える必要がある。

Column ⑮　法定代理と自己決定権 ◆▸◆▸◆▸◆▸◆▸◆▸◆▸◆▸◆▸◆

　1999（平成11）年の成年後見制度の改正は，法定代理制度に対するイメージを随分変えた。それまでは，本人には取引をするだけの精神的能力はないという理由から，本人には何もさせないでもっぱら代理人が本人の財産を管理することとされていた。

　新しい制度でも代理人が財産管理をすることには変わりはないが，なるべく本人の自己決定権を尊重することとされている。たとえば，保佐人や補助人に代理権を付与する場合には本人の同意が要求され（876条の4第2項，876条の9第2項），さらに，将来精神的能力が弱ったときに備えてあらかじめ後見人を選任しておくこともできるようになった（任意後見契約に関する法律）。本文でも述べたように法定代理でこそ本人の利益の保護が考慮されるべきことを考えると望ましい傾向であるが，任意代理と法定代理との差を相対化することになるであろう。

◆▸◆▸◆▸◆▸◆▸◆▸◆▸◆▸◆▸◆▸◆▸◆▸◆▸◆▸◆▸◆▸◆▸◆▸◆▸◆

2 代理行為

① 代理行為の成立①——代理権

代理権の発生①——法
定代理の場合

99条は代理権が既に存在していることを前提としており，どのような場合に代理権が発生するかについては書いていない。前述のように代理には任意代理と法定代理とがあるが，法定代理の場合には，代理権は法律の条文（824条等）によって当然に認められるので特に難しい問題はない。

代理権の発生②——任
意代理の場合

任意代理の場合には本人AがBに「私の代理人になって下さい」と頼むわけだが，これは原則として委任契約である。というより，むしろ，「私の代理人になって私の代わりに法律行為をして下さい」と頼む契約を「委任」というのである（643条）。したがって，AとBとの関係については643条以下が適用される。たとえばBは代理に際して相当の注意を払うべき義務（善管注意義務）を負うし（644条），適宜Aに報告する義務もある（645条）。その代わり，BはAに対して費用を請求することができる（650条）。

もっとも，通説によれば，委任以外の契約によって代理権が与えられることもある。たとえば，雇用契約（623条）における労働の一環として雇用主を代理して取引をする義務を負うこともあるとされるし，組合契約（667条）を締結して共同事業をする場合に誰かに取引を任せるときには代理権を与えることになる（670条の2）。しかし，私見によれば，契約の内容として代理して取引すべき義務を負う場合には，その限りで委任契約の要素が入っていると考えた

方がよいように思われる（671 条参照）。

代理権の授与　そして，委任契約等に基づいて A が B に代理権を与える。具体的には「私こと A は，B を代理人と定め，〇〇の事項について委任します」という「委任状」を A が B に交付し，B が A の代理人として法律行為をする際には，その委任状を相手方に提示する。そうでなければ（B が自分で「私は A の代理人です」と言っているだけでは）本当に B が A の代理人であるか否かを確認できないからである。

委任状の交付を（委任等とは）独立の法律行為であると理解する見解も多く，そのときには「代理権授与行為」や「授権行為」などと言う。これは，代理人になる契約（委任等）とは別個独立の法律行為ではあるが，代理人になる契約を前提としている。したがって，代理人になる契約が無効とされたり取消しや解除によって効力を失ったりした場合には，代理権授与行為も当然に効力を失うと理解されている（有因論）。代理人になる契約が効力を失っても代理権授与行為は当然には失効しないと解釈することも論理的には可能であるが（無因論），一般的ではない。そして，有因論をとるなら，代理人になる契約（委任等）と代理権授与行為とを区別する実益はないとして，このような区別を否定する見解も有力である。

◆代理権授与行為の法律的性質　　代理権授与行為を独立の法律行為であると認める見解の中でも，代理権授与行為の法律的性質について，A と B との契約であるとする契約説と，A が一方的に代理権を与えるのであるとする単独行為説が対立していた。契約説によれば，たとえば B が未成年者である場合には代理権授与行為の取消しが認められるが，単独行為説なら認められないことになる。しかし，単独行為説によっても，代理人になる契約（委任等）を取り消せば代理権授与行為も失効するのであるから実際上は大差ない。

代理権の範囲は，法定代理の場合には法律の条文（たとえば824条）によって決まる。

任意代理の場合には，本人（A）と代理人（B）との契約で定められているはずであり，はっきりと定められていなくとも，契約の解釈によって分かることも多い。たとえばAがBにアパートの管理を任せた場合には，Bは管理に必要な範囲（賃料の受領や雨漏りを修繕する請負契約を大工と締結するなど）では代理権をもっているであろうが，アパートを処分する権限はない。

このように，代理権の範囲は法律や契約によって決まっているはずであるが，決まっていない場合に備えて民法は103条を定めた。これによれば，権限が定まっていない代理人は，①「保存行為」，および，②物や権利の性質を変えない限りで「利用・改良行為」をすることができる。

保存行為とは，現状維持に最低限必要な行為である。建物が雨漏りするときに修繕をする請負契約を締結する（放置すると雨水のために建物がダメになってしまう）等のほか，野菜などは腐ってしまうので売って現金に換えることも許される。

保存行為がこのような意味なので，103条2号の利用・改良行為とは，最低限必要というわけではない利用や改良を指すと解釈することになる。これは，物や権利の性質を変えない限りで許される。たとえば農地をそのまま農地として利用する（つまり農作物を作る）ことは許されるが，宅地にして建物を建築することは物の性質を変えたことになり許されない。あるいは，現金を銀行に預けて預金とすることは許されるが，株に投資することは認められない。銀行預金はリスクが少ない点で現金と似ているが，株は儲かる可能性もある代わりにリスクも高いので，現金とは権利の性質が異なるのであ

る。

② 代理行為の成立②——顕名主義

> 顕　名

　99 条によれば，代理人は「本人のためにすることを示して」法律行為をしなければならない。ここで「本人のため」というのは経済的な利益のことではなく，法律効果（権利や義務）が誰に帰属するのかという問題である。つまり，代理人 B が本人 A を代理して C から物を買う場合には「私（B）ではなく A が買う」ことが分かるようにするべきであり，これを「顕名」という。具体的には，契約書に署名するときに「A 代理人 B」と肩書を付けて署名すればよい。B 自身は単なる代理人に過ぎず法律的には A が買ったことが明らかになる。

　これに対して，単に「B」とのみ署名すれば B 自身が買ったことになるのは当然であろう（100 条本文）。しかし，その場の状況から B は代理人に過ぎないことが C にも分かることもある。たとえば A の従業員 B が C と取引した場合には，B が A の従業員であることを C も知っていたときには，B は A の代理人として取引したことくらいは C にも分かることが多いであろう。したがって，このような場合には顕名をしなくとも（つまり単に「B」とのみ署名した場合でも）法律的な効果は A に帰属するとしてよい（同条ただし書）。

　以上に対して，代理人 B が契約書に「A」と署名することは許されると解釈されている（署名代理）。誰に法律効果が帰属するのかは

はっきりしているから，「顕名主義」に反しないと考えてよい。

◆商行為における代理の場合　　商法では原則として顕名は要求され
ず，ただ，代理人Ｂが単に「Ｂ」とだけ署名したために相手方が「買
ったのはＢである」と誤解したときには，相手方はＢに代金を請求
してもよいとされている（商法504条）。商取引を迅速にする趣旨であ
り，また，商取引は同じ相手と反復してなされることが多いので，代
理人としての取引であることが相手方にも分かることが多いであろう。

受動代理

ここまでは代理人が本人に代わって意思表
示を「する」場合を念頭に置いていたが，
99条2項は，代理人が本人に代わって意思表示を「受ける」場合
を想定している。Ｃが，料理屋Ａの従業員Ｂに対して料理を注文
するような場合が考えられよう。これを「受動代理」といい，これ
に対して，代理人が本人に代わって意思表示をする場合を「能動代
理」と呼ぶこともある。

　ただし，（99条2項には書いていないが）この場合には，Ｃの方で
顕名すべきものと解釈されている。つまり，Ｃの方で「Ｂ個人に注
文しているのではなくＡに注文している」ことを明らかにしなけ
ればならない。

③　代理行為の効力

意思の不存在や意思表示の瑕疵等

（1）　代理人の意思・認識が基準となる　　主
観的な事情（意思の有無や事実の認識）によ
って法律行為の効力が左右されることがあ
る。たとえば心裡留保や通謀虚偽表示は，表示に対応する意思がな
かった（意思の不存在）という理由で無効とされることがあるとこ
ろ（93条1項ただし書や94条1項），代理の場合には意思決定をす
るのは本人Ａではなく代理人Ｂなのだから，意思があったか否か

も——Aではなく——Bに意思があったか否かで決定される（101条1項）。

　錯誤や詐欺・強迫でも同様である。これらの場合には意思表示を取り消すことができるとされるところ（95条1項や96条1項），代理の場合には意思決定をしたのは（Aではなく）Bなのであるから，Bが錯誤に陥っていたのか，騙されたのか，強迫されたのかが問題とされる。

　また，受動代理の場合でも，ある事実を知っていたか知ることができたことにより意思表示の効力が左右されることがあるが，このような認識の有無も代理人が知っていたか知ることができたかで決める（101条2項）。たとえばBがAを代理してCから物を買ったが，実は，Cには売るつもりがなかったとしよう。93条1項によれば原則として契約は有効であるが，例外的に，売るつもりがないことを相手方も知っていた場合には無効とされるところ，ここでの「相手方」（93条1項ただし書）とはBのことである。

　(2)　特定の法律行為を委託した場合の例外　これに対して，特定の法律行為を委託した場合には例外的な扱いがされる。特定の法律行為の委託とは，たとえば「ある不動産の購入の委託」のような場合を指す。もっとも，代理とはあくまでも代理人Bが意思決定をする場合を指すので，「この不動産を買え」とAが指示したのでは代理にならない。したがって，ここで問題となるのは，「ある不動産を買うか買わないか」という意思決定をAがBに委ねた場合である。ある取引についてAがBをコントロールする可能性がある場合と理解する見解もある。

　さて，このような場合にある事実をAが知っていたときには「代理人Bは知らなかった」と主張することは許されない（101条3項）。たとえば，AがBに「ある不動産をCから買うか否か」とい

う意思決定を委ね，BがAの代理人としてその不動産を買ったとしよう。この場合に，実はCには売るつもりはなかったとしても——前述したように——原則として契約は有効であり，ただ，Cに売るつもりがないことをBも知っていたときのみ無効とされる（93条1項ただし書）。しかし，仮に代理人Bが知らなかったとしても，Cに売るつもりがないことを買った本人であるAが知っていた場合には，Aが「Bは知らなかったのだから101条2項により契約は有効である」と主張することはずうずうしいであろう。したがって——101条2項にもかかわらず——このような主張はできないとされた（101条3項前段）。Cに売るつもりがないことをAが過失によって知らなかったときも同様である（同項後段）。

| 代理人の能力 | 代理人は能力者である必要はない　102条によれば，代理人は行為能力を有する者で |

ある必要はない。Aの代理人BがCと法律行為をしても，その行為による法律効果（権利や義務）はAとCとの間で生じBには何の不利益もないからである。逆に言えばBが制限行為能力者で制限に反して代理をした場合であっても（たとえばBが未成年者であったとき等），それを理由として法律行為を取り消すことはできない。

　ただし，この例で，Aも制限行為能力者でありBが（Aの）法定代理人であった場合は例外とされた（102条ただし書）。この場合には，Aを保護しなければならないとされたのである。

　◆代理人になる契約（委任等）の取消し　なお，BがAの代理人であるならBはAと代理人になる契約（委任等）を締結したはずだが，それが行為能力の制限に反していた場合（たとえば未成年者Bが親権者の同意なしにAと委任契約を締結していたとき）には代理人になる契約を取り消すことができる。すると——前述したように——代理権も効力を失うことになる（⇒後述④代理人になる契約（委任等）の終了で後述する111条2項）。もっとも，取消しによって代理人になる契約は遡

及的に消滅するが（121条），代理権は取消しの時から失効すると理解されている。したがって，既になされた代理行為の効力には影響はない。

代理権の濫用

（1）**代理権の逸脱との違い**　代理人が代理権の範囲を超えて代理行為をした場合を，代理権の逸脱という。たとえばAがBにアパートの管理を任せた場合には，Bはアパートの管理に必要な範囲（賃料の受領や雨漏りを修繕する請負契約を大工と締結するなど）では代理権をもっているが，アパートを処分する権限はないはずである。それにもかかわらず，Bが「自分はAからアパートの処分も任されている」と嘘をついてアパートをCに売却したような場合には代理権の逸脱となり，このような契約は原則として無効でありAに法的効力は及ばないが（99条1項は代理権の範囲内であることを要求している），例外的に，Cを保護するために，後述する表見代理の制度（⇒*3*）によって有効な代理行為として扱われることもある。

これに対して，代理権の範囲内ではあるが自己または第三者の利益のために代理行為をした場合は，代理権の濫用という。前述の例で言えば，アパートの管理人Bは賃料を受領する権限はあるが，受領した賃料をAに渡すべきところ，着服する目的で賃料を受領したような場合が考えられる。受領自体は代理権の範囲内なので原則として有効であるが，以下で述べるように例外的に無効とされることもある。

◆**代理権逸脱と代理権濫用との区別への批判**　前述したように，代理権の逸脱の場合には原則として無効であり例外的に有効とされるが，代理権の濫用の場合には，代理権の範囲内なのであるから原則として有効であり，例外的に無効とされることもある。しかし，代理人には代理権を濫用する権限はないという理由からこの区別に批判的な見解もあり，また（（2）で後述する）107条も，代理権を濫用した場合に

は代理権を有しない者がした行為とみなすとしているので，結局代理権の逸脱と代理権の濫用との区別を否定しているようにもみえる。他方，107条は代理権が濫用された場合に例外的に代理行為の効力が否定される場合を規定しているのであるから，裏返せば（107条が適用されない限りは）代理権が濫用された場合でも代理行為は原則として有効であることを前提としている。つまり，代理権の逸脱の場合には原則として無効で例外的に有効とされるが，代理権の濫用の場合には原則として有効で例外的に無効とされるのであるから，代理権の逸脱と代理権の濫用ではやはり「原則・例外」の違いは残っているのである。

(2) 代理権の濫用　　107条によれば，代理権の範囲内であっても，代理人が自己または第三者の利益を図る目的で代理行為をした場合で，相手方がその目的を知っていたか，知ることができたときは，代理行為は代理権を有しない者がした行為（無権代理）とみなされる。前述の例で言えば，管理人Bが賃料を着服するつもりでいることを知りつつアパートの賃借人がBに賃料を支払ってBが受領したような場合である。2017（平成29）年改正の前は，このような場合には93条ただし書（現在の93条1項ただし書）を類推適用して代理行為を無効とするのが最高裁判例であったが（最判昭42・4・20民集21巻3号697頁），107条により無権代理とみなされることとなった。したがって，代理行為は無効であり，その法的効果は本人Aには及ばない。たとえば，管理人Bが着服する目的であることを知りつつBに賃料を支払った賃借人は賃料を支払った旨をAに主張することはできず，改めてAに賃料を払わなければならない。

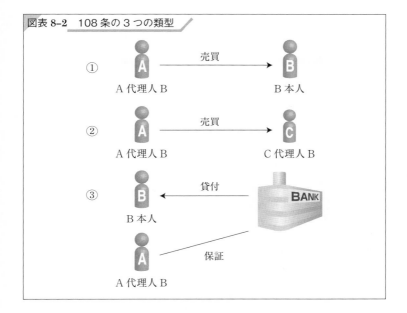

図表 8-2　108 条の 3 つの類型

① A 代理人 B　→ 売買 →　B 本人

② A 代理人 B　→ 売買 →　C 代理人 B

③ B 本人　← 貸付 ← BANK

A 代理人 B　保証

Case 8-2

①　A が代理人 B に不動産の売却を依頼した場合に，B 自身がその不動産を買うことは許されるか。

②　（①と同じ状況で）B が，買主 C の代理人をも兼ねることは許されるか。

③　B が銀行から融資を受ける際に A が保証人となる契約について，B が A の代理人として銀行と保証契約を締結することは許されるか。

自己契約・双方代理・利益相反行為

（1）　自己契約　　108 条 1 項によれば，①ある者がある法律行為について当事者となり同時に相手方の代理人となること，および，②ある者がある法律行為について両当事者の代理人となること

は許されない。

①は，たとえば本人Aからある不動産の売却を委託された代理人Bが自分でその不動産を買うような場合を指し，契約書における売主は「A代理人B」であり買主は「B」となる。法律的にはAとBとの取引であるが，実際にはBはAの代理人でもあるのだから自分で自分と取引をしたような感じになるので「自己契約」と呼ぶ。しかし，契約の両当事者は利害関係が対立するのであり，たとえば売買契約の場合には，売主はなるべく高く売りたいし買主はなるべく安く買いたいであろう。このような場合に買主Bが売主Aの代理人にもなると，意思決定をするのは本人Aではなく代理人Bなのであるから，BがAの利益を犠牲にして不当に安い価格で売却する危険がある。そこで，自己契約は禁止されたのである。この禁止に反して代理行為をした場合には代理権がないのに代理をしたものとみなされ（無権代理），その取引は無効となり，その効力はAには及ばない。

ただし，債務の履行（これはしなければならないことである），および，本人Aがあらかじめ許諾した場合は例外とされる（同項ただし書）。

(2) 双方代理　　前述の(1)②は，たとえば本人Aからある不動産の売却を委託された代理人Bが，買主Cの代理人をも兼ねるような場合を指し，これを「双方代理」という。契約書における売主は「A代理人B」であり買主は「C代理人B」となるので法律的にはAとCとの取引であるが，実際にはBが双方の代理人となっているので契約交渉は行われない。しかし，前述したようにAとCとの利害関係は対立しているので，何の交渉もなくBが価格等を決めてしまうとBがどちらかの利益を犠牲にして一方（AまたはC）に有利な契約をする可能性がある。したがって，双方代理も禁

止されている。

（3）**利益相反行為**　　契約を締結する両当事者の利害関係が対立するのは当然であるが，必ずしもこのような場合でなくとも，代理人と本人の利益が相反する行為（利益相反行為）は禁止される（108条2項）。たとえば，Bが個人として銀行から融資を受ける際にAが保証人となり，この保証契約についてBがAを代理するような場合を考えてみよう。保証契約とは，債権者（銀行）と保証人との契約であるので，AとBとが向かい合って取引をしているわけではない。しかし，保証人は主たる債務者（B）が債務を履行しない場合に責任を負うので（446条1項）Aにとって不利益な契約であり，他方，Aが保証するからこそ銀行はBに融資をするのであるからBには利益となり，つまりAとBとの利益は相反している。このような取引についてBがAの代理人となる（BがAのために意思決定をする）と，BがAの利益を不当に害するような契約をする可能性があるので，これも禁止されることとなったのである。

　自己契約や双方代理の禁止は形式に注目した規制であるが，利益相反行為はより実質面に注目した規制であるともいえよう。法人の理事についても同様の趣旨の規制がされている（一般法人法84条1項3号）。

④　代理権の消滅

代理権自体の消滅

111条1項は，どのような場合に代理権が消滅するのかについて定めている。まず，本人または代理人が死亡すれば代理権は消滅する（同条1項1号および2号）。当然のように思えるかもしれないが，一般論としては，当事者が死亡すれば法律関係は相続人に受け継がれるはずである（896条）。しかし，代理は，本人と代理人との個人的な信頼関係を

前提としているので相続人に受け継がせるのは適当ではないから，このような規制がされたのである。

　次に，代理人が破産手続開始決定を受けた場合や後見開始の審判を受けた場合にも代理権は消滅する。その者の経済的能力に疑問が生じたからである。なお，前述したように代理人は行為能力者である必要はない（102条）。しかし，当初から行為能力が制限されていた場合には本人もそれを承知で代理人に選任したわけであるが，代理人となってから後見開始の審判を受けて行為能力を制限された場合には選任時とは事情が変わったので代理権は消滅することとされたのである。

```
代理人になる契約（委
任等）の終了
```

代理権の授与は代理人になる契約を前提としているので，代理人になる契約が終了したときには代理権も消滅する（111条2項）。委任の場合には651条および653条が委任契約の終了事由を定めている。委任契約は当事者双方から自由に解除することができるとされていること（651条1項）以外は前述した代理権一般の消滅事由（111条1項）と大差ないが，さらに，委任者（つまり本人）が破産手続開始決定を受けた場合が付け加わっている（653条2号）。受任者（代理人）は費用や報酬を本人に請求することが多いであろうが，本人が破産しては払ってもらえなくなる可能性が高いので，それでも委任契約を維持するのは受任者に酷なのである。

3 表 見 代 理

① 表見代理の意義

正当な信頼の保護 〉 99 条は代理人が「その権限内において」行為することを前提としているので，B が A の代理人として C と取引をしても，① B には代理権がなかった場合や，② B に代理権があっても代理権の範囲を超えて行為をした場合（たとえばアパートの管理人がアパートを処分した場合）には代理行為は無効であり，その効力は本人 A には及ばない。これを「無権代理」という。

　しかし，C が「B には代理権があり権限の範囲内で行為をしている」と誤解し，しかもそのように誤解したのもやむを得ない場合であり，かつ，C が誤解したことについて A にも帰責性があるときには，C の信頼を保護するためにあたかも代理権があったかの如くに扱う制度があり，これを「表見代理」という。日本の民法では 109 条，110 条および 112 条がこの制度を規定している。このときには代理による法律行為は有効であってその効力は A にも及び，A は，後で B に対して責任を追及するしかない。

② 代理権授与表示による表見代理

本人の帰責性 〉 （1）　代理権授与表示　　109 条 1 項によれば，A が C に対して「私は B に代理権を与えました」と表示した場合には，A は——実際には B に代理権を与えていなかったとしても——B が A の代理人として C とした取引について責任を負う（たとえば B が A の代理人として C から物

を買った場合には代金を支払うべき義務を負う）。代理権を与えてもいないのに「代理権を与えた」などという表示をした方が悪いのである。これを，**代理権授与表示による表見代理**と言う（代理権授与表示と代理権授与行為とを混同しないように。代理権授与行為があったのなら，無権代理ではなく通常の代理である）。

　もっとも，代理権を与えていないのに「代理権を与えた」と言ったなどという例は現実にはあまり考えられない。BがAの代理人であるかのような顔をして取引をしていて，Aもそれを知りつつ黙認していたというような場合に109条が用いられた例があるので，以下に紹介しよう。

　（2）「東京地方裁判所厚生部」事件　　東京地方裁判所に「厚生部」という職員の互助組織があったが，職員の自発的な団体であり裁判所の正式な組織ではなかった（正式な組織として「厚生係」ができた後も「厚生部」も取引を続けていた）。しかし，裁判所の建物の一室で「東京地方裁判所厚生部」という名称で取引をしており，さらに，支払証明書には東京地方裁判所の庁印を使用していた。さて，繊維製品の販売業者である原告は「厚生部」に商品を納入したが，代金の支払がされなかったので裁判となった（「厚生部」は多額の赤字を出して消滅した）。最高裁は，109条等を援用して「一般に，他人に自己の名称，商号等の使用を許し，もしくはその者が自己のために取引する権限ある旨を表示し，もってその他人のする取引が自己の取引なるかの如く見える外形を作り出した者は，この外形を信頼して取引した第三者に対し，自ら責に任ずべき」であるとして支払義務を認めた（最判昭35・10・21民集14巻12号2661頁）。

　この事件の場合，「厚生部」が裁判所の建物の中にあって「東京地方裁判所厚生部」を名乗り，しかも庁印を使用していたので第三者には裁判所の正式の組織のように見えたのももっともであるし，

しかも，裁判所もこれを黙認していたのであるから支払義務が認められたのである。

◆**単独行為説からの考え方**　代理権授与行為を（代理人または相手方に対する）単独行為であると理解する見解によれば，AがCに「私はBに代理権を与えました」と表示すれば代理権授与行為になる。つまり，109条1項が適用されるべき場面は，表見代理ではなく本当の代理であることになろう（もっとも同項ただし書の関係が問題となる）。

相手方の信頼の正当性 | **相手方の善意・無過失**　これは相手方の信頼を保護する制度なのであるから，その信頼が正当なものであることを前提としている。したがって，代理権が存在しないことについて相手方が善意かつ無過失でなければならない（109条1項ただし書）。

上記の最判昭35・10・21においても「繊維製品の購入が裁判所の職務ではないことは常識で分かるはずではないか」という反論もありうるが，これは正当ではなかろう。裁判所が職員の福利厚生活動の一環として繊維製品を購入することは考えられるので，相手方が誤解したのもやむを得ないのである。

③　権限外の行為による表見代理

権限外の行為 | 110条によれば，Aの代理人Bが代理権の範囲を超えた取引をCとしたが，「Bの代理権の範囲内である」とCが信じたことにつき正当な理由がある場合には109条1項が準用される（つまりAは責任を負わなくてはならない）。たとえば，AがBにアパートの管理を任せたときには，Bは，管理に必要な範囲（たとえば賃料の受領や雨漏りの修繕の依頼）では代理権を有するが，しかし，BがAの代理人としてアパートをCに売却することは代理権の範囲を超えている。それでも「B

にアパートを売却する権限がある」とCが誤解したのが正当であるような場合には，この取引は有効とされるのである。

このように，110条が適用されるには，①AがBに（何らかの）代理権を与えたこと，および，②Cの信頼が正当であることの両方が要求される。順に説明しよう。

本人の帰責性

(1) 基本代理権　前述したように，表見代理という制度は，単にCが「代理権が存在する」と信頼しただけでは足りず，Aにも帰責性があることが前提となっている。いかにCの信頼が正当であっても，Aに何の責任もないならAが義務を負う理由はない。109条1項の場合にはAが代理権授与表示をした点が帰責性の根拠となったわけであるが，110条の場合には，そもそもAがBにアパートの管理を任せて（その範囲内での）代理権を与えたことがAの帰責性の根拠となっている。この代理権を「基本代理権」という。

(2) 帰責性　このように，AがBにアパートの管理を任せたことがAに責任を負わせる根拠とされているが，では，AがBにアパートの管理を任せたことは「悪い」ことなのだろうか。

一般的には民法においては「過失責任主義」が原則とされ，法的な責任を負わせるには故意（わざと）または過失（不注意）が必要である（709条参照）。Bがいい加減な人間であることを知りつつAがBにアパートの管理を任せたのならAは不注意であったとも言えるであろうが，一般論としてBにアパートの管理を任せたこと自体が不注意であるとは言えないであろう。したがって，Aには「過失」という意味での責任はない。しかし，そもそもAがBにアパートの管理を任せたことが「Bにはアパートを売却する権限もある」とCが誤解する原因となったのであるから，Cが誤解したのが正当であるなら――少なくともAとCとを比較する限りでは

――やはり A の方が「悪かった」のである。したがって，必ずしも過失がなかったとしても A に責任を負わせてよい（最判昭34・2・5民集13巻1号67頁参照）。もっとも，これは A と C とを比較して相対的には A の方が悪いと言っているだけなのであるから，後で A が B に責任を追及することが許されるのは当然である。

Web 責任の根拠 ❖❖❖❖❖❖❖❖❖❖❖❖❖❖❖❖❖❖❖❖❖❖❖❖❖

110条の場合のように，民法の中には，厳密な意味での「過失」はなくとも（事故の）原因を作ったという理由で責任を認めている条文もあり，これを「与因性」と言ったりする（192条もこれに近い）。責任の根拠とされる「悪い」にも様々な段階があることに注意してほしい。

❖❖❖❖❖❖❖❖❖❖❖❖❖❖❖❖❖❖❖❖❖❖❖❖❖❖❖❖❖❖❖❖❖

(3) **基本代理権となるもの**　さて，基本代理権が存在しない場合には（他の規定はともかく）110条による表見代理は成立しない。110条で要求されている帰責性がないからである。

ここで，**法定代理権**が110条の基本代理権となり得るかが問題とされる。任意代理の場合には本人 A が代理人 B を選任して代理権を与えたのであるから，A が C の誤解の原因を作ったと言える。しかし，法定代理の場合は法律によって当然に代理権が認められるのであり，A が B に代理権を与えたのではない。A が誤解の原因を「作った」とは言えないのではないかとも思えるのである。

もっとも，親権者や後見人等の代理権は包括的な代理権なので代理人が代理権の範囲を超えて取引をすることはあまり考えられず，実際には761条による代理権が問題となることが多い（761条の文言は連帯責任を負う旨を定めているのみであるが夫婦の一方は他方を代理する権限を有すると解釈されている）。この代理権は「日常家事」に限定されているが，それでは，夫婦の一方（たとえば夫 B）がこの範囲を超えて C と取引をした場合に他方（妻 A）は110条による

責任を負うのであろうか。

　取引の安全を強調する立場からは，Ｃが「ＢにはＡを代理する権限がある」と信頼したことが正当であるならＣを保護すべきことになる（「適用肯定説」と呼ぼう）。他方，ＡがＢに代理権を与えたわけではないことを考えると，Ａに責任を負わせるだけの十分な根拠があるか疑問もあり得る（「適用否定説」）。さらに別の問題として，夫婦の財産の独立性（別産制）との関係もある。夫婦といえども財産的には独立しているものとされているが（762条），夫がした取引について妻も責任を負うとする761条の適用範囲を安易に広げると別産制と矛盾するような感じになるのである。しかも，実際上は夫が妻の財産を無断で処分するような例が多いであろうから，妻の利益が不当に害されることになろう。

　判例は，Ｃが「日常家事の範囲内である」と信じたことについて正当な理由があるなら110条の趣旨を類推適用してＣを保護するようである（最判昭44・12・18民集23巻12号2476頁――夫が妻の不動産を無断で処分したというケースであり表見代理の成立は否定された）。実際に日常家事の範囲内でなくともＣが「日常家事の範囲内である」と信じたことについて正当な理由があるなら保護する点で適用否定説よりは広いが，他方，Ｃが「Ｂには代理権がある」と信じたことに正当な理由があったとしても「日常家事の範囲内である」と信じたわけではないときには保護しない点で適用肯定説よりは狭い。Ｃが「Ｂには代理権がある」と信じたことが正当であっても保護されないことがあり得るので適用肯定説からは批判されるであろうが，別産制が原則であることや，ＢはＡの実印等を持ち出しやすい立場にあることを考えると判例の見解は妥当な「落とし所」ではなかろうか。もっとも，Ｂが実印等を持ち出しやすい立場にあるなら，そもそもＣが「Ｂには代理権がある」と信じたことには正当な理

由がないと説明することもできる（後述）。

相手方の信頼の正当性　信頼の正当性＝善意・無過失　110条でも，相手方Ｃが「代理権の範囲内である」と信じたことが正当であることが要求されている。Ｂの取引が代理権の範囲を超えていることについて，Ｃが善意かつ無過失であることと言い換えてもよい。

　前述の例（Ａがアパートの管理をＢに任せたところＢがアパートをＣに売却してしまった場合）では，一般論としてアパートの管理人にアパートを売却する権限があるはずはないので，Ｂが「私はＡからアパートの売却も任されている」と嘘をついてＣも信じてしまったとしてもＣの信頼は正当ではない。しかし，たとえばＢがＡから実印や登記済証を預かっていて，これをＣに見せて売却した場合には正当な理由があると言える（登記済証〔俗に権利証とも言う〕とは登記をする際に本人確認するために必要とされる書面である。ただし，最近では不動産登記はコンピュータ化されているので登記済証は使用されない）。もっとも，前述したように，同居の親族などで実印を持ち出しやすい立場にある者については例外とされることもあり得る。また，ＢがＣから融資を受けるに際してＡが保証人となるような保証契約についてＢがＡの代理人となる場合に，ＢがＡの実印を持っていたというだけでは足りずにＣはＡ本人に確認する義務があるとされた例もある（最判昭45・12・15民集24巻13号2081頁）。もっとも，この事例については今では108条2項の問題となろう（⇒2 ③自己契約・双方代理・利益相反行為(3)）。

Case 8-3————————————————————————

　本人Ａが相手方Ｃに「私は代理人Ｂにアパート管理に関する代理権を与えた」と表示（代理権授与表示）をしたが実は代理権を与えていなかっ

た場合に，ＢがＡの登記済証や実印をＣに見せて「アパートの売却についても代理権を与えられている」と嘘をつきＣもこれを信じてアパートを買ったとき，表見代理は成立するか。

このケースの場合，ＡはＣに対して，Ｂに代理権を与えた旨の表示をしているが，Ｂはその範囲を超えて取引をしているので109条1項ではＡに責任を負わせることはできない（109条1項は「その代理権の範囲内」を前提としている）。他方，Ａは実際にはＢに何ら代理権を与えていないのであるから110条も適用されない（110条は基本代理権の存在を前提としている）。

しかし，そもそもＡが代理権を与えてもいないのに「管理を任せた」などと言ったのが原因であることを考えると，ＡよりもＣの方を保護すべきこともあろう。そこで，最高裁は，ＡがＣに代理権授与表示をしたことについてまず109条（現在の109条1項）を適用して管理についての代理権があるかのように扱い，その（仮想の）代理権を基本代理権として110条を適用してＡに責任を負わせた（最判昭45・7・28民集24巻7号1203頁参照）。これを109条と110条の「重畳適用」というが，2017（平成29）年改正の際に条文化された（109条2項）。

④ 代理権消滅後の表見代理

本人の帰責性

代理権がどのような場合に消滅するかについては前述した（111条⇒2④）。しかし，たとえばＢがＡの代理人として相手方Ｃと繰り返し取引をしていたような場合には，Ｂの代理権が消滅した後も，これをＣが知らないで取引を継続することも考えられる。そこで112条1項は，代

338　　第8章　代　理

理権が消滅した後でも，それを知らない者に対しては A は代理権が消滅した旨を主張できないとした。普段からの取引相手に対しては「B はもはや A の代理人ではない」旨を周知させるべきなのである。

　ただし，代表取締役が退任した旨が登記されたときは，その後に第三者が（元）代表取締役と取引をしても 112 条（現在の 112 条 1 項）は適用されないとした判決がある（最判昭 49・3・22 民集 28 巻 2 号 368 頁）。登記にはそれだけ強い効力が認められているのである（一般法人法 299 条参照）。

相手方の信頼の正当性

　（1）　相手方の善意・無過失　　112 条 1 項においても，既に代理権が消滅していることについて相手方 C が善意かつ無過失であることが要求されている。同項の本文のみを読むと C は善意でありさえすれば保護されるように見えるが，同項ただし書において C に過失があるときは例外（つまり保護されない）とされているので，結局は善意と無過失の両方が必要とされている。

　（2）　立証責任　　では，何故このようにややこしい書き方をするのであろうか。112 条 1 項を「善意でかつ過失がない第三者に対抗することができない」と書いてはダメなのであろうか。

　これは，過失の有無について A と C のどちらが証明するべきであるのかを考慮した表現なのである。一般論としてはある条文の適用を求める者はその条文が要求する要件事実について証明するべき責任を負い，証明に失敗すれば（事実の存否が真相不明となったら）その者が敗訴する。これを「立証責任（証明責任）」という。もし，112 条 1 項に「善意でかつ過失がない第三者に対抗することができない」と書いてあったとしたら，同項の適用を求める C の側で「C は善意であり過失もなかった」旨証明しなければならない。C に過

失があったか否か真相不明となったら，つまり，Cが「Cには過失がなかった」旨の証明に失敗したことになるのでCが敗訴する。

他方，112条1項のように「代理権の消滅の事実を知らなかった第三者に対してその責任を負う」と書いてある場合には，Cの側はとりあえず「Cは善意であった」旨のみ証明すればよい。Aが「善意だったとしてもCには過失があったじゃないか」として同項ただし書の適用を求めたいなら，Aの側で「Cには過失があった」旨を証明しなければならない。Cに過失があったか否か真相不明となったら，つまりAが「Cには過失があった」旨の証明に失敗したことになるのでAが敗訴する。同項はCを保護するために，Cが「自分（C）は無過失であった」旨を証明しなければならないのではなく，Aの側で「Cには過失があった」旨を証明しなければならないと定めたのである。

◆**立証責任の決定**　このように，一般的にはある条文（本文にせよ，ただし書にせよ）の適用を求める者が，その条文が要求している要件事実について立証責任を負う。

しかし，解釈によって立証責任が「転換」されることもある。さらに，条文にこだわらずに，むしろ，どちらが証拠を入手しやすい立場にあるか（「証拠との距離」などという）等を考慮して立証責任を決定するべきであるという見解もある。

| 重畳適用 |

たとえば，本人Aが代理人Bにアパートの管理を委任したが委任契約を解除して代理権も消滅したところ，その後に，BがAの登記済証や実印等をCに見せて「アパートの処分も任されている」と嘘をつき，Cもこれを信頼してアパートを買ったような場合には，112条1項と110条との重畳適用が考えられ，112条2項はこのような場合について規定している。前述した109条1項と110条の場合と同様，112条1項だけでは，また，110条だけではAに責任を負わせることはで

きないからである。

⑤ 表見代理のまとめ

> 帰責性の重要性

以上で表見代理の解説を終えるが，最後に ——今までの説明においても述べてきた点ではあるが——表見代理とは「本人の帰責性」と「相手方の信頼の正当性」の双方を考慮して本人に責任を負わせる制度であることを強調したい。往々にして「相手方の信頼」のみを重視する学生がいるが，本人に責任を負わせるからにはそれだけの事情が本人の側にも存在しなければならない。109条の場合には（代理権を与えてもいないのに）代理権を与えたと表示したこと，110条の場合には基本代理権を与えたこと，そして，112条の場合にも一度は代理権を与えたことが本人に責任を負わせる根拠となっている。逆に言えば，このような事情がないときにはいかに相手方の信頼が正当であっても（非常に精巧に登記済証や実印を偽造したとき等）本人に責任を負わせるわけにはいかない。このときには，代理人に対して責任を追及するしかない（⇒ 4 ②）。

> 代理権の逸脱と代理権
> の濫用

なお，表見代理に関する以上の議論は，代理人が，代理権がないのに，または，代理権の範囲を超えて法律行為をした場合に関するものであり，たとえば，アパートの管理人がアパートを売却してしまったような場合を念頭にしている。これに対して，アパートの管理を任された者が賃料を着服する目的で賃料を受領した場合は，代理権の範囲を超えたわけではないが，本人（アパートの所有者）のために使うべき代理権を自分のために「濫用」しているのである。これを「代理権の濫用」と呼んで，代理権の範囲を超えた場合である「代理権の逸脱」とは区別する（⇒ 2 ③ 代理権の濫用）。

4 無権代理

① 無権代理による法律行為の効力

さて，これまで述べてきたように，BがAの代理人としてCと取引をしても，①Bには代理権がなかった場合や，②Bが代理権の範囲を超えて取引をした場合には代理行為は効力を生じないのが原則であり（①と②とを合わせて無権代理という），表見代理は全くの例外であった（無権代理と表見代理との関係についてはさらに後述する）。113条以下は，このような場合に関する規定である。

◆無権代理行為の「無効」の特殊性　　無権代理による行為は無効であるが，代理権を有しない者がした行為の効力が本人に及ぶわけはないという意味での無効であり，法律行為そのものに問題があることによる無効（90条，93条および94条）とは少し話が違う。特に重要な点は，法律行為そのものには特に問題がないのであるから，後から本人が追認するなら有効としてよい点である（113条1項参照）。

追認権

(1) 追認および追認の拒絶　　113条1項によれば，無権代理人Bが相手方Cとした契約は本人Aが追認しない限りはAに対して効力は及ばないが，逆に言えば，Aが追認するならAに対しても効力を生じる。これは，Aの権利（追認しなければならないわけではない）なので「追認権」という。また，Aは追認を拒絶することもでき（同条2項参照），このときには法律行為は確定的に無効となる。これを「追認拒絶権」と呼ぶこともある。なお，契約ではない単独行為については原則として追認は許されないが（118条），この点については後述する（⇒後掲③）。

普通は相手方Ｃに対して追認するのであろうが，Ｂに対して追認することも考えられる。しかし，Ｂに対して追認した場合には，追認したことをＣが知るまでは追認した旨をＣに対して主張できないとされた（113条2項）。特にＣの取消権（⇒後述 取消権）との関係で意味がある。

　Ａが追認をしたときは，契約は締結時に遡って有効となる（116条）。もっとも，同意によって遡らせないことも許されるであろう。

　また，追認に遡及効があると言っても第三者の権利を害することはできない（同条ただし書）。もっとも，無効な行為を遡及的に有効にすることによって第三者が害される場合には，対抗問題が生じることが多いであろう。たとえば，Ｂが無断でＡの不動産をＣに売った後にＡ自身が同じ不動産をＤに売ったような場合は，ＡがＢのした契約を追認して遡って有効となったとしてもＣとＤとは二重売買による対抗関係になるのであり，登記をしない限りＤがＣに優先することはない。そうすると，116条ただし書が意味をもつ場面は少ないと思われる。

　(2)　無権代理と相続①——無権代理人が本人を相続した場合

Case 8-4

　Ａの子であるＢが，代理権もないのにＡの代理人と称してＡの不動産をＣに売却した後にＡが死亡してＢが相続した場合に，Ｂは，Ｃに対して追認を拒絶することができるか。

　このケースで，まず，Ａが死亡する前の法律状態を考えてみよう。不動産売却はＢの無権代理行為であるからＡに対しては効果はない。Ａは，売却は無効であると主張して（さらには追認を拒絶して）Ｃに対して不動産の返還を請求できる。

　さて，Ａが死亡すればＢはＡの権利義務をすべて相続すること

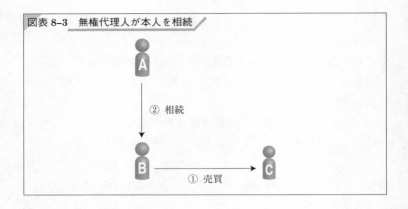

図表 8-3　無権代理人が本人を相続

A

② 相続

B → C
　　① 売買

になるが（896条），では，Bも，売却は無効であると主張して（さらに追認を拒絶して）不動産の返還を請求できるのであろうか。そもそも，Bが不動産をCに売却したことを考えるとあまりにずうずうしいのではなかろうか。

　そこで，このような事件において，大審院はBを敗訴させた（大判昭2・3・22民集6巻106頁）。無権代理の場合には法律行為そのものには問題はなく，無権代理人に目的物を処分する権限がなかっただけなのであるから，その後無権代理人が目的物の所有権を取得したときには権限が事後的に補充されたものと考えることができる。そこで，本人と代理人との資格が同一人に帰した以上本人自ら法律行為をしたのと同様の法律上地位を生じたものと解すべきであるという理由から（「資格融合説」という），追認しなくとも法律行為は当然に有効となる（追認を拒絶することもできない）と判決したのである。戦後にも同様の判決がされている（最判昭40・6・18民集19巻4号986頁）。

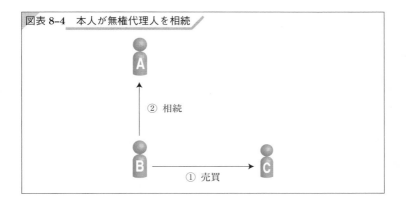

図表 8-4　本人が無権代理人を相続

② 相続

Ａ

Ｂ ① 売買 → Ｃ

（3）　無権代理と相続②——本人が無権代理人を相続した場合

Case 8-5─────────────

　Ａの子であるＢが，代理権もないのにＡの代理人と称してＡの不動産をＣに売却した後にＢが死亡してＡが相続した場合に，Ａは，Ｃに対して追認を拒絶することができるか。

　このケースでも，Ｂが死亡する前の段階なら，Ａは売却は無効であると主張して（さらには追認を拒絶して）Ｃに対して不動産の返還を請求できるはずであるが，Ｂが死亡してＡが相続するとどうなるか。資格融合説の立場からは，この場合も，本人と代理人の資格が同一人に帰したのであるから，売却は当然に有効となってＡは不動産の返還を請求できなくなりそうである。

　しかし，Case 8-4 ではそもそもＢがＣに売ったのだからＢがＣに返還請求するのは矛盾であるとしても，Case 8-5 では，ＡはＢに無断で不動産を処分「された」立場であるのに，Ｂが死亡することによって返還請求できなくなるのは不当であろう。実際にこのような事件が起きたときには，最高裁もＡの追認拒絶を認めた（最

判昭 37・4・20 民集 16 巻 4 号 955 頁)。つまり，資格融合説は，無権代理人が本人を相続した場合には適切な結論を導くことができたが，本人が無権代理人を相続した場合には本人に酷な結果となるのである。

そこで，むしろ，相続によって代理人と本人との立場が同一人に帰したとしても原則として追認拒絶は可能であり，例外的に，無権代理人が本人を相続した場合だけ信義則上追認の拒絶は許されないとする見解が主張された（「信義則説」という）。信義則（1 条 2 項）とは「従前の経緯を考慮して権利行使を制限する」法原理であるところ，そもそも，（無権代理人である）B 自身が C に不動産を売ったという経緯を考えれば，B が追認を拒絶して不動産の返還を求めるのは矛盾だからである。これに対して，A が B を相続したときには，A は追認を拒絶して不動産の返還を求めることができるとしても特に矛盾ではない。

もっとも，無権代理人である B 自身は（2で後述する）117 条 1 項によって契約を履行する義務または損害賠償をする義務を負うところ，A が B を相続するとこの義務も受け継ぐことになる（896 条）。そうすると，A が追認を拒絶したとしても，A には契約を履行する義務があることになりそうであるが（最判昭 48・7・3 民集 27 巻 7 号 751 頁），これでは，結局は不動産を C に渡さなければならないことになろう。様々な解決が提案されているが，いまだ定説はない大問題である。

（4）　無権代理と相続③──その他　　この他に，無権代理人 B が本人 A を相続したが，相続人は B だけではなく他にも存在するという事件も起こった。最高裁は，法律行為が有効となるには全員が追認しなければならず，全員が追認しない以上は B の分についても当然に有効となることはないと判決した（最判平 5・1・21 民集 47

巻1号265頁）。

　また，本人Ａが無権代理人Ｂを相続したが他にも相続人Ｄが存在し，しかも，その後Ａも死亡してＤが相続したので結局本人と代理人との立場が同一人（ただし本人でも代理人でもない第三者）に帰した場合について当然に有効となるとした判決もある（最判昭63・3・1判時1312号92頁）。ＤはまずＢを相続した時点で無権代理人と同様の地位に立ち，その後本人Ａを相続したのであるから，無権代理人が本人を相続した場合と同じように考えることができるのである。しかし，Ｄ自身が無権代理行為をしたのではないのだから，信義則説からは異論も出るであろう。

　◆応用問題　　Ｂが無権代理人として本人Ａの財産を処分した後にＢがＡの後見人になった場合にも似たような問題が生じる。たとえば，未成年者の財産について無権代理行為をした無権代理人が後に（未成年者の）後見人になった場合について，最高裁は，無権代理行為は当然に有効となるとした（最判昭47・2・18民集26巻1号46頁）。他方，禁治産者（現在の成年被後見人）の財産についても類似した問題が生じたが（ただし無権代理人が後見人となったのではない），このときには諸事情を考慮して，追認拒絶が信義則に反するか否かを決めるべきであるとされた（最判平6・9・13民集48巻6号1263頁）。

　無権代理人が後になって処分権を取得したという点で無権代理人Ｂが本人Ａを相続した場合に似てはいるが，Ｂは後見人としてＡの利益を守るべき立場にある点が異なる。その分だけ追認拒絶を認めるべき必要性も高い。

催告権

　無権代理による契約は原則として無効であるが，本人Ａが追認をすると有効になる。

これでは相手方Ｃの立場が不安定になるので，114条は，ＣがＡに対して一定期間を定めて追認するか否かを確答するように催告をした場合，期間内にＡが返事をしなかったときには追認を拒絶したものとみなすこととした。つまり確定的に無効となり，それ以降

は追認する余地がなくなる。20条と同様の趣旨である。

| 取消権 |

また，Cは，AがBの追認や追認拒絶をするのを受動的に待っているだけではなく，Cの方から進んで契約を取り消す権利も認められた（115条）。もともと無効な契約を取り消すというのも奇妙であるが，確定的に無効となりAが追認する余地はなくなるので，Cの地位の不安定さは解消される。ただし，Aが追認する前でなくてはならない。また，Cが，Bに代理権がないことを知っていたときには取消権は認められない（同条ただし書）。

なお，前述したように，113条2項はここで意味をもつ。つまり，AがBの行為を追認した場合には，Aが追認したことをCが知るまではAは追認をCに対抗できない（113条2項）ということは，それまでは，Cは取消しをすることができるということである。

② 無権代理人の責任

| 契約の履行または損害賠償 |

Aが追認をすれば法律行為は有効となるのであるから相手方Cは保護されるが，追認されないとき（または追認が拒絶されたとき）にはCはAに対して契約の履行を請求することはできない。そのときは，Cは，無権代理人Bに対して責任を追及することになる。117条によれば，CはBに対して，B自身が契約を履行するか，または，損害を賠償することを請求することができる。

この責任は無過失責任であり，何らかの理由でBは自分に代理権があると信じていたときでも責任を負う。無権代理をしたBを非難するというより，むしろ，代理制度そのものに対する信頼を維持するために認められた責任なのである。

ただし，Ｃが，Ｂに代理権がないことを知
っていたか，または，過失によって知らな
かったときは例外とされ（このときにはＣ
の信頼を保護する必要はない），さらに，Ｂが行為能力を制限されて
いたときには責任を負わないこととされた（これはＢを保護する趣
旨である。117 条 2 項）。この「過失」は重大な過失に限定されない
と解釈されている。条文自体が限定していないので当然のようであ
るが，これは，表見代理と無権代理との関係をどのように理解する
かという問題にも関連するのである。

　無権代理であっても例外的に表見代理が成立するときには，代理
行為は有効とされることは前述した。すると，代理行為が無効とさ
れるべき「本来の」無権代理は，表見代理が成立しない場合にのみ
認められるようにも思える（表見代理が成立しない場合の無権代理を
「狭義の無権代理」と呼んで，表見代理が成立する場合をも含めた「広義
の無権代理」と区別することもある）。この見解によるなら，表見代理
が成立する場合は，相手方Ｃは本人Ａに対して契約の履行を求め
るべきであって無権代理人Ｂの責任を追及することはできず，表
見代理が成立しない「狭義の無権代理」の場合のみ 117 条によって
Ｂの責任を追及できることになろう。

　しかし，この見解は，117 条の文言との関係で不都合を生じる。
117 条 2 項は，Ｂに代理権がないことをＣが知っていたか，または，
知らなかったことについて過失があるときには 117 条 1 項の責任を
追及することはできないとするので，Ｂの責任を追及することがで
きるのはＣが善意かつ無過失である場合に限定されることになる。
しかし，Ｃが善意かつ無過失であるならＣの信頼は正当であった
わけであり，それなら（Ａに帰責性があれば）表見代理が成立する
のであろう。つまり，表見代理が成立するときにはＣはＡ相手に

契約の履行を求めるべきであって 117 条によって B の責任を追及することはできないという見解をとると，117 条を適用する余地はなくなる。そこで，この見解は，117 条 2 項 2 号の「過失」とは重過失を意味すると限定的に解釈するのである。こう解釈すれば，C が善意かつ無過失であるなら表見代理が成立し C が善意ではあるが軽過失があるときには 117 条により B の責任を追及できることになるので，117 条の存在意義がなくなってしまうこともない。しかし，最高裁は，117 条 2 項（現・同項 2 号）に言う「過失」は重大な過失に限定されるものではないと判決した（最判昭 62・7・7 民集 41 巻 5 号 1133 頁）。したがって，表見代理が成立する場合であっても，C は，表見代理を主張せずに無権代理人 B の責任を追及することができる。B が「表見代理が成立するのだから A に請求してくれ」と言うのは，ずうずうしいであろう。

Web 使用者責任との関係❖❖❖❖❖❖❖❖❖❖❖❖❖❖❖❖❖❖❖❖❖❖❖

使用者責任（715 条）との関係についても注意しておくとよい。715 条によれば，使用者は，被用者が事業の執行について他人に加えた損害について賠償する責任を負う。したがって，被用者の無権代理行為によって相手方に損害が生じたときには，本人は，使用者としての立場から賠償責任を負う可能性がある。しかし，これは，無権代理行為が無効であることとは特に矛盾しない。

❖❖❖

③ 単独行為の無権代理

単独行為の場合

ここまでの議論は，契約のような双方的な法律行為（たとえば売買契約においては売主は買主に「物を譲渡する」旨を表示し，買主は売主に「代金を支払う」旨を表示している）を前提としている（113 条 1 項参照）。これに対して，たとえば解除の意思表示のような単独行為については 113 条以

下は原則として適用されない（118条前段）。具体的にはAC間で契約が締結されていたところ無権代理人BがAの代理人であると称して契約を解除した場合には，解除は確定的に無効でありAが追認して有効とする余地はない。解除はCの関与しない行為なので，追認によって有効となる余地を認めるとCにとっては面倒なだけなのである。契約の場合にはCも契約を望んでいたのであるからAの追認によってCも利益を受けるが（自分も望んでいた行為が有効になる），単独行為の場合には事情が異なることに注意されたい。

　ただし，①Bが代理権がないのに行為をすることにCも同意していた場合や，②CがBの代理権を争わなかった場合（「お前には代理権がないじゃないか」と反論しなかった場合）には——単独行為であるにもかかわらず——Cも（無権代理であることを知りつつも）その行為を望んでいたと言えるので，Aによる追認の余地を認めてよい（118条前段）。Bが無権代理人であることを知りつつCがBに対して単独行為をし（受動代理），Bもこれに同意していた（自分には代理権がないことを知りつつ意思表示を受けた）場合も同様とされた（同条後段）。なお，これらの場合に117条も適用されるように見えるが，Bに代理権がないことをCも知っていたのであるから同条2項により無権代理人の責任を追及することはできないであろう。

5　特殊な代理および代理に類似する制度

1　特殊な代理

復代理

（1）任意代理の場合　　代理人が病気等の事情で自分で代理行為をすることができな

いとき，別の者に頼みたいこともあろう。これを復代理といい，104 条以下が規定している。復代理人は代理人を代理するのではなく，直接本人を代理するものとされる（106 条）。

　任意代理の場合は本人が代理人を選任したのであるから，本人と代理人との間の信頼関係を前提としている。したがって，代理人が，本人に無断で復代理人を選任することは許されず，本人の許諾がある場合か，やむを得ない事由がある場合でなければ復代理人を選任することはできない（104 条）。

　(2)　法定代理の場合　　以上に対して，法定代理の場合には，代理人は特に本人の許諾がなくとも復代理人を選任することができる（105 条）。任意代理の場合とは異なり，本人が代理人を選任したのではないので特別な信頼関係が前提となっているわけではないからである。

　その代わり，復代理人のミスについて代理人も責任を負う。ただし，やむを得ない事情によって復代理人を選任した場合には，選任・監督上の責任を負えばよいとされた。

> ### 共同代理

本人が代理人を複数選任することもある。その趣旨は，活動の範囲を広げるためであることもあろう。たとえば大阪に住んでいる商人が東京での営業をするべき代理人を定め，それとは別に，九州での営業をするべき代理人を定めることが考えられる。このときには，各代理人は，それぞれが単独で代理行為をすることになろう。しかし，これ以外に，判断を慎重にするために複数の代理人を選任することも考えられる。このときには，両代理人が共同で代理行為をするべきであり，これを「共同代理」という。

　代理人が複数選任されたときのルールは民法にはない（もっとも，2017〔平成 29〕年改正による 670 条の 2 は，一種の共同代理と言える）。

したがって，単独代理であるか共同代理であるかは解釈によって決定するしかない。しかし，判断を慎重にする趣旨であるか否かは内部の事情なので相手方には分からない。そこで，特に共同代理であると考えるべき事情がない限りは，代理人が複数いても単独代理であると考えるべきであろう（一般法人法 77 条 2 項参照）。

　共同代理であるとされた場合には，契約書には両代理人が署名するべきであろう。しかし，判断を慎重にするという趣旨からは両者が相談して決定すればよいのであるから，そのような場合（相談して決定した場合）であれば片方のみが署名してもよい。これに対して，片方が独断で代理行為をしたときには無効としなければならない。相手方の保護は，表見代理の制度等で考えるべきであろう。

② 代理に類似する制度

> 使 者

　本章 *1* ① で前述したことであるが，代理の場合には代理人が意思決定をする。本人が意思決定をして，それを相手方に伝えるだけの場合には「使者」という。ただし，理論的にはこのように区別されるが，実際には微妙なケースも多いであろう。

　もっとも，代理と使者とは概念的には区別されているが，法律的には区別すべき理由は少ない。したがって，代理に関する規定は，可能な限り使者にも類推適用してよいとされる。たとえば表見代理の規定の類推適用などが考えられる。

> 代 表

　法人の理事が，法人のために法律行為をすることを「代表」という。理事が法律行為をするのであるが，その効果（権利や義務）を受けるのは法人である点で代理と非常に似ている。要するに，自然人の代わりに法律行為をする場合を代理といい，法人の代わりに法律行為をする場合を

代表といっているのである。

　ここでも，代理と代表とを神経質に区別する意味はあまりない。代理に関する規定のほとんどは，代表にもそのまま通用する。

> ◆民法自体の用語法　　民法自体の用語法はやや異なり，あいまいである。もし，上記のように使い分けるなら，106条1項や824条では「代理」となるはずであろう。民法は，包括的な代理について代表といい，（たとえばある不動産の売却のように）限定された代理について代理という語を用いているようでもあり，また，名詞としては「代理」を使い，動詞のときには「代表する」という語を用いているようでもある（106条1項や824条）。

```
間 接 代 理
```

　BがAを代理する場合には法律効果はAに帰属するのであり，たとえばBがAを代理してCから物を買った場合には，Aが買った物の所有権を取得するしAが代金を支払う義務を負う。これに対して，BがAから頼まれて買うのではあるが，法律的にはBに効果が帰属する場合もある。このときには，まずBが物を取得して代金を支払い，その後に，Aに物を渡し費用を請求することになる。実質的には代理と同様の機能を果たしており，「間接代理」という。商法で言う「問屋」などは間接代理の例である（商法551条）。証券会社などを考えればよい。証券会社は株の取引をするが，客からの注文に従って取引をしているのであり，自分が株を取得したいわけではない。

PART 4

時の経過による権利の取得・消滅
—— 時効

本章では，期間の計算の方法を定めるルールを扱う。ここで扱う内容は，民法のみならず，私法一般，さらには公法における期間の計算にも通じるものである。

1 期 間 と は

期間とは，ある時点から他の時点まで，時の流れを継続的にみたものである。

期間の計算方法は，法令や裁判上の命令に特別の定めがある場合と，法律行為に別段の定めがある場合を除き，民法の第1編第6章の規定に従う（138条。この規定は公法上の関係にも適用される）。

2 時・分・秒を単位とする期間

10時に試験を開始し試験時間は90分であるという場合のように，時・分・秒を単位とする期間については，瞬間から瞬間までを計算する（139条参照）。

3 日・週・月・年を単位とする期間

① 期間計算の際の起算点──初日不算入の原則

期間の初日が完全に 1 日ある場合，すなわち，午前 0 時から起算する場合は，初日を算入する（140 条ただし書）。たとえば，2021 年 6 月 6 日の午後 2 時に「2021 年 6 月 8 日から 2 日間借りる」との約束で駐車スペースを借りたとき，期間は 2021 年 6 月 8 日から計算される。その結果，返還義務の履行期が到来するのは，2021 年 6 月 10 日である。

そうでない場合は，期間の初日は算入しない（140 条本文）。初日不算入の原則という。1 日の端数は切り捨てるという意味である（〔期間の初日〕≠〔期間計算の起算点〕）。たとえば，2021 年 6 月 6 日の午後 2 時に「2 日後に代金を支払う」との約束で本を買ったとき，期間は 2021 年 6 月 7 日から計算される。その結果，代金支払義務の履行期が到来するのは，2021 年 6 月 9 日である。

初日を算入することが法律で定められている場合がある。たとえば，「年齢計算ニ関スル法律」第 1 項は，「年齢ハ出生ノ日ヨリ之ヲ起算ス」とする。利息付金銭消費貸借では，貸主は，金銭を受け取った日「以後」の利息を請求することができる（589 条 2 項）。戸籍の届出に関する戸籍法 43 条，クーリング・オフの期間を定めた割賦販売法 35 条の 3 の 10 第 1 項，特定商取引法 9 条 1 項，宅地建物取引業法 37 条の 2 第 1 項 1 号も，初日を算入する規定を設けている。

また，判例によれば，不法行為を理由とする損害賠償請求権が履行遅滞（412 条）に陥って遅延損害金が生じるのは，不法行為がされた日であって，その翌日ではない（大判大 10・4・4 民録 27 輯 616

頁，最判昭 37・9・4 民集 16 巻 9 号 1834 頁）。

　◆逆算する期間の計算　　公開会社において取締役は株主総会の招集
通知を株主総会の日の 2 週間前までに発しなければならない（会社法
299 条 1 項）とされているように，期間が一定の時点からさかのぼっ
て計算される場合がある。140 条，141 条は，一定の時点から将来に
向かっての期間の計算に関するものであるが，一定の時点から過去に
さかのぼって計算される期間にも，類推適用される（大判昭 6・5・2
民集 10 巻 232 頁）。たとえば，2021 年 6 月 20 日に開催される会議の
ために 5 日前に通知しなければならないという場合は，2021 年 6 月
19 日から逆算して 5 日を数えた末日である 2021 年 6 月 15 日の午前 0
時に期間は満了するから，遅くとも 2021 年 6 月 14 日の午後 12 時ま
でに通知が到達することが必要である。

②　期間の満了点

　(1)　期間は，その末日の終了をもって満了する（141 条）。

　①　日をもって期間を定めた場合は，最後の日が末日である
（141 条）。週をもって期間を定めた場合も，最後の日が末日である。

　②　月または年をもって期間を定めた場合は，日に換算せず，暦
に従って計算する（143 条 1 項）。

　(i)　月または年の初日から起算する場合は，期間は，最後の
月または年の末日の午後 12 時に満了する。

　(ii)　月または年の途中から起算する場合は，期間は，最後の
月または年においてその起算日に応当する日の前日の午後 12 時に
満了する。たとえば，2020 年 7 月 17 日中に「本日から 10 年」と
定めたときは，期間は 2020 年 7 月 18 日に起算され，2030 年 7 月
17 日の午後 12 時に満了する。ただし，最後の月・年に応当日がな
いときは，期間は，その月の末日をもって満了する（143 条 2 項）。
たとえば，2022 年 1 月 30 日中に「本日から 1 か月」と定めたとき

は，期間は 2022 年 1 月 31 日に起算され，2022 年 2 月 28 日の午後 12 時に満了する。

　(2)　上記（1）により算出された末日が日曜・祝日その他の休日に当たるときは，その日に取引をしない慣習がある場合に限って，その翌日が末日になる（142 条）。

〔2021 年 11 月脱稿，2022 年 4 月初校著者校正了〕

本章では，時の経過による権利の取得に関する取得時
効と，時の経過による権利の消滅に関する消滅時効とに
共通する時効全体の枠組みを扱う。民法が定める時効の
制度とはどのようなものかを理解するための導入部分で
ある。

1 権利変動原因としての時効

民法は，時の経過によって，ある人が権利を取得したり，ある人
の権利が消滅したりすることを認めている。これを時効という。時
効には，①法律の定める一定の期間，占有（または財産権の行使）
を続けることによって，この者が権利を取得する取得時効と，②法
律の定める一定の期間，権利を行使しないことによって，この者の
権利が消滅する消滅時効がある。

2 時効制度の存在理由（正当化根拠）

① 総 論

通説によれば，時効による権利の取得・消滅は，次の理由から正
当化される。

① 継続している事実状態を保護すべきである。

② 当事者を証拠提出の困難から保護すべきである。

③ 権利のうえに眠る者は保護に値しない（権利主張に怠慢な権利者へのサンクション）。

② 継続している事実状態の保護

時効は，法律の定めた時の経過，すなわち，事実状態の継続によって権利の取得・消滅という効果を発生させる制度である。この点に注目すれば，時効制度の存在理由は，継続する事実状態を保護することにある。継続する事実状態を保護することは，その間に形成された社会生活の安定や，時効によって利益を受ける者の保護に資することになるからである。

所有権の取得時効の場合は，一定の状況のもとで占有を続けたという事実をとらえて，占有者を所有者として扱う。債権の消滅時効の場合は，一定の期間権利を行使しなかったという事実をとらえて，債権者の権利を消滅させる。

③ 証拠提出困難からの保護

長い年月が経過すると，真実の権利関係を証明することが困難になる。

たとえば，土地所有権の取得時効の場合は，現在の占有者が所有権の取得原因を過去にさかのぼり，自分が関与しなかったかつての取引や，かつての占有者の権限までも含めて証明しなければならないとなると，現在の占有者にとって酷な結果になる。また，金銭債権の消滅時効の場合は，債務者がかなり前に弁済をしたものの，領収書など弁済の証拠となるものを債権者から受け取っていなかった例のように，弁済をした事実を証明するのが債務者にとって困難になることがある。

こうした証明困難から占有者や債務者を保護しようとしたのが時効制度である。

④　権利主張に怠慢な権利者へのサンクション

仮に時効によりもたらされた権利関係が真実の権利関係と違っていて，真の権利者がいたとしても，この者は自分の権利を主張しなかったのだから法律上の保護を望んでいなかったものとみられても仕方がないし，その権利を失ったからといって権利者に酷であるとはいえない。自分の権利について怠慢な権利者は保護に値しない。

3 時効により利益を受ける者の意思の尊重
●時効の援用と時効利益の放棄

民法は，時の経過による権利の取得・消滅の可能性を認めながら，その一方で，時効の利益を受けるかどうかについての当事者の意思を尊重した制度設計をしている（⇒第 13 章）。

　①　裁判所は，当事者が時効を援用しなければ，時効を理由として裁判をすることができない（145 条。時効の援用）。時効期間が満了したからといって，時効による権利の取得・消滅の効果が当然に発生するわけではない。時効の利益を受けることを欲する者は，時効の利益を受ける意思を表示しなければならない。時効の援用があってはじめて，時効による権利の取得・消滅の効果が発生する。

　②　時効の利益を受けることを欲しない者は，時効期間が満了した後に，時効の利益を放棄することができる（146 条。時効利益の放棄）。

4 時効の遡及効

時効の効果は，起算日にさかのぼる（144 条。時効の遡及効）。もっ

とも，起算日とは，期間の初日を意味するところ，期間計算における初日不算入（140条本文⇒**第9章 3**）との関係で注意が必要である（〔144条の起算日〕＝〔期間の初日〕≠〔期間計算における起算点〕）。

① 取得時効の場合，たとえば，AがBの所有する甲土地を自分の土地と信じ，2010年4月1日から善意無過失で10年間占有し続けた後，10年の取得時効（162条2項）を援用したとき，Aは，2010年4月1日から甲土地の所有者であったことになる。不動産登記実務は，登記原因日付を占有開始日（2010年4月1日）にしている。他方，10年の期間の起算点は，初日不算入により，2010年4月2日である（満了点は，2020年4月1日）。

② 消滅時効の場合，たとえば，AがBに対して2021年6月6日を履行期とする貸金債権を有していたにもかかわらず，その後5年間，貸金の返還請求をしなかったとき，Bが5年の消滅時効（166条1項1号）を援用すれば，貸金債権は，貸主が権利を行使することができる2021年6月6日にさかのぼって消滅する。他方，5年の期間の起算点は，権利行使が可能になるのは履行をするべき期日における取引時間の初刻以降であるのが通例だから，特段の事情がなければ，初日不算入により，2021年6月7日である（大判昭6・6・9新聞3292号14頁）。

5 時 効 障 害

●時効の完成猶予と更新

（1） 時効期間が満了する直前に一定の事由が生じたときに，時効の完成が一定の期間延期されることがある。これを，時効の完成猶予という。時効の完成猶予では，時効の完成が延期されるだけである。時効の更新と異なり，既に進行した期間が無になるのではない。

（2） 時効が完成していない段階で一定の事由が生じたときに，

それまで進行していた期間が無になることがある。これを，時効の更新という。時効期間は，更新があった時から新たに起算される。

6 公序としての時効制度

時効制度は，たとえ真実と違っていても，一定の継続する事実状態があれば，時効それ自体を原因として権利の取得・消滅という効果を発生させるものである。そして，これにより，社会生活の安定と，時効によって利益を受ける者の保護を図っている。

この意味で，時効制度は公序の一種である。このような時効に関する規律を当事者の合意で変更することができるか。

① 時効期間を延長する特約，時効を援用できる場面を制限する特約，時効の完成猶予・更新事由を排斥する特約のように，時効の完成を困難にする特約は，時効制度の存在意義を失わせることになるから，許されない（146条の法意）。

② 時効の完成を容易にする特約は，時効の利益を受ける者にとって不利にならないから，有効である。

③ とはいえ，消費者契約の場合には，時効の完成を容易にすることが消費者にとって不利に作用するときは，その特約は消費者契約法10条の不当条項規制にかかり，無効とされる余地がある。たとえば，不実告知を理由とする消費者の取消権の消滅時効期間を1年に短縮する特約は無効である。時効制度を支える公序と消費者公序が衝突するときは，後者に優位性が認められる。

〔2021年11月脱稿，2022年4月初校著者校正了〕

第11章 取得時効

本章では，取得時効の制度について，所有権の取得時効を中心に解説する。以下での解説の内容は，この先に物権法を学んでから，もう一度立ち戻って読み直すと，理解度がいっそう高まるものである。

1 取得時効の意義

　法律で定められた一定の期間，占有者が所有の意思（または自己のためにする意思）をもって物を継続して占有（または財産権を行使）することにより，所有権（またはその他の財産権）を取得する場合に，この権利取得という法律効果を発生させる法律要件のことを取得時効という。

　民法は，162条以下に取得時効の規定を置いている。そこには，所有権の取得時効と，その他の財産権の取得時効に関する規定がある。また，283条には，地役権の取得時効に関する特則がある。以下では，所有権の取得時効を中心に説明する。

2 取得時効の要件

① 「他人の物」の占有

「物」の意味　所有権の取得時効の対象は，「物」である。取得時効の対象は，物の一部でもよい（大連判大13・10・7民集3巻509頁〔一筆の土地の一部〕，最判昭38・12・13民集17巻12号1696頁〔他人の土地に無権原で植えた樹木〕）。

162条にいう「物」には，不動産のみならず，動産も含まれる。もっとも，動産に関しては，即時取得の制度がある。前主が無権利であるにもかかわらず，取引行為（たとえば，売買）により動産の引渡しを受けた者が善意無過失であれば，この者は動産の所有権を即時に取得する（192条。民法2を参照）。この限りで，取得時効は問題とならない。もとより，①事実行為により動産の占有を取得した者，たとえば，他人が所有する山林の立木を自己所有の山林の立木と誤信して伐採し，自らの倉庫に運び込んだ者は，即時取得の制度に依拠することができない。この者は，162条により動産の所有権を時効取得する可能性がある。②取引行為により動産の引渡しを受けた者が悪意または有過失であったときも，20年の取得時効（同条1項）により所有権を取得する可能性がある。

◆公物の取得時効　公物，すなわち，国・地方公共団体等の行政主体により，直接に公の目的に供用される物（道路・河川・公園・港湾など）は，取得時効の対象となるか。公物のうち，公有水面や河川流水のように，そもそも私権の対象とならないものは別として，私権の対象となりうる物（たとえば，市営公園の予定地）について，判例は，公物でも公用廃止後には私権の設定が可能となることから，公用廃止後の占有（黙示的に公用が廃止されたものと認められる場合も含む）に対し

て取得時効を認めることができるとする（最判昭44・5・22民集23巻6号993頁〔公園予定地〕，最判昭51・12・24民集30巻11号1104頁〔国有の水路〕，最判平17・12・16民集59巻10号2931頁〔公有水面の埋立地〕）。

> 「自己の物」の
> 時効取得

（1）　所有権の取得時効の対象となる物について，162条は「他人の物」としている。この条文の文言を待つまでもなく，普通に考えると，自らが所有権を有している物（＝自己の物）についてその物の所有権を時効取得するというのは，論理矛盾であるようにみえる。

しかし，判例は，自己の物についての所有権の時効取得を認めている。占有者が所有権を有しているからといって，継続占有に対して与えられる所有権取得の効果を否定すべきではないとする（最判昭42・7・21民集21巻6号1643頁，最判昭44・12・18民集23巻12号2467頁）。

これは，時効は誰の所有であるかを問わずに継続する事実状態を権利関係に高めようとする制度であるから，占有者がその物について所有権を有しているか否かに決定的意味を与えるべきではないとの考慮に出たものである。この立場からは，取得時効を主張する者は，その物が他人の所有物であることを証明する必要はない（大判大9・7・16民録26輯1108頁）。

（2）　自己の物の時効取得は，たとえば，売主・買主の2当事者間で売買契約をしたかどうかの事実そのものが争いになっているときに認められる。次のCase 11-1では，Bは，Aとの売買契約を理由とする甲土地の所有権取得を主張してもよいし，162条の要件を充たすならば，取得時効を理由とする甲土地の所有権取得を主張してもよい（前掲最判昭44・12・18）。

Case 11-1

　2010 年 5 月 15 日に，A はその所有する甲土地を B に売却し，B へと引き渡した。その後，甲土地の所有権移転登記を経ないでいたところ，2020 年 9 月 20 日に A が死亡し，C が A を相続した。C は，AB 間の売買の事実を，生前の A から聞かされていなかった。B と C との間で，甲土地の所有権の帰属が争われている。

　　(3)　不動産の二重譲渡の場面でも，自己の物の時効取得が説かれる。次の Case 11-2 では，AB 間において甲土地の売買契約が締結されたことにより，甲土地の所有権が A から B へと移転した（176 条）。その結果，甲土地は，B にとって自己の物である。しかし，B への所有権移転登記がされていないため，B は，AB 間での売買により自らが甲土地の所有権を取得したことを C に対抗することができない（177 条。詳細は，民法 2）。この場合に，162 条の取得時効の要件を充たすならば，B は，取得時効を理由とする甲土地の所有権の取得，そして，これによる C の所有権喪失を主張することができる（前掲最判昭 42・7・21 ⇒ 3 ②）。

Case 11-2

　2010 年 5 月 15 日に，A はその所有する甲土地を B に売却し，B へと引き渡した。しかし，A から B への所有権移転登記はされていない。その後，2018 年 6 月 18 日に，A は甲土地を C に売却し（二重譲渡），売買を原因とする A から C への所有権移転登記がされた（これにより，A から C への所有権移転につき，対抗要件が具備された）。2020 年 9 月 20 日に，C が，B に対し，所有権に基づき，甲土地の明渡しを請求した。売買による所有権の取得を C に対抗できない B は，取得時効による所有権の取得を主張している。

② 占有が「所有の意思」に基づくものであること（自主占有）

自主占有の判断基準
──占有権原と占有事情

所有権の取得時効が認められるためには，占有者が所有の意思をもって占有していることが必要である（自主占有という。これに対して，所有の意思に基づかない占有のことを，他主占有という）。

所有の意思があったかどうかは，占有者の内心の主観的意思を基準に判断するのではない。占有取得の原因である「権原」（「権限」ではない）や占有に関する事情（所持の態容），すなわち，占有をもたらした契約その他の原因や当事者を取り巻く諸事情などから，客観的・外形的に判断される（最判昭45・6・18判時600号83頁，最判昭47・9・8民集26巻7号1348頁）。その結果，賃貸借や使用貸借の場合における賃借人や借主は他主占有者であり，他人の物を購入した買主や，他人の物を盗取・横領した者は自主占有者である。

◆共有物の占有と「所有の意思」　共有者の1人が共有状態にある不動産を単独で占有しているとき，権原の性質からみて，他の共有者の持分については「所有の意思」がない。同様に，相続人の1人が共同相続された不動産を単独で占有していても，権原の性質からみて，他の相続人の持分については「所有の意思」がない。したがって，これらの占有者が不動産の「所有権」を時効取得することはない。

　もっとも，判例は，共同相続人の1人による不動産の占有に関して，「その者に単独の所有権があると信ぜられるべき合理的な事由があるとき」に，例外的に，この者による単独の自主占有を認める（前掲最判昭47・9・8，最判昭54・4・17判時929号67頁）。そして，その例として，他に相続持分権を有する共同相続人のいることを知らないため，単独で相続権を取得したと信じて不動産の占有を始めた場合をあげる（前掲最判昭54・4・17）。

所有の意思は，その存在が推定されている（186条1項）。したがって，取得時効の成立を争う側が，占有者に所有の意思がなかったこと，すなわち，その占有が他主占有であったことについて，主張・立証責任を負う。

そして，所有の意思の有無に関しては，前述したように，占有取得の原因である権原（占有権原）または占有に関する事情（占有事情）を基準にして判断すべきであるから，結局のところ，取得時効の成立を争う者は，①占有者がその性質上所有の意思のないものとされる権原に基づき占有を取得した事実（他主占有権原）を主張・立証するか，または，②占有者が占有中に真の所有者であれば通常はとらない態度を示し，もしくは所有者であれば当然とるべき行動に出なかったなど，客観的・外形的にみて占有者が他人の所有権を排斥して占有する意思を有していなかったものと解される事情（他主占有事情）を主張・立証しなければならない（前掲最判昭45・6・18，最判昭58・3・24民集37巻2号131頁，最判平7・12・15民集49巻10号3088頁，最判平8・11・12民集50巻10号2591頁）。

◆相続を「新権原」とする占有における「所有の意思」の主張・立証責任　186条1項による所有の意思の推定には，重要な例外がある。たとえば，甲土地についてのAの占有が他主占有（使用貸借に基づく占有など）であったところ，Aが死亡してBがAを相続し，その後にB自身も甲土地の占有を開始したという状況下で，Bが甲土地について取得時効の成立を主張したとする。この場面で，判例によれば，①他主占有者の相続人が新たに当該物件を事実上支配することにより，これに対する占有を開始し，かつ，②相続人に所有の意思があるとみられる場合は，相続人は185条にいう「新権原」により当該物件の自主占有をするに至ったものとみることができる（最判昭46・11・30民集25巻8号1437頁。相続を新権原とする他主占有から自主占有への転換）。

もっとも，ここで，他主占有者の相続人が独自の占有に基づく取得時効の成立を主張するとき，この占有が所有の意思に基づくものであること（②）については，取得時効の成立を争う相手方ではなく，占有者である相続人が証明しなければならない（前掲最判平 8・11・12）。ここでは，186 条 1 項による所有の意思の推定は働かない。詳細については，民法 2 を参照。

③　平穏かつ公然の占有

　所有権の取得時効が認められるためには，占有者の占有が平穏かつ公然のものでなければならない。

　占有が平穏かつ公然であることも，推定されている（186 条 1 項）。したがって，取得時効の成立を争う側が，占有が強暴または隠秘によるものであったことについて，主張・立証責任を負う。

④　一定期間の占有の継続

占有継続の期間——悪意・有過失の場合と善意無過失の場合

　所有権の取得時効が認められるためには，法律で定められた一定の期間，占有者が占有を継続していることが必要である。

　取得時効の完成に必要な期間は，以下のとおりである。

　①　占有者が占有の始めに悪意または有過失であった場合は，20 年（162 条 1 項）。

　②　占有者が占有の始めに善意無過失であった場合は，10 年（同条 2 項）。

占有継続の主張・立証責任

　前後 2 つの時点において占有をした証拠があるときに，占有はその間継続したものと推定される（186 条 2 項）。したがって，所有権について取得時効を主張する占有者は，前後 2 つの時点での占

有の事実を主張・立証すれば足りる。

これは，占有期間が長くなればなるほど占有が継続している事実を証明することが困難であることを考慮して，占有者の立証責任を軽減することで，占有者の保護を図ったものである。

自 然 中 断 他人の物の占有を続けていた者が，(a) 任意に占有を中止したり，(b) 他人に占有を奪われたりしたときは，時効が中断する（164 条）。これを自然中断という。自然中断が生じると，それまでの期間の経過が無意味になる。

◆占有代理人による占有と取得時効　　占有代理人による占有も，本人の占有として扱われる（181 条）。たとえば，所有の意思をもって土地を占有していた者がこの土地を賃貸して賃借人に引き渡し，賃借人が使用している場合，賃借人による土地の占有は占有代理人による占有としての性質を（も）有するものであって，本人である賃貸人の占有として評価される。賃貸して賃借人に引き渡したときに本人の占有がなくなるのではない。

⑤　10 年の取得時効と占有者の善意無過失

占有取得原因——取引
行為と事実行為 162 条 2 項により 10 年の取得時効が認められるのは，占有者が取引行為により占有を取得した場合に限られない。占有者が事実行為により占有を取得した場合も，10 年の取得時効の対象となる。

善意無過失の意味 民法では，一般に，善意とは，ある事実を知らなかったことをいい，悪意とは，ある事実を知っていたことをいう。

これに対して，所有権の取得時効の場面（さらに，192 条の即時取得の場面も）では，善意とは，自らに所有権があると信じていたこ

とをいう（前掲大判大 9・7・16）。また，無過失とは，自らに所有権
があると信じたことについて過失がなかったことをいう（ちなみに，
悪意とは，自らに所有権がないことを知っていたか，所有権があること
を疑っていたことをいう）。

◆抵当権つき不動産の時効取得と善意無過失　　抵当権つき不動産の
所有権に関する取得時効が問題となるとき，占有者の善意無過失の対
象は何か。判例によれば，占有者の善意無過失とは「自己に所有権が
あるものと信じ，かつ，そのように信じるにつき過失がないこと」を
いうところ，「占有の目的物件に対し抵当権が設定されていること，
さらには，その設定登記も経由されていることを知り，または，不注
意により知らなかった」場合も，善意無過失の占有とするのを妨げな
い（最判昭 43・12・24 民集 22 巻 13 号 3366 頁）。この場合に，占有者は
抵当権の負担のない所有権を時効取得するのが原則であるが，占有者
が抵当権の存在を「容認」していたときは，占有者が取得するのは，
抵当権の負担のついた所有権である（前掲大判大 9・7・16，最判平
24・3・16 民集 66 巻 5 号 2321 頁）。

|占有開始時の
善意無過失|10 年の取得時効が認められるためには，占有者が「その占有の開始の時に」善意無過失であったのでなければならない。|

判例によれば，10 年の取得時効が認められるためには，占有開
始時に善意無過失であれば，その後に悪意に変じてもよい（大判明
44・4・7 民録 17 輯 187 頁）。これに対しては，（a）取引行為による
占有取得の場合は，取引安全保護の観点から，占有開始時（＝取引
行為時）の善意無過失で足りるけれども，（b）事実行為による占有
取得の場合は，占有開始時のみならず，占有継続中の善意無過失を
要求すべきであるとする有力説がある。

判例法理を前提としたならば，B が前主 A の占有と自らの占有
を合算（併合）して取得時効を主張する場合（このことは，187 条に

より許される）は，占有者の善意無過失は，最初の占有者である A
について判断される（最判昭 53・3・6 民集 32 巻 2 号 135 頁。被相続
人の占有が善意無過失であれば，相続人の占有が悪意であっても，時効
期間は 10 年である）。

無過失の主張・
立証責任

186 条 1 項は，占有者の無過失を推定して
いない。したがって，10 年の取得時効を
主張する占有者の側が，占有開始時に所有
権があると信じたことに過失がなかったことについて主張・立証責
任を負う（最判昭 46・11・11 判時 654 号 52 頁。最判昭 43・3・1 民集
22 巻 3 号 491 頁は，登記簿に基づいて実地調査をしたならば真実の境界
線を容易に知ることができたのに，それをしなかった場合は，占有者に
過失があるとする）。

3 取得時効の起算点

① 起算点選択の可否

Case 11-3

　A は，P 市に，先祖由来の甲土地を所有している。甲土地の登記名義
（所有名義）は A である。しかし，A は，40 年前から Q 市に居住してお
り，P 市には帰っていない。他方，B は，甲土地の所有権を有しないこと
を知りつつ，2000 年 4 月 1 日より，甲土地を工場の資材置き場として
使用している（20 年の取得時効の要件を充たしているものとする）。

　①　A は，2018 年 10 月 10 日に，甲土地を C に売り，同日付で，
売買を原因とする A から C への所有権移転登記がされた。

　②　A は，2020 年 6 月 5 日に，甲土地を C に売り，同日付で，売買
を原因とする A から C への所有権移転登記がされた。

現在は，2021年7月7日である。Bは，Cに対して，甲土地の所有権を時効により取得したと主張している。

　取得時効を主張する占有者は，占有の継続期間を計算する際に，起算点（144条にいう「起算日」）を自由に選択できるか。

　Case 11-3では，占有開始日の翌日（初日不算入。140条本文）である2000年4月2日から20年後の2020年4月1日の経過をもって，取得時効に必要な期間が満了している。これだけなら，別の時点，たとえば，2001年7月6日を起算点として選択しても，Bが甲土地の所有権を時効取得できて問題がないようにみえる。

　しかし，この問題は，①・②のように，物権変動どうしの衝突・対抗という問題が生じるや否や，複雑な展開をみせる。「不動産の所有権を時効により取得した者は，このことを登記なくして第三者に対抗することができるか」（取得時効と登記）という問題を視野に入れると，起算点を自由に選択できるかどうかが重要になる。というのは，判例は，この問題に関して，次のような考え方を採用しているからである（詳細は，民法2で扱われる）。

② 取得時効と登記に関する判例法理

① 時効完成後の第三者——対抗構成

　不動産の所有権を時効取得した者は，所有権移転登記をしておかなければ，その後に登場した第三者に対抗できない（大連判大14・7・8民集4巻412頁）。時効完成後に所有権を取得した者は，時効取得者との関係では，第三者の関係に立つ。

② 時効完成前の第三者——当事者構成

　不動産の所有権を時効取得した者は，時効完成当時の所有者（時効期間満了前に所有権を譲り受けた者も含む）に対しては，登記なく

して対抗することができる（大判大 7・3・2 民録 24 輯 423 頁，最判昭 46・11・5 民集 25 巻 8 号 1087 頁）。時効完成当時の所有者は，時効取得者との関係では，所有権取得の当事者の関係に立つ。同様に，不動産の所有権を時効取得した者は，時効完成前に抵当権の設定を受けた者に対して，登記なくして対抗することができる（前掲最判平 24・3・16）。

このような判例法理を前提とするならば，Case 11-3 における C は，時効完成前の第三者とされるか，時効完成後の第三者とされるかで，その立場が大きく異なってくる。ここから，取得時効を援用する占有者が起算点を自由に選択できるかどうかが，重要な問題となってくる。

③　起算点に関する判例法理——起算点固定の原則

（1）　判例は，占有者が自らの意思で起算点を選択することを認めず，占有者が占有を開始した時点を必ず起算点とすべきであるとの立場をとっている（大判昭 14・7・19 民集 18 巻 856 頁，最判昭 35・7・27 民集 14 巻 10 号 1871 頁。起算点固定の原則）。Case 11-3 では，占有開始日は 2000 年 4 月 1 日である。

このことは，占有者が起算点をずらして「時効完成後の第三者」を「時効完成前の第三者」に変えてはいけないことを意味している。

（2）　起算点固定の原則に対しては，これに異を唱える学説がある。占有の継続という事実に基づき所有権を与えるのが取得時効制度の目的であるとすれば，占有を継続したという占有者の利益が何にも増して尊重されるべきであるとの批判である。このように，継続する占有を尊重せよとの思想に出た取得時効制度を貫徹する立場からは，10 年または 20 年の間，占有が継続したという事実こそが重要なのであるから，取得時効を援用する者は起算点を任意に選択

することができるということになる（第三者の保護は，94条2項の類推適用によって図られることになる）。

◆**再度の取得時効**　判例によれば，不動産の所有権を時効取得した者が時効取得をしたものの登記をしなかったため，時効完成後に所有権を取得し移転登記を了した第三者に対抗できなくなった場合であっても，この者の登記の後，さらに引き続き時効取得に必要な期間占有を継続したならば，占有者は，この者に対し，登記なくして時効取得を主張することができる（最判昭36・7・20民集15巻7号1903頁）。時効完成後の第三者が登記をした時点を新たな起算点とする時効取得が認められている。この点については，関連する問題も含め，民法2で扱われる。

◆**10年の取得時効と20年の取得時効**　所有権の取得時効には長期のものと短期のものがあるところ，実際には10年の時効が完成していたとしても，占有者は20年での時効完成を主張することができるか。すなわち，162条2項の要件を充たしていたとしても，あえて同条1項による時効取得を主張することは許されるか。

判例は，10年の取得時効の要件を充たしているとき，占有者が10年の取得時効を援用せず，20年の取得時効を援用することも許されるとしている。この場面で20年の取得時効を援用したからといって，援用者が民法の定める時効期間を延長したり，時効の起算点をずらしたりするのではないからというのが，その理由である（大判昭15・11・20新聞4646号10頁）。この枠組みは，162条1項を選ぶか2項を選ぶかについての援用者の選択権を保障したものといえる（相手方や第三者は，この選択に拘束される）。その反面，第三者の利益は考慮していない。この法理に従うときは，第三者は，20年の取得時効を援用した占有者に対して，10年の取得時効の要件を充たしているから10年の取得時効を援用せよとはいえない。しかし，第三者の登場時期の前後で法律構成を変える法理との整合性はあるのだろうか（おかしいのは後者の法理かもしれない）。

4 取得時効の効果

① 時効の遡及効

　取得時効の効果は，その起算日にさかのぼる（144条）。AがBの所有していた甲土地を時効により取得したとき，Aは，甲土地の占有を開始した日から，甲土地の所有者であったことになる（〔144条の起算日〕≠〔期間計算における起算点〕⇒第10章 *4*）。

　したがって，占有開始日以降のAの占有は，所有権に基づく占有となる。この日以降のAによる甲土地の使用・収益は所有権に基づくものとなるため，Aは，その使用利益や収益をBに支払わなくてよい。

② 所有権の原始取得

　AがBの所有していた甲土地を時効により取得したとき，Aは甲土地の所有権を原始取得し，その反射的効果として，Bは甲土地の所有権を失う。Aは，甲土地の所有権をBから承継取得したのではない（もっとも，不動産登記簿上では，時効取得を登記原因とし，占有開始日を登記原因日付とするBからAへの所有権「移転」の登記がされる）。

　その結果，不動産上に設定されていた抵当権や地役権も，所有権の時効取得の結果として消滅する。ただし，占有者が所有の意思を有しつつ，抵当権の存在を容認して占有を継続していたときは，占有者は，抵当権つきの所有権を時効取得するにとどまる（前掲大判大9・7・16，前掲最判平24・3・16）。

5 所有権以外の権利の取得時効

① 取得時効の対象になるもの

(1) 所有権以外の財産権についても，「自己のためにする意思」をもって平穏かつ公然とその財産権を行使する者は，162条の区別に従い20年または10年の期間を経過した後，その権利を時効取得する（163条）。

(2) 地役権については283条があり，「継続的に行使され，かつ，外形上認識することができるもの」に限って，時効取得の可能性が認められている（通行地役権に関しては，その時効取得が認められるためには，承役地上への通路の開設が要役地の所有者によってされたのでなければならない。そうでなければ，「継続的に行使」しているとの要件を充たさない。最判昭30・12・26民集9巻14号2097頁，最判平6・12・16判時1521号37頁）。

(3) 163条の適用が問題となる場面で重要なのは，**不動産賃借権**の取得時効である。土地の賃借権の取得時効を例にとれば，①賃貸借契約がなんらかの理由により不存在または無効であったが，賃借人が長期間土地の使用を継続し，所有者に賃料を払い続けてきた場合，②賃借した土地の全部が賃貸人以外の者の所有であった場合（他人物賃貸借），③賃借人が賃借した土地の境界を越え，賃貸人以外の者が所有する土地まで含めて長期間土地の使用を継続し，賃料を払い続けてきた場合などがある。

このような場合に，他人の土地を使用する者が163条に基づいてその土地の賃借権を時効取得することができるためには，賃借権を行使してその土地を継続占有しているのでなければならない。そし

て，そのためには，(i) 土地の継続的な用益という外形的事実が存在し，かつ，(ii) それが賃借の意思に基づくことが客観的に表現されているのでなければならない（最判昭 43・10・8 民集 22 巻 10 号 2145 頁〔上記③〕，最判昭 45・12・15 民集 24 巻 13 号 2051 頁〔①〕，最判昭 62・6・5 判時 1260 号 7 頁〔②〕など。地役権について 283 条があげる 2 つの要件との対応関係に注意）。

なお，不動産賃借権の時効取得が認められるときは，賃借人は，所有者を賃貸人とする賃借権を占有開始日に原始取得したと解すべきである。

② 取得時効の対象にならないもの

権利の性質上，取得時効の対象にならないものがある。たとえば，法定担保物権（留置権・先取特権），扶養請求権や認知請求権など一定の身分上の地位に結びついた家族法上の権利，取消権・解除権・買戻権など 1 回の行使によって消滅する権利などである。金銭債権も，取得時効の対象にならない。

〔2021 年 11 月脱稿，2022 年 4 月初校著者校正了〕

第12章 消滅時効

本章では，消滅時効の制度について，債権の消滅時効を中心に解説する（それ以外の権利も扱う）。もっとも，債権にも多種多様なものがあるので，今後，法律学の学びを重ねる際には，たとえば，契約法，不法行為法その他の個々の分野で債権の消滅時効が規定されているときには，民法総則の定めるルールに対する特則がないかどうか，気をつけて確認をしてほしい。

1 消滅時効の意義

　権利者が権利を行使することができるにもかかわらず，法律で定められた一定の期間，権利を行使しないことにより，権利を失う場合に，この権利消滅という法律効果を発生させる法律要件のことを消滅時効という。

　民法は166条以下に消滅時効の規定を置いていて，そこには，債権の消滅時効と，その他の財産権の消滅時効に関する規定がある。また，民法には，各所に，消滅時効に関する多くの特別規定がある（たとえば，取消権につき126条前段，抵当権につき396条，遺留分侵害額請求権につき1048条前段）。民法以外の法律にも，消滅時効に関する多くの特別規定がある（たとえば，製造物の欠陥を理由とする損害賠償請求権につき製造物責任法5条，誤認・困惑・過量取引等を理由とする消費者の取消権につき消費者契約法7条1項前段，保険金請求権や保険料請求権につき保険法95条，労働者の賃金債権につき労働基準法115条，国税徴収権につき国税通則法72条）。

2 消滅時効と区別されるもの

●除斥期間

1 除斥期間——権利そのものの存続期間

Case 12-1

Aは，Bに騙されて，約25年前に，自己所有の絵画（甲）をC画伯の贋作であると誤認し，Bに廉価で売却していた。売買から25年が経過した頃，Aは美術専門家から甲が真作であると指摘され，Bに騙されていたことを知った（126条後段参照）。

法律で定められた一定の期間，権利者が権利を行使しないことによって権利を失うことを定めた制度ではあるが，消滅時効とは区別されるものに，除斥期間がある。

除斥期間は，権利そのものの存続期間であり，法律関係を画一的かつ絶対的に安定させるという公益的要請に基づいて，権利を行使しない状態が継続したという客観的事実があれば権利を当然に消滅させるものである。取引の安全を確保するため法律関係を早期に安定させるという公益的要請が付け加わることもある（たとえば，取引された盗品・遺失物の返還についての2年の期間〔193条〕）。

2 除斥期間の特徴

判例によれば，除斥期間は，以下の点で消滅時効と異なる（最判平元・12・21民集43巻12号2209頁，最判平10・6・12民集52巻4号1087頁）。

① 除斥期間では，時効の更新・完成猶予の問題が起こらない。

② 除斥期間では，当事者の援用が問題とならず，法律で定めら

れた期間の経過により当然に権利が消滅する（権利が消滅したとの
主張が不要であるという意味であって，期間が経過したとの事実は，弁
論主義の要請から，弁論に現われていなければならない。この問題は，
民事訴訟法で扱われる）。

③　除斥期間の適用が信義則違反や権利濫用になることもない。

こうして，除斥期間の場合には，およそ権利の行使可能性や権利
者の意思に関係なく，一定の時の経過により，権利関係が画一的・
絶対的に消滅する（上記③には異を唱える学説もある）。

③　除斥期間が問題となる場面

民法その他の法律に権利行使の期間制限に関する規定があるとき
に，除斥期間か消滅時効かをどのように見分ければよいか。明治民
法の起草当時は，「時効により」と書いてあるものが消滅時効，そ
うでないものが除斥期間というように，条文の文言で区別する考え
も主張されていた。しかし，今日では，それぞれの規定の目的と
個々の権利や法律関係の性質を考慮しながら個別に判断していくし
かないと考えられている（126条後段，193条，566条，600条1項，
消費者契約法7条1項後段の期間は，除斥期間である）。

3 債権の消滅時効

①　債権一般の消滅時効

主観的起算点から5年

債権は，債権者が権利を行使することがで
きることを知った時（主観的起算点）から，
5年間行使しないときに，時効によって消滅する（166条1項1号）。
5年の期間は，「知った」日の翌日から計算される（不法行為の3年

の時効につき，最判昭 57・10・19 民集 36 巻 10 号 2163 頁）。

「権利を行使することができることを知った時」とは，①権利を行使することができること（166 条 1 項 2 号参照）を前提としたうえで，②権利行使を期待されてもやむを得ない程度に，債権者が債権の発生原因および債務者を認識したことを意味する。

| 客観的起算点から 10 年

債権は，権利を行使することができる時（客観的起算点）から，10 年間行使しないときも，時効によって消滅する（166 条 1 項 2 号）。10 年の期間は，その初日である履行期日を算入せず，翌日から計算される（大判昭 6・6・9 新聞 3292 号 14 頁）。

「権利を行使することができる時」とは，通説・判例（大判昭 12・9・17 民集 16 巻 1435 頁，最判昭 49・12・20 民集 28 巻 10 号 2072 頁など）によれば，権利行使についての法律上の障害がなくなった時を意味する。権利を行使することに法的な障害がなくなったにもかかわらず権利を行使しない者は，権利のうえに眠っていたものと評価されても仕方がないからである。

もっとも，(a) 当該権利の発生原因・性質や，その権利が結び付けられている制度の目的を特別に考慮に入れて，客観的起算点が判断されることがある（たとえば，供託金取戻請求権の消滅時効に関する最大判昭 45・7・15 民集 24 巻 7 号 771 頁や，死亡保険金請求権の消滅時効〔保険法 95 条 1 項〕に関する最判平 15・12・11 民集 57 巻 11 号 2196 頁は，権利の性質に着目し，権利行使が現実に期待できる時点を起算点としている）。また，(b) 客観的起算点とはいうものの，法律上の障害が除去される時期が当事者の主体的判断に委ねられている場合もある（自動継続定期預金における預金払戻請求権の消滅時効に関する最判平 19・4・24 民集 61 巻 3 号 1073 頁⇒2 **Web 預金債権**における消滅時効の起算点）。

なお，停止条件つき債権の消滅時効の客観的起算点は，条件が成就した時である。また，不作為を目的とする債権（たとえば，建物を建てない，建物内で営業をしないなどの合意に基づく債権）の消滅時効の客観的起算点は，違反行為があった時である。不作為債権は，債務者が違反行為をしていない以上，債権者は債権を行使することができない性質のものだからである。

◆留置権・同時履行の抗弁権と消滅時効の起算点　債権者が行使する債権について，債務者が留置権（295 条）や同時履行の抗弁権（533 条）を有しているときは，債権の行使に法律上の障害があるか。債権者は，留置権の場合は被担保債務，同時履行の抗弁権の場合は反対債務の履行を提供すれば，債務者に対して自己の債権の履行を請求できるのだから，法律上の障害があるとはいえない。

② 履行期の定めと消滅時効の起算点

Case12-2—

Aは，2020 年 5 月 10 日に，Bに対して，絵画（甲）を，代金 30 万円で売った。

① 代金支払日は，2020 年 6 月 20 日とされた。

② 代金支払日は，Aが死亡した日の 50 日後とされた。

③ 売買契約では，代金支払日についての合意をしていなかった。

Case 12-2 ①のように，確定期限つきの債務では，(a) 客観的起算点としての「権利を行使することができる時」とは，期限の到来した時である。また，(b) 主観的起算点としての「権利を行使することができることを知った時」とは，債権者が期限の到来を知った時である。契約上の債権（給付請求権）の場合は，債権者は期限が到来する時期を具体的に認識できていて，期限が到来すれば直ちに債権を行使することを期待することができるから，主観的起算点

と客観的起算点が一致するのが通例である。その結果，多くの場合は5年の時効期間で処理される。

Case 12-2 ②のように，不確定期限つきの債務では，(a) 客観的起算点としての「権利を行使することができる時」とは，期限の到来した時である。たとえ債務者が期限の到来を知っていなくても，期限の到来した時が客観的起算点となる（履行遅滞の要件〔412条2項〕とは異なる）。また，(b) 主観的起算点としての「権利を行使することができることを知った時」とは，債権者が期限の到来を知った時である。

Case 12-2 ③のように，期限の定めがない債務は，法律に別の定めがない限り，債権の成立と同時に履行期にある（大判大6・2・14民録23輯152頁）。したがって，(a) 客観的起算点としての「権利を行使することができる時」とは，債権の成立時である（債務者を履行遅滞に陥らせるためには履行の請求が必要である〔412条3項〕のとは異なる）。また，(b) 主観的起算点としての「権利を行使することができることを知った時」とは，債権者が債権の発生原因および債務者を知った時である。契約上の債権（給付請求権）の場合は，主観的起算点と客観的起算点が一致するのが通例である。その結果として，多くの場合は5年の時効期間で処理される。

Web 預金債権における消滅時効の起算点 ❊❊❊❊❊❊❊❊❊❊❊❊❊❊❊

　預金債権（預金払戻請求権）の消滅時効をめぐっては，166条にいう「権利を行使することができる時」（＝権利の行使についての法律上の障害がなくなった時）とはいつかが問題となる。なお，預金債権の時効期間は，通例，166条1項1号により5年となる。

　①　普通預金は，金額のいかんにかかわらず，いつでも預入れと払戻しができる預金である。それゆえ，預金契約が成立した時から時効が進行するが，預金者による個別の預入れまたは払戻しがあった時には金融機関による承認（152条1項）があったものと解することがで

き，そのつど時効が更新される。したがって，預金者による最後の預入れまたは払戻しがあった時から時効が進行することになる。

②　定期預金は，預金債権は預入期間の満了日（満期日）から時効が進行する。他方，自動継続特約のついた定期預金（自動継続定期預金）は，預金者から満期日における払戻請求がされない限り，満期日において払い戻すべき元金または元利金について，前回と同一の預入期間の定期預金契約として自動的に継続させるというものである。ここでは，自動継続特約の効力が維持されている間は，満期日が経過すると新たな満期日が弁済期になるということが繰り返され，預金者は，解約の申入れをしても，満期日から満期日の間は任意に預金払戻請求権を行使することができない。したがって，自動継続定期預金契約における預金払戻請求権の消滅時効は，預金者による解約の申入れがされたことなどにより，それ以降自動継続の取扱いがされることのなくなった満期日が到来した時から進行する（前掲最判平 19・4・24）。

❖❖❖❖❖❖❖❖❖❖❖❖❖❖❖❖❖❖❖❖❖❖❖❖❖❖❖❖❖❖❖❖❖❖❖❖❖❖❖

③　履行に代わる損害賠償請求権の消滅時効

Case 12-3─────────────────────────

　Aは，2020 年 4 月 4 日に，Bに対し，甲建物を 2500 万円の代金前払で売った。その後，Aからの引渡しが遅れるうち，2020 年 6 月 10 日に，Aによる火の不始末で，甲建物が全焼した。Bは，同日にこの事実を知った。2025 年 5 月 10 日に，Bは，Aを被告として訴えを提起し，債務不履行（履行不能）を理由に，甲建物の時価に相当する 3000 万円を損害賠償として支払うことを求めた（415 条 2 項参照）。

　履行に代わる損害賠償請求権の消滅時効については，その起算点がいつかが問題となる。

　この問題については，履行に代わる損害賠償請求権（415 条 2 項）と履行請求権の関係をどのようにとらえるのかにより，理論構成も

結論も違ってくる（詳細は，民法4）。

通説・判例は，履行に代わる損害賠償請求権は本来の債務の内容が「変形」しただけであるとして，本来の履行請求権との同一性を理由に，その消滅時効の客観的起算点を，本来の債務の履行を請求できる時であるとする（最判昭35・11・1民集14巻13号2781頁〔解除に基づく原状回復義務の履行不能を理由とする損害賠償請求権。原状回復請求権が発生する解除時を起算点とした〕，最判平10・4・24判時1661号66頁〔農地売買における売主の債務の履行不能〕）。この考え方によれば，履行に代わる損害賠償請求権の消滅時効の主観的起算点は，本来の債務の履行を請求できることを債権者が知った時である。Case 12-3では，BのAに対する履行に代わる損害賠償請求権は，2020年4月5日から5年経過した2025年4月4日をもって時効消滅する。

これに対して，履行に代わる損害賠償請求権は債務不履行の効果として生じるものであって，415条2項の要件に該当する事実が生じたときに成立するものである点に注目する立場からは，履行に代わる損害賠償請求権の消滅時効の客観的起算点は同条2項所定の要件を充たす事実が生じた時，主観的起算点は同条2項所定の要件を充たす事実が生じたことを債権者が知った時ということになろう。

Web 追完請求権の消滅時効の起算点 ❖❖❖❖❖❖❖❖❖❖❖❖❖❖❖❖❖❖

不完全な履行がされた場合の追完請求権の消滅時効については，どのように考えればよいか。

追完請求権は履行請求権の一種であるとの立場（通説）からは，その消滅時効の客観的起算点は本来の債務の履行を請求できる時，主観的起算点は本来の債務の履行を請求できることを債権者が知った時ということになろう。

これに対して，追完請求権は不完全な履行の効果として生じる権利であり，本来の債務の内容が「変形」したものではないとの立場から

は，追完請求権の消滅時効の客観的起算点は不完全な履行がされた時（物の引渡債務であれば，引渡時），主観的起算点は不完全な履行がされたことを債権者が知った時ということになろう。

❖❖❖❖❖❖❖❖❖❖❖❖❖❖❖❖❖❖❖❖❖❖❖❖❖❖❖❖❖❖❖❖❖❖❖❖❖

④ 不法行為による損害賠償請求権の消滅時効

不法行為による損害賠償の請求権は，次のいずれかに該当するときに，時効によって消滅する（724条）。

① 被害者またはその法定代理人が損害および加害者を知った時から，3年間行使しないとき（1号）

② 不法行為の時から，20年間行使しないとき（2号）

2号の期間も，消滅時効期間である（除斥期間ではない。このことは，同条の柱書より明らかである。2017年債権法改正前の民法下の判例は，20年の期間を除斥期間であるとしていたが，この解釈は明示的に変更された）。

なお，不法行為を理由とする損害賠償請求権の消滅時効に関しては，これに特有の問題が数多く存在している。詳細は，民法6で扱われる。

⑤ 人の生命・身体の侵害による損害賠償請求権の消滅時効

人の生命または身体の侵害による損害賠償請求権については，不法行為を理由とするものであれ，債務不履行（労働契約における安全配慮義務違反，売買契約や運送契約における買主・乗客に対する保護義務違反など）を理由とするものであれ，次の特則が妥当する（債務不履行につき，167条〔客観的起算点から進行する時効期間の伸長〕。不法行為につき，724条の2〔主観的起算点から進行する時効期間の伸長〕）。

① 主観的起算点からの消滅時効期間は，5年とされる。

② 客観的起算点からの消滅時効期間は，20年とされる。

図表 12-1　財産権侵害や人格権侵害を理由とする損害賠償請求権の消滅時効

| | 消滅時効期間 | |
	主観的起算点から	客観的起算点から
債務不履行	5年（166条1項1号）	10年（166条1項2号）
不法行為	3年（724条1号）	20年（724条2号）

図表 12-2　生命・身体侵害を理由とする損害賠償請求権の消滅時効

| | 消滅時効期間 | |
	主観的起算点から	客観的起算点から
債務不履行	5年（166条1項1号）	20年（167条→724条2号）
不法行為	5年（724条の2→166条1項1号）	20年（724条2号）

⑥ 定期金債権の消滅時効

年金債権のような定期金の債権（定期的に一定額の金銭を給付させることを目的とした基本的な地位としての債権を指す。この地位から生じる個々の定期給付債権と混線しないように注意）は，次に掲げる場合に，時効によって消滅する（168条1項）。

① 債権者が定期金の債権から生じる金銭その他の物の給付を目的とする各債権（支分権としての個々の定期給付債権）を行使することができることを知った時から，10年間行使しないとき（1号）

② 前号（①）に規定する各債権（定期給付債権）を行使することができる時から，20年間行使しないとき（2号）

なお，定期金の債権者は，時効の更新の証拠を得るため，いつでも，債務者に対して承認書の交付を求めることができる（168条2

項)。

◆**賦払金債権の消滅時効と期限の利益喪失約款**　AがBに対して
300万円を貸し，Bは毎月末に10万円ずつ，30回に分けて返済する
という合意（金銭消費貸借）をしていたとする。そして，この合意に
は，Bが1回でも返済を怠れば，残りの貸金についてBは期限の利
益（136条1項）を喪失し，残額を一括して返済しなければならない
との特約（期限の利益喪失約款）がつけられていたとする。なお，わ
が国でみられる期限の利益喪失約款には，一定の事由が生じた場合に
債務者が当然に期限の利益を失うタイプのものと，一定の事由の発生
に加えて債権者による期限の利益喪失の意思表示があってはじめて期
限の利益を失うタイプのものがある（前者を「当然喪失」，後者を「請
求喪失」という）。

　ここで，期限の利益の喪失を生じさせる事由が生じたとき，残債権
の消滅時効の客観的起算点は，いつであろうか。「当然喪失」型につ
いては当該事由の発生時であることに異論はないが，「請求喪失」型
については，当該事由の発生時か請求時かで争いがある。判例は，期
限の利益を喪失させるかどうかは債権者の自由であるし，債務者に配
慮して期限の利益を喪失させない債権者に不利にならないようにすべ
きであるとの考え方に依拠した請求時説をとる（最判昭42・6・23民
集21巻6号1492頁）。しかし，圧倒的多数の学説は，当該事由が発生
した時点で期限の利益がなくなり，債権者が残債権を一括請求するこ
とへの法律上の障害がなくなるから，当該事由の発生時とみるべきで
あるとする。

4　債権以外の財産権の消滅時効

　債権または所有権以外の財産権（地上権・永小作権・地役権など）
は，権利を行使することができる時から20年間行使しないときは，
時効によって消滅する（166条2項。地役権については，291条〜293
条の特則に注意）。

5 形成権の消滅時効

① 問題の所在

形成権とは，一方的意思表示により法律関係の発生・変更・消滅をもたらすことができる権利のことをいう（⇒ *PART 1 5* ②）。各種の取消権のほか，解除権（541条，542条），買主の代金減額請求権（563条），予約完結権（556条1項），借地権者の建物買取請求権（借地借家法13条，14条），建物賃借人の造作買取請求権（同法33条），遺留分侵害額請求権（民法1048条前段）などがある。

これらの形成権も消滅時効にかかる。問題となるのは，以下の2点である。

① 形成権そのものの消滅時効に関して，取消権の消滅時効（126条前段，消費者契約法7条1項前段。なお，いずれも，後段の期間は除斥期間）のように明文の規定があるものもあるが（⇒第7章*3*），明文の定めがない場合は，どのように考えればよいか。

② 形成権が行使された結果として原状回復請求権や損害賠償請求権が生じたとき，こうした派生的な権利の消滅時効をどのように考えればよいか。

② 形成権そのものの消滅時効

Case 12-4―――――――――――――――――――――――――――――――

AとBは，Aが保有しているC社株式150株をBに売却することを内容とする売買の予約をした。そして，この予約では，Bに予約合意時から行使できる予約完結権（556条1項参照）が与えられた（予約完結権が行使されれば，売買契約が成立し，Aが保有しているC社株式150株がBに

譲渡される)。この予約が締結されてから 6 年が経過したが，B は予約完結の意思表示をしない。

基本的な考え方

（1）　形成権そのものの消滅時効に関して明文の定めがない場合には，以下の 2 点が問題となる。

①　166 条 1 項では債権の消滅時効期間は 5 年・10 年，同条 2 項では債権と所有権を除く財産権の消滅時効期間は 20 年と定められているところ，形成権の消滅時効は，いずれの規律に服するか。

②　形成権の消滅時効の起算点をどのようにとらえればよいか。

これらの点に関して，形成権一般に妥当する一般法理を立てることは，形成権の多様性に照らせば，適切ではない。個々の形成権ごとに，債権に近づけて処理をするか，その他の権利として処理をするか，起算点をいつにするかを考えていくほかない。

（2）　判例は，売買の予約における予約完結権や，債務不履行を理由とする解除権につき，債権の消滅時効に準じて処理するものとしている（再売買の予約完結権につき，大判大 4・7・13 民録 21 輯 1384 頁，解除権につき，大判大 5・5・10 民録 22 輯 936 頁，最判昭 62・10・8 民集 41 巻 7 号 1445 頁）。したがって，これらについては，166 条 1 項の 5 年・10 年の時効期間が妥当する。

Case 12-5————————————————

　教材販売業者 A は，消費者 B に 30 万円で英会話の教材を売った。教材の内容や質が購入の際に A のした説明と大きく違っていたものの，B は，A から代金の支払を求められたときに教材を引き取ってもらおうと考えていた。購入から 1 年半後に，A が代金 30 万円の支払を求めたので，B は，不実告知（消費者契約法 4 条 1 項 1 号）を理由にその意思表示を取

り消したところ，Ａは，取消権が１年の期間経過により時効で消滅している（同法７条１項）から，Ｂには 30 万円の代金支払義務があると主張した。

取消権・解除権が抗弁
として行使される場合 取消権や解除権は消滅時効にかかるが，長期にわたり行われなかった履行請求（Case 12-5）や損害賠償請求がされた場合に，請求の相手方が請求権を発生させた契約の取消権や解除権を行使してその請求を免れようとしたとき，請求をした者は取消権や解除権の消滅時効を援用して自らの請求を実現することができるか。

　取消権や解除権の消滅時効は法律関係の安定のために設けられたものであるところ，長期にわたり請求がされていないときは，その請求を阻止するために時効期間を経過した取消権や解除権の行使を認めることによって，請求がされていないという継続する事実状態が維持され，法律関係の安定が確保される。これは，継続する事実状態の保護という点で，時効制度と共通するものである。したがって，相手方からの請求に対する抗弁として取消権や解除権が行使されるときは，取消権や解除権は時効によって消滅しないものとして扱われるべきである（こうした問題をひっくるめて「抗弁権の永久性」と表現する学説もある）。

③　形成権の行使によって生じた権利の消滅時効

Case 12-6
　Ａは，2020 年４月４日に，絵画の贋作（甲）を代金 300 万円でＢから買った。同年５月 20 日に知人からの連絡で甲が贋作であることに気づいたＡは，同年６月 10 日に，錯誤を理由として意思表示を取り消し，甲をＢに返還した。しかし，代金 300 万円が返還されないまま，

2025年5月30日になっている。

形成権が行使された結果として新たに生じた法律関係に基づいて発生した個々の権利（原状回復請求権，損害賠償請求権など）の消滅時効に関して，通説・判例（大判大 7・4・13 民録 24 輯 669 頁〔解除による原状回復請求権〕）は，次のように考えている。

① 形成権そのものの消滅時効と，形成権が行使された結果として新たに生じた法律関係に基づいて発生した個々の権利の消滅時効は別物である。

② したがって，形成権について定められている時効期間内に形成権を行使しさえすれば，この結果として発生した原状回復請求権・損害賠償請求権などについては，形成権の消滅時効と関係なく，独自かつ個別に債権としての消滅時効が観念される。

_6_ 判決で確定した権利の消滅時効

Case 12-7────────────
AはBに対して，2021 年 3 月 31 日を弁済期とする代金債権を有していた。Aは，Bからの支払がないため，Bを被告として代金の支払を求めて提訴した。第 1 審でAが勝訴し，Bは控訴せず，判決は 2022 年 6 月 20 日に確定した。

（1） 確定判決または確定判決と同一の効力を有するもの（裁判上の和解における和解調書への記載〔民事訴訟法 267 条〕，調停調書への記載〔民事調停法 16 条〕など）によって確定した権利については，10 年より短い時効期間の定めがあるものであっても，その時効期間は 10 年になる（民法 169 条 1 項。判決等により権利が確定した日

〔147 条 2 項〕の翌日から起算される）。権利の存在が公的に確証されたことと，その権利が再び短期の消滅時効にかかることになれば，権利者として時効を更新するために短期日で訴えを提起しなければならなくなり，煩瑣であることが，その理由である。伸長される時効期間は 10 年であって，5 年ではない。

169 条 1 項により債権の消滅時効期間が 10 年に伸長されるときは，この債権についての保証債務の消滅時効期間も，これに応じて 10 年に変更される（最判昭 43・10・17 判時 540 号 34 頁，最判昭 46・7・23 判時 641 号 62 頁。457 条 1 項参照）。

(2) 権利が確定した時に弁済期の到来していない債権，たとえば，弁済期の到来する前に確定判決を得た期限つき債権については，時効期間の伸長は生じない（169 条 2 項）。

7 消滅時効の効果

消滅時効の要件を充たし，当事者が時効を援用したときに，その権利は消滅する。

時効の効果は起算日にさかのぼるから（144 条。〔144 条の起算日〕≠〔期間計算における起算点〕⇒第 10 章 4），権利は起算日に消滅したとの扱いを受ける。それゆえ，金銭の消費貸借における元本債権が時効により消滅したときは，債務者は起算日以降の遅延利息を支払う必要がない（大判大 9・5・25 民録 26 輯 759 頁）。

8 消滅時効が問題とならない権利

① 所　有　権

所有権は消滅時効にかからない。166条2項に「所有権以外の財産権は」とあるのは，この意味を含む。

② 所有権から派生する権利（物権的請求権など）

Case 12-8————

Aは，甲土地を所有している。30年前に，叔父Bが必要書類を偽造し，甲土地の登記名義（所有名義）を勝手にBに変更した。Aは，このことを当初より知りながら，Bに登記の抹消手続をするように求めず，この状態を放置してきた。

所有権から派生する権利は，所有権が存在する限り，消滅時効にかからない。さもなければ，排他的・包括的な支配権としての所有権の本質をゆるがすことになるからである。

たとえば，所有権に基づく物権的請求権は，所有権の円満な支配状態を回復するために所有者に対して与えられる権利であり，物権的請求権だけの消滅時効を認めるべきでない（大判大5・6・23民録22輯1161頁）。所有権に基づく登記請求権（物権的請求権の一種），共有物分割請求権（256条），相隣関係上の権利（209条以下）も同様に，消滅時効にかからない。

③ 担　保　物　権

担保物権も消滅時効にかからない。担保物権で担保された債権

（被担保債権）が消滅時効にかかっていないときに，担保だけが時効により消滅するのは不合理だからである。もっとも，抵当権については，396 条に特別の規定がある（抵当権の消滅時効の問題は，民法3 で扱われる）。

　他方，被担保債権が時効によって消滅すれば，これによって担保物権も消滅する。しかし，これは担保物権の付従性によるものである（詳細は，民法3）。

〔2021 年 11 月脱稿，2022 年 4 月初校著者校正了〕

第13章

時効の援用・時効利益の
放棄・時効障害

> 本章では，時効の援用，時効利益の放棄，時効障害（時効の完成猶予と更新）に関するルールを扱う。以下での解説内容は，民法の物権編・債権編，さらには民事訴訟法，破産法その他の倒産法にも関係するため，初学者にはとっつきにくいところがあるが，時効制度の中でもとりわけ重要な箇所なので，根幹の部分をしっかりと習得してほしい。

1 時効の援用

① 時効の援用の枠組み

当事者援用主義

時効期間が満了したからといって，当然に時効による権利の取得・消滅が生じるわけではない。時効の利益を欲する者は，時効の利益を受ける意思を表示（援用）しなければならない。援用があってはじめて，時効による権利の取得・消滅の効果が発生する。当事者が時効を援用しなければ，裁判所は時効を理由として裁判をすることができない（145条）。

時効の援用権は形成権であり，時効の援用は意思表示である。

援用の意味──〔不確定効果＋停止条件〕説

事実状態が一定期間継続することによって権利を取得し（取得時効の場合），または権利が消滅する（消滅時効の場合）のは，あくまでも不確定なものである。すなわち，①時効期間が満了するこ

とによって時効による権利の取得・消滅の効果が不確定的に生じ，②当事者による援用があってはじめて，時効による権利の取得・消滅が確定的に生じる。その意味で，時効の効果が発生することについて，援用が停止条件となっている（最判昭 61・3・17 民集 40 巻 2 号 420 頁）。

援用の方法 時効の援用は，時効によって生じる効果を確定させる意思表示であって，裁判上のみならず，裁判外でもすることができる。

とはいえ，145 条があるため，裁判外で時効を援用した当事者は，裁判になったときには，裁判外で時効を援用した事実を裁判手続上で主張しなければ，裁判所は時効を理由として裁判をすることができない。

時効の援用は，時効によって不利益を受ける者に対してしなければならない（相手方のある単独行為）。時効を援用した者は，その援用を撤回することができない。

◆共同相続と取得時効　被相続人の占有により取得時効が完成した場合において，その共同相続人の 1 人は，どのような形で時効を援用することができるか。全員が共同で援用しなければならないか，単独で援用することができるか。後者の場合には，相続分を超えた援用が可能か。これに関する判例法理は，以下のものである（最判平 13・7・10 判時 1766 号 42 頁）。

①　時効の完成により利益を受ける者は自らが直接に受けるべき利益の存する限度でのみ時効を援用することができるから，各相続人は，自らの相続分の限度でのみ，取得時効を援用することができる。

②　各相続人は，この限りで単独で取得時効を援用することができ，共同援用は義務づけられない。

③　当該不動産の全部を 1 人の相続人が取得する旨の遺産分割協議が成立したなどの事情があるときは，この者は，被相続人の占有によって完成した取得時効を援用することによって，全部の所有権を取得

する。

② 時効の援用権者

Case 13-1————————————

　Aは，Bに対して，2020年4月4日に，返済期日を2021年3月31日として，100万円を貸し付けた。その際，Cは，この借入金債務の保証人となった。Bが借入金を返済しないまま，2026年6月30日になった。AはCに対して，保証人として100万円とその利息・遅延損害金を支払うよう求めた。

———————————————————————

> 基本的な考え方

　145条は，時効は「当事者」が援用しなければ，裁判所がこれによって裁判をすることができないとしている。

　①　取得時効の場合は，「当事者」とは，権利の取得について正当な利益を有する者のことである。

　②　消滅時効の場合は，「当事者」とは，債務者のほか，権利の消滅について正当な利益を有する者のことである。そして，145条には，権利の消滅について正当な利益を有する者として，保証人，物上保証人，担保目的物の第三取得者が例示されている。

　上記の者のほか，145条にいう「当事者」，すなわち，時効の援用権者か否かが問われる代表的な場面は，以下のものである。

Column ⑯　時効の援用権者は誰かということの意味 ⋯⋯⋯⋯⋯⋯⋯

　時効援用権者（145条にいう「当事者」）は誰かという問題は，他人による時効の援用の有無や時効利益の放棄の有無に関係なく，時効の利益を受ける意思を表明する資格を有するかどうかという問題である。誰も時効を援用しないとき，または他人による時効利益の放棄があったときでも，自分は時効を援用することができるというのが，この者が時効援用権者（145条にいう「当事者」）であるということの意味で

ある。このことと，次のことを混同しないように注意すること。それは，Aが時効援用権者とされる場合において，Aが時効を援用したときに，他の者（B）は，「Aが時効を援用した」という事実を主張できるということである。これは，Bが時効援用権者（145条にいう「当事者」）に当たるかどうかという問題ではない（ただし，Aの援用が裁判外での援用であったときに，Bがこの事実を主張できるかどうかについては，議論がある）。

消滅時効の場合

（1）詐害行為取消権における受益者・転得者

Case 13-2

Aは，Bに対して，300万円を貸し付けている。貸金債権の弁済期は既に6年前に経過している。Bには，甲土地以外に，めぼしい財産がない。Bは甲土地をCに贈与し，甲土地をCに引き渡すとともに，甲土地につき贈与を原因とするBからCへの所有権移転登記がされた。Cは，AがBに300万円の貸金債権を有していることも，Bには他にめぼしい財産がないことも知っていた。この贈与に気づいたAは，貸金債権を保全するため，Cを被告として，甲土地贈与契約の取消し，甲土地の自己への引渡し，甲土地所有権移転登記の抹消手続を請求した。これに対して，Cは，Aの貸金債権は既に時効により消滅しているから，この債権を保全するための詐害行為取消権は成立しないと争った。

　判例によれば，詐害行為取消権（424条以下）の相手方とされた受益者や転得者は，被保全債権の消滅時効の援用権者である（最判平10・6・22民集52巻4号1195頁〔受益者〕）。この者たちは，債務者が被保全債権の消滅時効を援用しないときでも，自らが援用権者となり，被保全債権の消滅時効を援用することができる。その理由は，以下の点にある。

①　詐害行為の受益者・転得者は，詐害行為取消権行使の直接の相手方である。

②　詐害行為取消権が行使され，詐害行為が取り消されると，受益者・転得者は，その行為によって得ていた利益を失ってしまう。

③　その反面，被保全債権が消滅すれば，受益者・転得者は，その行為によって得ていた利益の喪失を免れることができる。

(2)　抵当不動産の後順位抵当権者　　抵当不動産の後順位抵当権者は，先順位抵当権の被担保債権の消滅時効を援用することができるか。

一方で，後順位抵当権者を時効援用権者とする見解がある。後順位抵当権者は，先順位抵当権の被担保債権の消滅時効を援用できれば，これによって先順位抵当権が消滅する結果，自らの抵当権の順位が上昇するし，自らの被担保債権について，より多くの価値を当該抵当不動産から優先的に回収できることになる。それゆえ，後順位抵当権者は「権利の消滅について正当な利益を有する者」に当たるとするのである。

しかし，判例は，このような考え方をとっていない（最判平 11・10・21 民集 53 巻 7 号 1190 頁）。その理由は，以下の点にある。

①　先順位抵当権の被担保債権が消滅すると，後順位抵当権者の抵当権の順位が上昇し，これによってこの者の被担保債権に対する配当額が増加することがありうるが，この配当額の増加に対する期待は，抵当権の順位の上昇によってもたらされる反射的な利益にすぎない。

②　後順位抵当権者が消滅時効を援用することができないとしても，目的不動産の価格から抵当権の従前の順位に応じて弁済を受けるという後順位抵当権者の地位が害されることはない。援用が認められなかったからといって，後順位抵当権者がそれまでに有してい

た権利を失ったり，減少させられたりするわけではない。

　なお，抵当不動産の後順位抵当権者は，先順位抵当権の被担保債権に関して債務者が有している時効援用権を債務者に代わって行使することで，先順位抵当権を消滅させることができる（⇒③）。

　(3)　**一般債権者**　債務者の一般財産（債務者の総財産から物的担保の設定された財産を控除した財産）から他の債権者と平等の地位で債権を回収する債権者のことを，**一般債権者**という。債務者の一般債権者は，他の債権者が債務者に対して有している債権の消滅時効を援用することができるか。

　一般債権者にとってみれば，債務者に対する他の債権者の債権が消滅しても，自己の債権の内容に変化があるわけではない。せいぜい，競合する債権が減ることによって，最終的な執行段階で債務者の一般財産から自己の債権に割り付けられて配当される金額が割合的に増加するだけである。しかも，この配当額とて，債務者がその後にどのような経済活動をして一般財産を増加・減少させるか次第で予測のつかないものである。それゆえ，債務者の一般債権者は，「権利の消滅について正当な利益を有する者」に当たらない（大判大8・7・4民録25輯1215頁参照。③の可能性はある）。

取得時効の場合

　(1)　地上建物の賃借人と敷地所有権の取得時効

Case 13-3————————————————————————————

　Aは，Bが所有する甲土地上に，25年前から乙建物を建てて所有している。Aは，乙建物を20年前からCに賃貸し，Cはそれ以降，乙建物に居住している（甲土地についてのCの占有は，他主占有である）。Bは，Cが甲土地を不法占拠しているとして，甲土地所有権に基づき，Cに対し，乙建物からの退去を求めた。これに対して，Cは，自分は145条の「当

事者」であるとして，Aによる甲土地所有権の時効取得（これによるBの甲土地所有権の喪失）を主張して争っている。

　地上建物の賃借人は，建物賃貸人による敷地所有権の取得時効を援用することができるか。学説は分かれているが，判例は，建物賃借人は，敷地所有権の取得時効により「直接利益を受ける者」（土地所有権の取得について正当な利益を有する者）ではないとして，援用権者であることを否定している（最判昭44・7・15民集23巻8号1520頁）。判決文中に詳しい理由の説明はないが，建物の使用に関する契約上の地位を有しているにすぎない者に，建物とは別の不動産である土地の所有権の得喪を決定する権限を与えるのは適切ではないとの考慮に出たものと思われる。

　（2）　土地の賃借人と土地所有権の取得時効　　所有者でない者から土地を賃借している者は，賃貸人による土地所有権の取得時効を援用することができるか。学説は分かれている（判例といえるものはない）。ここでも，土地の使用に関する契約上の地位を有しているにすぎない者に，土地所有権の得喪を決定する権限を与えるのは適切ではなく，土地賃借人は，土地賃貸人による土地所有権の時効取得につき，145条の「当事者」ではないと解すべきである（もとより，要件さえ充たせば，所有者との関係で，土地賃借権の時効取得を認める余地がある。⇒第11章5⓵）。

⓷　時効援用権の代位行使——債権者代位権（423条）

Case 13-4————————————————————————
　Aは，Bに対して，300万円を貸し付けている。Bにはめぼしい財産がない。Bは，Cに対しても400万円の借入金債務を負担しているが，この債務については既に消滅時効期間が経過している。しかし，Bは，消

滅時効を援用しようとしない。そこで，Ａは，Ｂに代位して，Ｃに対し，同債務についての消滅時効を援用した。

　債権者は，債務者が無資力である場合に，自らの債権を保全するため，債務者が有している権利を行使することができる（**責任財産保全目的での債権者代位権**）。ただし，債務者の一身に専属する権利は，代位行使の対象にならない（423条1項。詳細は，民法4）。

　債権者は，債務者が無資力である場合には，債務者がもつ消滅時効の援用権を，自らの債権の保全に必要な限度で債務者に代わって行使することができる（最判昭43・9・26民集22巻9号2002頁）。民法は時効を援用するかどうかを援用権者の意思にかからせているため，援用するかどうかについて債務者の意思を尊重すべきであって，代位行使を認めるべきではないようにみえる。しかし，債務者が無資力であって，自己の債務を満足に弁済できないような状態では，将来の弁済を期する債務者の意思よりも，現時点での債権の保全を図ろうとする代位債権者の利益を優先させるべきである。

④　援用の相対効

Case 13-5————
　信号機のない交差点で，ともに前方不注意で運転していたＡの自動車とＢの自動車が衝突し，その衝撃でＢ車がＣの所有する建物に突っ込み，同建物が損傷した。この交通事故の6年後に，Ｃは，ＡとＢを相手どって，3000万円の支払を求める損害賠償請求訴訟を提起した。

　時効の効果は，時効を援用した者とその相手方の間においてのみ生じる。Case 13-5で，Ａが損害賠償請求権の消滅時効を援用しても，それは，ＡとＣとの間においてのみ効力を生じる。ＢとＣ，Ａ

とＢの関係には，Ａによる時効援用の影響はない（441 条も参照）。

2 時効利益の放棄

① 放棄の枠組み

時効完成前の放棄と
完成後の放棄

時効の利益はあらかじめ，すなわち，時効が完成する前に放棄することができない（146 条）。時効利益の事前の放棄を認めることは，継続する事実状態を尊重するとの時効制度の目的を個人の意思によって事前に排斥することとなり不当であるうえに，債務者の窮状に乗じて債権者が時効の利益を事前に放棄させるのを容認することにもなり，適切でないからである。ただし，時効完成前に相手方に対してした言動が，時効利益の放棄の意思表示ではなく，時効の更新事由としての承認（152 条 1 項⇒*3* ⑧）の意味をもつものではないかを，別途に検討する余地がある。

これに対して，時効が完成した後の時効利益の放棄は，完成前の放棄の際にみられるような弊害が生じないばかりか，時効の利益に関する当事者の意思を尊重するうえでも有効である。

単独行為としての
時効利益の放棄

時効利益の放棄とは，完成した時効の利益を享受しないという援用権者の意思表示である。時効利益の放棄は，相手方のある単独行為である。時効の利益を有する援用権者が一方的にすることができ，相手方の同意を要しない（前掲大判大 8・7・4）。時効利益の放棄は，裁判外ですることができる。

時効利益の放棄があったことについては，時効の完成によって不利益を受ける者に主張・立証責任がある（時効の主張に対する抗弁）。

時効利益の放棄の意思表示をするためには，放棄者に処分の能力と権限があることが必要である（時効の更新事由である承認の場合〔152条2項〕と異なる）。

黙示の意思表示による
時効利益の放棄　時効完成後に黙示で時効の利益を放棄したと評価される場合もある（大判昭6・4・14新聞3264号10頁）。債務者が消滅時効の完成を知っていたものの，時効利益の放棄の意思を明示せず，当該債務につき支払猶予申請書を債権者に提出したり，当該債務の一部弁済をしたりした場合は，時効の利益を放棄する黙示の意思表示があったものと解することができる。

② 時効利益の放棄の効果──相対効

Case 13-6────────────────────
　AがBに対して有している貸金債権の消滅時効期間が経過した。この債権については，Cが保証人となっている。
　①　BがAに対して貸金債権の時効利益を放棄した。
　②　CがAに対して貸金債権の時効利益を放棄した。

────────────────────────

　時効利益の放棄は，放棄をした者とその相手方の間においてのみ，その効力を有する（最判昭42・10・27民集21巻8号2110頁）。

　このことは，1つの権利の時効をめぐって複数の時効援用権者が存在している場合に，意味をもつ。Case 13-6では，Bによる時効利益の放棄の効果はB限りであり（大判大5・12・25民録22輯2494頁），保証人Cは145条の「当事者」としてAのBに対する貸金債権の消滅時効を援用し，付従性による保証債務の消滅を主張することができる。同様に，保証人Cが貸金債権の時効利益を放棄しても，Bには影響せず，Bは貸金債権の消滅時効を援用することが

できる。

③ 時効完成後の自認行為——時効援用権の喪失

Case 13-7————————————————————————————

　AがBに対して有している100万円の貸金債権の消滅時効期間が経過した。

　①　その後，Bは，時効期間が経過したことを知らずに，Aに対して，「自分には，Aに対する100万円の借入金がある」との債務承認書を差し出した。

　②　その後，Bは，時効期間が経過したことを知らずに，Aに対して，同債務の弁済として100万円を支払った。

————————————————————————————————

> 問題の所在

　①で述べたように，時効利益の放棄は，完成した時効の利益を享受しないという意思表示である。このことを厳密に考えるならば，債権の消滅時効が完成した事実を債務者が知らずに，その債務を承認したり，弁済をしたりした場合（自認行為）に，債務者は，あらためて時効の援用をすることが可能か。それとも，自認行為をした債務者は，時効の援用が封じられるのか（もちろん，黙示の意思表示があったと認定される場合は，時効完成後の時効利益の放棄として扱ってよい。ここで問題となるのは，それには当たらない場合である）。

> 判例法理——信義則による時効援用権の喪失

　判例によれば，債務者が時効完成後に債務承認をした以上，たとえ時効完成の事実を知らなかったときでも，債務者がその後にその債務について消滅時効を援用するのは，信義則に反して許されない。その理由は，主に以下の点にある（最大判昭41・4・20民集20巻4号702頁。信義則に依拠した個別具体的判断の結果である）。

① 時効の完成後に債務者が債務の承認をすることは，時効による債務消滅の主張と相容れない（矛盾行為禁止）。

② 債務者が債務の承認をしたとき，債権者は，債務者が時効の援用をしないと考えるであろう（債権者の信頼保護）。

時効の援用が信義則によって阻止されたときでも，その後に再び進行した時効期間の経過後に時効の利益を主張することが否定されるものではない（最判昭45・5・21民集24巻5号393頁）。

3 時 効 障 害

●時効の完成猶予と更新

① 時効障害の種類

時効が完成する直前に，一定の事由があれば，時効の完成が一定期間猶予される（時効の完成猶予）。

また，一定の事由により，時効が更新される（時効の更新）。時効の更新が生じたときは，それまで進行していた期間が無になり，あらためて時効が起算される（2017年の債権法改正前の民法では，時効の更新にあたるものを時効の「中断」，完成猶予にあたるもの〔のうち一定のもの〕を時効の「停止」と呼んでいた）。

多くの場面では，①時効期間の進行中に，権利者の権利行使の意思を明らかにする事態が生じたときには，時効の完成が猶予され，②権利者のもとでの権利の確証が得られる事態が生じたときには，時効の更新が生じるという建付けになっている。なお，③権利の承認（152条）は，これとは別の観点に出た時効更新事由である（⇒ 8）。

② 裁判上の請求等による時効の完成猶予と更新

Case 13-8―――――――――――――――――――――――――――

　Aは，Bから，請負報酬1000万円で土壌改良工事を請け負った。請負契約では，請負報酬債権の弁済期は2020年6月30日とされていた。履行期が到来しても，Bは，請負工事が完了していないと主張して請負報酬を支払わない。Aは，履行期から1年を経過した2021年7月1日に，Bを被告として訴えを提起し，Bに対して請負報酬1000万円の支払を求めた。

　①　2026年4月1日を過ぎたが，裁判所での審理は，なお続いている。

　②　審理が長引く中で，2025年3月31日に，Aは訴えを取り下げた。

　③　2024年7月10日に，A全部敗訴（請求棄却）の第一審判決が出た。この判決書の送達を受けてから2週間経過しても，Aからの控訴状の提出がなく，判決が確定した（民事訴訟法116条，285条参照）。

　④　2024年7月1日の高裁での弁論の期日に，BがAに対して700万円を支払うことで和解が成立した。

　⑤　2024年7月10日に，A全部勝訴の第一審判決が出た。この判決書の送達を受けてから2週間経過しても，Bからの控訴状の提出がなく，判決が確定した。

――――――――――――――――――――――――――――――――――

時効の完成猶予

　次に掲げる事由がある場合，その事由が終了するまでの間は，時効は完成しない（147条1項。Case 13-8 ①）。

　①　**裁判上の請求（1号）**　　訴えを提起することである（民事訴訟法147条参照）。給付訴訟のみならず，確認訴訟の提起でもよく（大判昭5・6・27民集9巻619頁），反訴の提起（同法146条参照），

訴訟参加（同法 49 条 1 項）でもよい。

②　支払督促（2 号）　　支払督促とは，金銭その他の代替物または有価証券の一定数量の給付を目的とする請求において，債権者の申立てによって，債務者を審尋せずに裁判所が発する命令のことをいう（民事訴訟法 382 条以下）。

③　民事訴訟法 275 条 1 項の和解，民事調停法または家事事件手続法による調停（3 号）　　当事者の一方が裁判所に和解や調停の申立てをすることをいう。

④　破産手続参加，再生手続参加，更生手続参加（4 号）　　破産債権・再生債権・更生債権の届出のことである。倒産手続開始の申立ては 1 号に該当する（最判昭 35・12・27 民集 14 巻 14 号 3253 頁〔破産〕）。

| 147 条 1 項柱書の括弧書の意味

確定判決または確定判決と同一の効力を有するものによって権利が確定することなくその事由が終了したときは，「その終了の時から」6 か月を経過するまでは時効が完成しない（147 条 1 項柱書の括弧書）。

ここで想定されているのは，たとえば，訴えが提起されたものの，①その後に訴えの取下げがあった場合（Case 13-8 ②）や，②訴訟要件（当事者能力，原告適格，訴えの利益など）を欠くものとして訴えが却下された場合である。訴訟の係属中は裁判上の請求が継続しているものと考え，終了後 6 か月までの間は時効が完成しないとしたのである。下記の図表 13-1〔A〕・〔B〕がこれに当たる。他方，図表 13-1〔C〕では，満了点に変更はない。

請求が棄却されたとき（Case 13-8 ③）は，権利そのものが否定されるから，そもそも時効の完成猶予・更新は問題とならない。

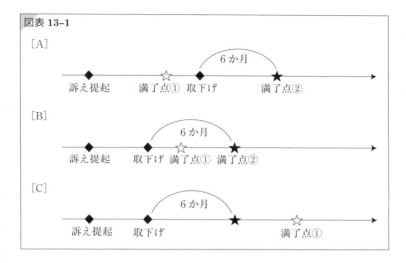

図表 13-1

[A]

6か月

訴え提起　　満了点①　取下げ　　　満了点②

[B]

6か月

訴え提起　　取下げ　満了点①　満了点②

[C]

6か月

訴え提起　　取下げ　　　　　　　　満了点①

時効の更新

（1）　確定判決または確定判決と同一の効力を有するもの（和解調書への記載〔民事訴訟法 267 条〕，調停調書への記載〔民事調停法 16 条〕，破産債権者表への記載〔破産法 124 条 3 項〕など）によって権利が確定したときは，時効は，民法 147 条 1 項各号に掲げる事由が終了した時から新たにその進行を始める（147 条 2 項）。なお，これに伴い，時効期間が 10 年に伸長される場合がある（169 条 1 項参照⇒第 12 章 *6*）。

（2）　更新後の時効の起算日は，147 条 1 項各号に掲げる事由が終了した時である（169 条）。権利が確定した時ではない。

147 条 1 項各号に掲げる事由が終了した時とは，①裁判上の請求の場合は，判決が確定した時（Case 13-8 ⑤），②支払督促の場合は，支払督促が確定した時，③和解・調停の場合は，和解・調停が成立した時（Case 13-8 ④），④倒産手続参加の場合は，倒産手続が終了した時を指す（その結果，147 条 1 項 4 号の場合に，更新後の時効の起算日と権利確定日の間にずれが生じる）。

◆**一部請求と時効障害**　　判例によれば，債権者が一部請求であることを明示した上で債権額の一部を訴求した場合（明示的一部請求）は，残部については時効の更新の効力は生じない（最判昭34・2・20民集13巻2号209頁）。明示的一部請求の訴えにおいて，債権の残部は訴訟物となっておらず，判決により既判力をもってその部分の権利の存在が確定されるものでもないからである。

そのうえで，債権法改正前の民法下における判例は，「明示的一部請求の訴えに係る訴訟の係属中は，原則として，残部についても権利行使の意思が継続的に表示されているものとみることができる」から，特段の事情のない限り，明示的一部請求の訴えの提起は残部について「裁判上の催告」としての意味をもつとしていた（最判平25・6・6民集67巻5号1208頁）。この判例法理は，現民法下では，①明示的一部請求の訴えによって，残部については裁判上の請求があったものとして時効の完成猶予の効果を認め，②一部請求を認容する判決が確定した時から6か月を経過するまでの間は，残部について時効は完成しないとする考え方として整理することができる。

これに対して，債権者が一部請求であることを明示せずに訴求した場合は，債権全体が訴訟物となっているため，債権の同一性の範囲内において，その債権全体について時効の完成猶予と更新の効力が生じる（最判昭45・7・24民集24巻7号1177頁〔交通事故による損害賠償請求訴訟〕）。

◆**応訴行為と時効障害**　　債権法改正前の民法下における判例は，相手方から訴えを提起された権利者が，原告の請求を棄却する判決を求めて応訴（訴えに対する防御行為として弁論や申述をすること。同一の訴訟手続の中で相手方を被告とする訴えを提起する「反訴」とは違う）をした場合につき，権利行使意思が表明されている点に注目し，「裁判上の請求に準ずるもの」として扱っていた。

この扱いを現民法下で変更する必要はない。したがって，債務不存在確認訴訟（大連中間判昭14・3・22民集18巻238頁），請求異議訴訟（大判昭17・1・28民集21巻37頁），抵当権設定登記抹消手続請求訴訟（最判昭44・11・27民集23巻11号2251頁）等において，被告が債権の存在を主張して応訴をしたことをもって，「裁判上の請求」（147条1

項1号）に準じるものととらえ，これによる時効の完成猶予の効果を認め，原告敗訴の判決の確定をもって，時効の更新を認める（同条2項）のが適切である。同様に，原告から土地の時効取得を原因として所有権移転登記手続をするよう求められた被告が，自らがその土地の所有権を有すると主張して請求棄却の判決を求めた場合も，「裁判上の請求」に準じるものととらえ，原告敗訴の判決の確定をもって，土地所有権の取得時効の更新が認められるべきである（最大判昭43・11・13民集22巻12号2510頁）。

◆**留置権の行使と被担保債権の消滅時効**　　自らが占有する物の上に留置権（295条）を有しているからといって，その事実のみでは，留置物に係る被担保債権の消滅時効の進行は妨げられない（300条）。

　他方で，被担保債権の債務者が原告となった物の引渡訴訟において，被告が留置権の抗弁を提出した場合は，その被担保債権（これ自体は訴訟物を成していない）について「裁判上の請求」があったものと評価し，訴訟終了の時から6か月間は，時効の完成が猶予されるものと解すべきである（最大判昭38・10・30民集17巻9号1252頁参照）。

　たとえば，Aは，Bの所有している絵画（甲）を購入したかったものの，手元に資金がなかったので，2021年4月2日の売買の際に，Cに依頼して，甲の購入代金を立て替えてもらったとする。甲は，立替払をしたCの手元にある。Aは，Cを被告として訴訟を提起し，所有権に基づき甲の引渡しを請求した（訴訟物は，所有権に基づく物権的返還請求権としての甲の引渡請求権）。これに対して，第1回口頭弁論期日である2021年7月7日に，Cは，Aに対する立替金債権を被担保債権とする留置権の抗弁を出した。その後，2027年7月1日（立替払債権が成立してから5年以上が経過している）に，最高裁まで争われた訴訟がようやく，Aの上告が棄却されたことにより終了した。この例では，この時から6か月間は，立替払債権の時効の完成が猶予される（なお，判決が確定したからといって時効の更新までもが認められるわけではないというのが，債権法改正前の民法下における上記の判例である〔異論はある〕）。

③ 強制執行等による時効の完成猶予と更新

Case 13-9
Aは，Bに対して，800万円の貸金債権を有している。そして，Aは，この債権を担保するため，Bの所有する甲土地上に抵当権の設定を受けている（抵当権設定登記済み）。Bが貸金を返済しないため，Aは，甲土地につき担保不動産競売（民事執行法180条1号）を申し立てた。

時効の完成猶予

（1）次に掲げる事由がある場合，その事由が終了するまでの間は，時効は完成しない（148条1項）。

① 強制執行　差押えを経由する執行手続のみならず，代替執行や間接強制などの執行手続を含む。また，他の債権者の申立てによる手続において債権者が配当要求をした場合（民事執行法51条，154条）も，債権者が債務名義に基づいてその権利を実現する意思を示す点で強制執行と異ならないことから，ここに含まれる。

② 担保権の実行　担保不動産競売のみならず，担保不動産収益執行（民事執行法180条2号）や物上代位も，ここに含まれる。

③ 民事執行法195条に規定する担保権の実行としての競売の例による競売（形式的競売）　たとえば，留置権による競売，民法・商法その他の法律の規定による「換価のための競売」など。

④ 民事執行法196条に規定する財産開示手続または同法204条に規定する第三者からの情報取得手続　財産開示手続とは，一定の要件を充たした金銭債権の債権者の申立てにより，債務者を裁判所に出頭させてその財産を開示させる手続である。情報取得手続とは，一定の要件を充たした金銭債権の債権者の申立てにより，裁判所が債務者の不動産，給与・勤務先，預貯金口座，株式・国債等に

関する情報を登記所，金融機関等の第三者から取得する手続である。

　(2)　申立ての取下げや「法律の規定に従わないことによる取消し」によってその事由が終了したときは，その終了の時から6か月を経過するまでの間，時効の完成猶予の効力が生じる（民法148条1項柱書の括弧書）。

時効の更新
---

　(1)　時効は，148条1項各号に掲げる事由が終了した時から，新たにその進行を始める（148条2項本文）。この場合に時効の更新を認めたのは，手続が終了したことにより，権利の存在についての確証が得られたと考えられたことによる。

　もとより，同条1項所定の手続によって権利の満足を受けたときは，もはや時効を問題とする必要はないから，ここでの時効の更新が問題となるのは，手続が終了したものの権利の満足に至らないとき，たとえば，強制執行をしたものの債権全額の回収をすることができなかったときである。

　(2)　148条1項各号に掲げる事由が申立ての取下げや「法律の規定に従わないことによる取消し」によって終了したときは，時効の更新は生じない（148条2項ただし書）。これらの場合は，手続が終了したものの，権利の存在についての確証が得られていないからである。ここでは，前述した6か月の完成猶予の効力が生じるだけである。

4　仮差押え・仮処分による時効の完成猶予

Case 13-10
　Aは，Bに対して，800万円の請負報酬債権を有している。Bは，履行期が到来しているにもかかわらず，この債務の履行をしない。そうこうするうちに，Bの経営状況が急速に悪化してきた。Aは，Bに対する請負

報酬債権を保全する必要があるとして，Bの所有する甲土地につき，仮差押えを申し立て，仮差押命令が発せられ，甲土地につき仮差押えの登記がされた（民事保全法13条，20条以下，47条参照）。

（1）仮差押え・仮処分は，完成猶予事由である。仮差押え・仮処分が更新事由ではなく，完成猶予事由とされたのは，民事保全手続の開始に債務名義は不要であり，その後に本案の訴え提起または続行が予定されていることから（保全手続の暫定性），仮差押え・仮処分は本案の訴えが提起されるまでの間，時効完成を阻止するものであるにすぎないと考えられたことによる。

この場合は，当該事由が終了した時から6か月を経過するまでの間は，時効は完成しない（149条）。

（2）Case 13-10のような場合に，「当該事由が終了した時」がいつかをめぐって，見解の対立がある。債権法改正前の判例法理（継続説）に従えば，仮差押えがされ，その登記がされたときは，その後に差押えがされなくても，仮差押えの登記が存続する限り，時効の完成猶予の効力が存続する（最判平10・11・24民集52巻8号1737頁）。これに対して，これでは仮差押えの登記がされればいつまでも時効が完成しないこととなり不当であると批判し，仮差押えの登記により「当該事由が終了した」ととらえ，この登記の時点から6か月の期間が起算されるとする見解（非継続説）がある。

⑤ 催告による時効の完成猶予

Case 13-11—————————————————————————

Aは，2021年7月11日，B学校法人が経営する大学における授業中の事故で，半身不随になった。事故から4年10か月が経過した日，Aは，Bに対して，1億円の損害賠償を請求するとの文書を内容証明郵便で

送付した。

　催告（裁判外の催告）があったときは，その時から6か月を経過するまでの間は，時効は完成しない（150条1項。図表13-2［A］の場合。［B］の場合は完成猶予の効力が生じない）。

　催告によって時効の完成が猶予されている間にされた再度の催告（裁判外の催告）は，時効の完成猶予の効力を有しない（同条2項）。

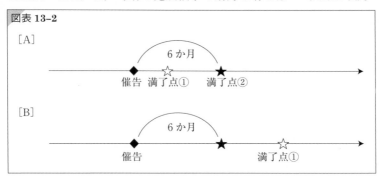

図表13-2

[A]

6か月

催告　満了点①　　満了点②

[B]

6か月

催告　　　　　　満了点①

　◆再度の催告が裁判上でされた場合　　150条2項が扱っているのは，裁判外の催告が繰り返された場面である。これに対して，裁判外での催告がされてから6か月以内に訴えの提起がされたときは，裁判上の請求による時効の完成猶予・更新の問題になる。

⑥　「協議を行う旨の合意」による時効の完成猶予

Case 13-12

　Aは，Bの運転する自転車にはねられて転倒し，寝たきりになった。AとBは損害賠償をめぐってやり取りを続けてきたが，金額の面で折り合わない。事故から5年が近づいてくる中，Aは，Bに働きかけ，両者の間で，「本件事故を理由とする損害賠償請求権について協議を行う」旨の合意が書面で交わされた。

（1）「権利についての協議を行う旨の合意」が「書面」でされたときは，次に掲げる時のいずれか早い時までの間は，時効は完成しない（151条1項。電子文書のような電磁的記録によってされた合意も，書面によってされたものとみなされる。同条4項）。

① 合意があった時から1年を経過した時

② 合意において当事者が協議を行う期間（1年に満たないものに限る）を定めたときは，その期間を経過した時

③ 当事者の一方から相手方に対して協議の続行を拒絶する旨の通知が書面でされたときは，その通知の時から6か月を経過した時

（2） 協議を行う旨の合意による時効の完成猶予で認められた期間は，当事者間で自主的に紛争解決を図るための期間であると同時に，権利者が時効の更新に向けた措置を講じるための期間でもある。

（3） 協議を行う旨の合意により時効の完成が猶予されている間に，再度，協議を行う旨の合意をして完成猶予の期間をさらに延長することができる。この再度の合意は，繰り返してすることができる。ただし，これによる完成猶予の効力は，本来の時効が完成すべき時から通算して5年を超えることができない（同条2項）。

「協議を行う旨の合意」による完成猶予と催告との関係

協議を行う旨の合意による完成猶予と催告（裁判外の催告）との関係は，以下のようになる（151条3項）。

① 催告がされたことにより時効の完成が猶予されている間に協議を行う旨の合意をしても，この合意には時効の完成猶予の効力がない。催告による完成猶予しか認められない。

② 協議を行う旨の合意により時効の完成が猶予されている間に催告をしても，この催告には時効の完成猶予の効力が認められない。

協議を行う旨の合意による完成猶予しか認められない。

⑦　その他の時効の完成猶予の事由

（1）　未成年者・成年被後見人の権利については，一定の場合に，所定の時より6か月を経過するまでの間は，時効の完成が猶予される（158条）。このうち，時効期間の満了前6か月以内の間に未成年者・成年被後見人に法定代理人がないときの時効の完成猶予を定める同条1項は，未成年者・成年被後見人を保護するための財産管理人がいないことにより未成年者・成年被後見人に不利な結果となることを阻止するための規定である。そして，この趣旨は，事理弁識能力を欠いた常況にありながら成年後見開始の申立てがされていない者についても妥当するので，判例は，この場面で同条1項の類推適用を認めている（最判平26・3・14民集68巻3号229頁）。

（2）　夫婦間の権利についても，婚姻解消の時から6か月を経過するまでの間は，時効の完成が猶予される（159条）。

（3）　相続財産に関しては，相続人が確定した時などから6か月を経過するまでの間は，時効の完成が猶予される（160条）。

（4）　時効の期間の満了の時に当たり，天災その他避けることのできない事変のため147条1項各号（裁判上の請求など）または148条1項各号（強制執行，担保権の実行など）に掲げる事由に係る手続を行うことができないときは，その障害が消滅した時から3か月を経過するまでの間は，時効の完成が猶予される（161条）。

（5）　民法総則以外にも，時効の完成猶予を定めた規定がある。たとえば，使用貸借や賃貸借において目的物の使用収益によって借主や賃借人が受けた損害の賠償請求権は，貸主や賃貸人が返還を受けた時から1年を経過するまでの間は，時効の完成が猶予される（600条2項，622条）。寄託（664条の2第2項），配偶者居住権

（1036 条による 600 条 2 項の準用），配偶者短期居住権（1041 条による600 条 2 項の準用）にも，同様の規定がある。

⑧ 権利の承認による時効の更新

Case 13-13—————————————————

　A は，B に対して 200 万円の貸金債権を有している。

　① B は，A に対して債務承認書を差し入れた。

　② B は，A に対して支払の猶予を願い出た。

　③ B は，A に対して，それまでに発生している利息分 30 万円を支払った。

　④ B は，A に対して，元本 200 万円のうち，70 万円を支払った。

—————————————————————————

権利の承認の意味

　　　　　　　　　　　時効は，権利の承認があったときは，その時から新たにその進行を始める（152 条 1項）。土地の占有者が相手方の所有権を承認した場合（取得時効の場合）や，債務者が債権の存在を承認した場合（消滅時効の場合）がその例である。

　承認とは，権利の存在を認識していることを権利者に対して表示すること（観念の通知。準法律行為の一種⇒第 4 章 1 ①）である。承認は，時効の援用や時効利益の放棄と違い，意思表示（権利に関する処分意思の表示）ではない。承認に際し，自らのする認識の表示が時効の更新を生じさせることを知っている必要もない。

　承認により時効の更新が生じる理由については議論がある。承認は意思表示ではなく，権利の存在についての単なる認識の表示に更新の効果を結び付けるものである以上，表示を受けた権利者の表示に対する信頼の保護を根拠とするのが適切である。

　承認は，権利者に対してされる必要がある。たとえば，債権者が

一番抵当権を有している不動産に債務者が他の者のための二番抵当権を設定することは、一番抵当権を有する債権者に対する債務の承認にはならない（大決大6・10・29民録23輯1620頁）。債務者が連帯債務者や不可分債務者の1人に対して債務承認をしても、他の債権者の債権について債務承認をしたことにはならない（435条の2、428条参照）。

債務者の行為と債務の承認

債務者が債権者に対して行為をするに当たり、債権の存在についての認識を債権者に対して明示していなかった場合でも、通常の債権者であれば、その行為の内容・性質から、債務者には債権の存在についての認識があったと理解するであろうときは、承認があったものと解すべきである。

たとえば、一部弁済は、債務全額についての承認になる（大判大8・12・26民録25輯2429頁）。債務者がした反対債権による相殺は、受働債権についての承認になる（最判昭35・12・23民集14巻14号3166頁）。貸金債務の債務者がした利息の支払は、元本債権についての承認になる（大判昭3・3・24新聞2873号13頁）。債務者がした支払猶予の懇請が債務の承認に当たるとしたもの（大判昭2・1・31新聞2672号12頁）もある。

さらに、判例によれば、同一の当事者間に数個の金銭消費貸借契約に基づく元本債務が複数存在する場合において、借主が弁済を充当すべき債務を指定することなく全債務を完済するのに足りない額の弁済をしたときは、当該弁済は、特段の事情のない限り、各元本債務の承認として消滅時効の更新を生じさせる（大判昭13・6・25判決全集5輯14号4頁〔物品買付資金の貸借〕、最判令2・12・15民集74巻9号2259頁〔親子間での貸借〕）。上記の場合、「借主は、自らが契約当事者となっている数個の金銭消費貸借契約に基づく各元本債

務が存在することを認識しているのが通常であり，弁済の際にその弁済を充当すべき債務を指定することができるのであって，借主が弁済を充当すべき債務を指定することなく弁済をすることは，特段の事情のない限り，上記各元本債務の全てについて，その存在を知っている旨を表示するものと解されるからである」（前掲最判令2・12・15。借主が充当指定をした場合について触れるものではない。また，全債務についての認識を有することを借主に期待できなかったときは，特段の事情ありということになろう）。

Case 13-14
　AはBに対して800万円の貸金債権を有していて，この貸金債務をCが保証している。また，この貸金債権を担保するために，Dがその所有する甲土地上に抵当権を設定している。

承認に必要な能力・権限

　(1)　承認をするためには，相手方（Case 13-14ではA）の権利についての処分能力や処分権限があることを要しない（152条2項）。被保佐人・被補助人や権限の定めのない代理人（103条）も，承認をすることができる。
　(2)　他方，承認は自らの財産の管理に関するものゆえ，財産の管理能力と管理権限は必要である。
　①　管理能力のない未成年者や成年被後見人が承認をしても，時効は更新されない。
　②　管理権限のない者が承認をしても，時効は更新されない。たとえば，Case 13-14で，保証人Cが貸金債権の承認をしても，保証人は貸金債権の債務者ではないから，貸金債権の時効は更新されない（自らの債務である保証債務については，承認をすることができ

る）。同様に，物上保証人Dが貸金債権の承認をしても，貸金債権の時効は更新されない（最判昭62・9・3判時1316号91頁）。

⑨　時効の完成猶予・更新の効力が及ぶ者の範囲

原則——相対効

時効の完成猶予や更新は，完成猶予・更新の事由が生じた当事者およびその承継人の間においてのみ，その効力を有する（153条）。

例　外

時効の完成猶予や更新が，完成猶予・更新の事由が生じた当事者とその承継人以外の者に及ぶことがある。以下に，重要な場合を掲げる。

(1)　被保証債権についての時効の完成猶予・更新の保証人に対する効力

Case 13-15————

　AはBに対して800万円の貸金債権を有していて，この貸金債権を担保するために，Cが保証人となっている。約定の返済期限が到来したが，Bは貸金を返済しない。それから3年後に，BはAに対して債務承認書を差し入れた。さらに，その3年後に，Aは，Cに対して保証債務の履行を請求した。

　主たる債務者に対する履行の請求その他の事由による被保証債権の時効の完成猶予および更新は，保証人に対しても，その効力を生じる（457条1項）。

　他方，保証債務について時効の完成猶予や更新が生じても，これによって被保証債権の消滅時効の完成猶予や更新が生じることにはならない。

(2) 被担保債権についての時効の完成猶予・更新の物上保証人に対する効力

Case 13-16

　AはBに対して800万円の貸金債権を有していて，この貸金債権を担保するために，Cがその所有する甲土地上に抵当権を設定している。約定の返済期限が到来したが，Bは貸金を返済しない。それから3年後に，BはAに対して債務承認書を差し入れた。さらに，その3年後に，Aは，甲土地につき担保不動産競売を申し立てた。

　債務者が債権者に対してした承認その他の事由による被担保債権の時効の完成猶予および更新は，物上保証人に対しても，その効力を生じる。

　そもそも，抵当権は，物上保証人との関係では，被担保債権とともにするのでなければ時効によって消滅しない（396条）。この考え方は，被担保債権についての時効の完成猶予・更新が生じた場面でも妥当する。実質的にみても，物上保証人は債権者に対して債務を負担していないから，債権者が時効の完成猶予・更新の効果を生じさせようとすれば，（次に述べる154条の通知制度によるのでなければ）債務者との間で相応の措置をとるしかない。それにもかかわらず，時効の完成猶予・更新の効果が物上保証人に及ばないのでは，債権者は不測の不利益を受ける。

　判例も，「物上保証人が，債務者の承認により被担保債権について生じた消滅時効中断〔現民法下では更新〕の効力を否定することは，担保権の付従性に抵触し，民法396条の趣旨にも反し，許されない」とする（最判平7・3・10判時1525号59頁）。

　AはBに対して800万円の貸金債権を有していて，この貸金債権を担保するために，Cがその所有する甲土地上に抵当権を設定している。Bが貸金を返済しないため，Aは，甲土地につき担保不動産競売（民事執行法180条1号）を申し立てた。

> 時効の利益を受ける者以外の者に対する強制執行など

148条1項各号（強制執行，担保権の実行など），149条各号（仮差押え・仮処分）に掲げる事由に係る手続は，時効の利益を受ける者に対してしないときは，その者に通知をした後でなければ，148条，149条による時効の完成猶予または更新の効力を生じない（154条）。これは，時効の完成猶予または更新の効力が生じるためには，時効の利益を受ける者がこれらの手続の開始を了知できる状態に置かれることを要すると考えられたことによる。

　債権の消滅時効に関して，債務者ではない物上保証人や抵当不動産の第三取得者に対して担保不動産競売の申立てがされた場合や，第三者が占有している債務者所有の不動産につき，債権者が占有者を相手方として占有移転禁止の仮処分を申し立てた場合が，その例である。

　Case 13-17では，物上保証人Cに対する担保不動産競売の申立てがされている。この場合は，債務者Bに対して通知がされなければ，148条による時効の完成猶予の効力を生じない。貸金債権の消滅時効は進行を続け，時効期間が満了してBが消滅時効を援用すれば，貸金債権は消滅し，これに伴い，この債権を担保していた甲土地上の抵当権も当然に消滅する（付従性）。

〔2021年11月脱稿，2022年4月初校著者校正了〕

資　料

*本資料の年は公布の年である。

〔民法の特別法および主要な関連法規の例〕

明治 32（1899）年	（旧）不動産登記法 （旧）遺失物法 供託法 失火ノ責任ニ関スル法律
明治 38（1905）年	工場抵当法
明治 42（1909）年	立木ニ関スル法律 建物保護ニ関スル法律
大正 10（1921）年	借地法 借家法
大正 11（1922）年	（旧）信託法
昭和 6（1931）年	抵当証券法
昭和 7（1932）年	手形法
昭和 8（1933）年	身元保証ニ関スル法律
昭和 21（1946）年	労働関係調整法
昭和 22（1947）年	労働基準法 労働者災害補償保険法 私的独占の禁止及び公正取引の確保に関する法律 国家賠償法 児童福祉法 戸籍法
昭和 23（1948）年	人身保護法
昭和 24（1949）年	労働組合法

昭和 25（1950）年	生活保護法 国籍法 質屋営業法 建築基準法 文化財保護法
昭和 26（1951）年	道路運送法 自動車抵当法 土地収用法 森林法
昭和 27（1952）年	宅地建物取引業法 農地法 旅行業法
昭和 28（1953）年	信用保証協会法
昭和 29（1954）年	利息制限法 出資の受入れ，預り金及び金利等の取締りに関する法律
昭和 30（1955）年	自動車損害賠償保障法
昭和 31（1956）年	下請代金支払遅延等防止法
昭和 33（1958）年	企業担保法
昭和 34（1959）年	特許法 国税徴収法
昭和 36（1961）年	原子力損害の賠償に関する法律 割賦販売法
昭和 37（1962）年	建物の区分所有等に関する法律
昭和 38（1963）年	老人福祉法

昭和 41 (1966) 年	入会林野等に係る権利関係の近代化の助長に関する法律
昭和 42 (1967) 年	住民基本台帳法
昭和 45 (1970) 年	著作権法 水質汚濁防止法
昭和 47 (1972) 年	労働安全衛生法
昭和 51 (1976) 年	賃金の支払の確保等に関する法律 訪問販売等に関する法律（現・特定商取引に関する法律）
昭和 53 (1978) 年	仮登記担保契約に関する法律
昭和 58 (1983) 年	貸金業の規制等に関する法律（現・貸金業法）
平成 元 (1989) 年	土地基本法
平成 3 (1991) 年	借地借家法
平成 5 (1993) 年	不正競争防止法
平成 6 (1994) 年	製造物責任法
平成 9 (1997) 年	臓器の移植に関する法律
平成 10 (1998) 年	債権譲渡の対抗要件に関する民法の特例等に関する法律（現・動産及び債権の譲渡の対抗要件に関する民法の特例等に関する法律）
平成 11 (1999) 年	住宅の品質確保の促進等に関する法律 任意後見契約に関する法律 後見登記等に関する法律
平成 12 (2000) 年	消費者契約法 児童虐待の防止等に関する法律

	金融商品の販売等に関する法律（現・金融サービスの提供に関する法律）
平成13（2001）年	高齢者の居住の安定確保に関する法律 配偶者からの暴力の防止及び被害者の保護等に関する法律 電子消費者契約及び電子承諾通知に関する民法の特例に関する法律（現・電子消費者契約に関する民法の特例に関する法律）
平成15（2003）年	性同一性障害者の性別の取扱いの特例に関する法律
平成16（2004）年	動産及び債権の譲渡の対抗要件に関する民法の特例等に関する法律（債権譲渡の対抗要件に関する民法の特例等に関する法律の題名改正） （新）不動産登記法
平成17（2005）年	有限責任事業組合契約に関する法律 偽造カード等及び盗難カード等を用いて行われる不正な機械式預貯金払戻し等からの預貯金者の保護等に関する法律
平成18（2006）年	一般社団法人及び一般財団法人に関する法律 公益社団法人及び公益財団法人の認定等に関する法律 （新）信託法
平成19（2007）年	特定住宅瑕疵担保責任の履行の確保等に関する法律 電子記録債権法 労働契約法
平成20（2008）年	中小企業における経営の承継の円滑化に関する法律

	保険法
平成 25（2013）年	国際的な子の奪取の民事上の側面に関する条約の実施に関する法律
平成 28（2016）年	成年後見制度の利用の促進に関する法律
平成 30（2018）年	法務局における遺言書の保管等に関する法律
令和　2（2020）年	生殖補助医療の提供等及びこれにより出生した子の親子関係に関する民法の特例に関する法律
令和　3（2021）年	相続等により取得した土地所有権の国庫への帰属に関する法律

〔民法の改正（主要なもの）〕

昭和 22（1947）年	親族編・相続編の全面改正
昭和 37（1962）年	相続編を中心とする改正（代襲相続制度の改正，同時死亡の推定規定，相続人不存在の場合の特別縁故者制度の創設）
昭和 46（1971）年	根抵当権に関する規律の創設
昭和 51（1976）年	離婚後の復氏の任意化
昭和 55（1980）年	相続編の改正（配偶者相続分の引上げ，寄与分制度の創設など）
昭和 62（1987）年	養子制度の改正（特別養子制度の創設など）
平成 11（1999）年	行為能力制度と成年後見制度の全面改正 遺言制度の改正（聴覚・言語機能障碍者への対応）
平成 15（2003）年	担保・執行法制の改正
平成 16（2004）年	民法典の現代語化と条見出しの付加 保証制度の改正（要式契約化，貸金等根保証の規律など）
平成 18（2006）年	法人制度の全面改正
平成 23（2011）年	親子法の改正（親権停止制度の創設など）
平成 25（2013）年	婚外子相続分の特則の廃止（900 条 4 号ただし書前段の削除）
平成 28（2016）年	成年後見事務の円滑化（郵便転送，死後事務） 女性の再婚禁止期間の短縮（現在は廃止）
平成 29（2017）年	総則編・債権編を中心とする大規模な改正（「債権法改正」）

平成 30（2018）年	相続編を中心とする大規模な改正（「相続法改正」） 成年年齢の引下げ
令和 元（2019）年	特別養子制度の改正
令和 3（2021）年	物権編と相続編を中心とする改正（所有者不明 土地関連）
令和 4（2022）年	親子法の改正（再婚禁止期間廃止，嫡出推定， 嫡出否認）

事項索引

435

な　行

ま　行

最高裁判所

高等裁判所

地方裁判所

【有斐閣アルマ Specialized】

民法 1　総則

2024 年 3 月 10 日　初版第 1 刷発行

著　者　　潮見佳男 = 滝沢昌彦 = 沖野眞已
発行者　　江草貞治
発行所　　株式会社有斐閣
　　　　　〒101-0051 東京都千代田区神田神保町 2-17
　　　　　https://www.yuhikaku.co.jp/
印　刷　　株式会社精興社
製　本　　牧製本印刷株式会社
装丁印刷　株式会社亨有堂印刷所

落丁・乱丁本はお取替えいたします。定価はカバーに表示してあります。
©2024, C. Shiomi, M. Takizawa, M. Okino.
Printed in Japan　ISBN 978-4-641-22193-2